Ludwig Gschwind

„Wer singt lebt länger"
Lieder und ihre Geschichte

ᴏfe

LUDWIG GSCHWIND

„Wer singt lebt länger"

Lieder und ihre Geschichte

FE-MEDIENVERLAG
88353 Kisslegg

1. Auflage 2020

© Fe-Medienverlag, Hauptstr. 22, 88353 Kisslegg
www.fe-medien.de

Alle Rechte vorbehalten
Titelbild: Christoph von Schmid – Denkmal in Seeg
Satz und Layout: FE-MEDIENVERLAG

Druck: Axlo, (Polen) – Printed in EU

ISBN 978-3-86357-248-8

Inhaltsverzeichnis

Vorwort

Habent sua fata libelli – Bücher haben ihre Schicksale. Das Gleiche lässt sich von den Liedern sagen. Manche Lieder, die einst gesungen wurden, sind nahezu vergessen. Noch rascher vergessen sind häufig die Autoren. Ich habe mich nun in den vergangenen Jahren auf Spurensuche begeben und dabei manche Überraschung erlebt, etwa dass Daniel Falk sein Lied „O du fröhliche" als Dreifeiertagslied konzipiert hat. Das Osterlied Christoph von Schmids „Christ ist erstanden" gehört in der Diözese Rottenburg-Stuttgart unbedingt zu Ostern, in der Diözese Augsburg ist es völlig unbekannt. Christoph von Schmids „Komm herab, o Heiliger Geist!", das früher vor der Predigt gesungen wurde, ist aus den Gebetbüchern verschwunden, aber in Amerika kann man es bei evangelikalen Gottesdiensten hören.

Auch bei den Marienliedern kann man Entdeckungen machen: ein Marienlied von Eichendorff oder von den Operettenkomponisten Zeller und Flotow. Natürlich fehlen weder „Stille Nacht" noch „Segne du, Maria" oder „Ihr Kinderlein, kommet". Die Schubertmesse und auch Michael Haydns „Deutsche Messe", die zum Repertoire der Blasmusiken gehören, haben ihren Platz.

Ich bin gewiss, das Buch bietet manche Überraschung. Manches Lied verdient es, wieder in den Pfarreien beheimatet zu werden.

Prälat Ludwig Gschwind

Advent

Die Erkennungsmelodie des Advent

„Tauet, Himmel" von Michael Denis

Vincent Scotto gab seinem Freund Marcel Pagnol den Rat: „Versuche nie ein Meisterwerk zu schaffen!" Der Chansonier, der dem volkstümlichen Chanson zu neuer Blüte verhalf, hat etwa 4000 Chansons komponiert. Manche hatten Erfolg. Manche gingen um die Welt. „Unter den fünfzig, die die Welt kennt, sind sechs, sieben, die vom Maler auf der Leiter und dem Maler auf dem Gerüst ebenso gesungen werden wie von den Verliebten. Keiner weiß mehr, wer sie komponiert hat. Sie sind Volkslieder geworden. Aber hätte ich die 4000 nicht geschrieben, gäbe es auch diese Weisen nicht." Dies trifft auch auf Michael Denis zu, dem wir den Text zu dem Adventslied „Tauet, Himmel, den Gerechten!" verdanken.

1729 erblickte Johann Nepomuk Cosmas Michael Denis in Schärding, das damals noch zu Bayern gehörte und zum Bistum Passau, das Licht der Welt. Sein Vater war Jurist und schickte den zehnjährigen Sohn in das Jesuitengymnasium nach Passau. Hier lernte er Latein und Griechisch. Die Welt des Altertums tat sich ihm auf. Den Jesuiten ging es jedoch um mehr als nur um Wissensvermittlung. Sie wollten ihren Schülern die Wahrheiten des christlichen Glaubens mit auf den Weg geben. Dies geschah durch den Religionsunterricht, durch Predigten und festliche Gottesdienste, durch Diskussionen in der Marianischen Kongregation und Theateraufführungen. Michael Denis ließ sich begeistern und fasste den Entschluss, sein Leben in den Dienst Gottes und der Kirche zu stellen. Mit 18 Jahren trat er in Wien bei den Jesuiten ein. Der Orden setzte ihn bereits drei Jahre später als Lehrer in Graz und später in Klagenfurt ein. In diesen Jahren begann er Schulspiele zu verfassen und Gedichte zu schreiben.

Seine Oberen erkannnten sein Talent und förderten es. Nach dem Empfang der Priesterweihe 1757 wirkte er zunächst als Lehrer für Rhetorik in Preßburg, um dann 1759 an der Theresianischen Akademie in Wien die „Schönen Wissenschaften" zu unterrichten. In diesen Jahren entstanden zahlreiche Gedichte, die 1762 in drei Bänden erschienen und als das erste deutsche Lesebuch bezeichnet werden können.1761 wurde den Jesuiten das Spielen von Komödien untersagt. Das Jesuitenschauspiel war damit am Ende. Michael Denis beschäftigte sich nun mit den Dichtungen Klopstocks und ließ sich von ihnen beeinflussen. Die Lektüre Miltons veranlasste ihn, seine Englischkenntnisse zu vertiefen. Er begann Ossian zu übersetzen und konnte 1768/1769 drei Bände „Gedichte Ossians, eines alten celtischen Dichters – aus dem Englischen übersetzt" vorlegen. Die Nachdichtung der Gedichte Ossians ließ ihn selber zum Barden werden. 1772 erschienen „Die Lieder Sineds des Barden". Sie begründeten seinen Ruhm als Dichter.

Im gleichen Jahr kam es zur Aufhebung des Jesuitenordens. Die Ordensangehörigen waren mit einem Federstrich heimatlos geworden. Aus Pater Michael Denis SJ wurde der Bibliothekar Michael Denis, dem die Garellische Bibliothek anvertraut wurde. Der trotz allen Erfolgs bescheiden gebliebene Priester erhielt den Auftrag, an einem deutschen Gesangbuch für das Erzbistum Wien mitzuarbeiten. Michael Denis verfasste eine ganze Reihe von Liedtexten wie etwa: „Ich bete drei Personen in einer Gottheit an", „In Gott des Vaters und des Sohns und seines Geistes Namen", „Komm! Heil'ger Geist! Dritte Person" um nur einige zu nennen. Morgen- und Abendlieder entstanden. Ein Lied für Fronleichnam, ein Marienlied und das Adventslied „Tauet, Himmel, den Gerechten!".

„Tauet, Himmel", ist eine Übersetzung des lateinischen „Rorate caeli" und Michael Denis vergegenwärtigt die Sehnsucht des jüdischen Volkes nach dem Messias. Vom Text dieses Liedes wurden viele angesprochen, so dass es auch in einer ganzen Reihe anderer Gesangbücher, die zur damaligen Zeit erschienen und die lateinischen Messen der Kirchenchöre ablösen sollten, aufgenommen wurde. Das „Tauet, Himmel" hat den Namen Denis berühmt gemacht. Nicht die Lieder des Barden Sined, nicht die Theaterstücke, nicht die Leistungen auf dem Gebiet der Bibliothekswissenschaften, die ihm die Ernennung zum Hofrat einbrachten, machten ihn unsterblich, sondern dieses schlichte und ergreifende Lied, das alljährlich im Advent gesungen wird. Man muß hinzufügen, dass dabei zwei Melodien zur Verfügung stehen, die ursprüngliche von Hauner und die spätere von Michael Haydn.

Michael Denis starb am 29. September 1800. Zur Jahrhundertwende hatte er noch ein Gedicht verfasst, in dem der 71-Jährige das Jahrhundert in Oden überschaut. Von der Pockenimpfung ist die Rede und vom Blitzableiter, von der Entdeckung Australiens und vom Himmelsflug. Er beklagt den religiösen Niedergang und den „Flammenschwall" der Revolution. An das Ende hätte er getrost die Zeilen seines Liedes „Tauet, Himmel" setzen können: „Also, lasst zu diesen Zeiten uns das Herz zur Buß bereiten!"

In der Erwartung des Herrn

„Wachet auf!" von Philipp Nicolai

Man schrieb das Jahr 1597, als die Pest Westfalen heimsuchte. Zu Tausenden starben die Menschen. Der Pfarrer von Unna, Philipp Nicolai, war den ganzen Tag damit beschäftigt, die Toten zu begraben und die Hinterbliebenen zu trösten. Der Sohn eines lutherischen Pfarrers hatte in Wittenberg studiert und war durch kämpferische Flugschriften gegen die Calvinisten bekannt geworden. Jetzt kam es ihm darauf an, sich und anderen die Angst vor dem Tod zu nehmen. Dies kann nur dem Glauben gelingen.

In einem Brief an seinen Bruder Jeremias schrieb er: „Ich bin durch Gottes Gnade noch ganz gesund, wenn ich gleich von den Häusern, die von der Pest angesteckt sind, fast umlagert bin und auf dem Kirchhof wohne, wo täglich 24, 27, 29, 30 Leichen der Erde übergeben werden. Ich habe aber ein Schutzmittel gegen die Pest. Mein ‚Räucherwerk' gegen die verpestete Luft sind vor allem beständige Gebete zum Herrn." Sein Trost war das Pauluswort: „Ob wir leben oder ob wir sterben, wir gehören dem Herrn." In der Bibel suchte er die Stellen heraus, die vom Himmel und der ewigen Freude sprechen. Sie betrachtete er und er suchte seine Gedanken in Worte und Verse zu fassen. Er hat sie später in einem Buch mit dem Titel „Freudenspiegel des ewigen Lebens" veröffentlicht. Ein Lied hat sehr rasch den Weg in die Herzen der Menschen gefunden, ein Lied, das den Blick für den Himmel öffnet und voller Trost für alle Leidtragenden ist. Es ist ein Lied des Trostes und der Hoffnung. Text und Melodie stammen aus der Feder von Philipp Nicolai. Es handelt sich um das Lied „Wachet auf, ruft uns die Stimme".

Man hört gleichsam den Fanfarenstoß, der die schlafende Stadt Jerusalem aufschreckt. Mitten in der Nacht ergeht der Ruf: „Wohlan, der Bräutgam kommt, steht auf, die Lampen nehmt." Nicolai verwebt hier zwei Bilder. Da ist das Bild der heiligen Stadt Jerusalem. Jesus liebt diese Stadt und den Tempel. Jerusalem erkennt seine Berufung nicht. Die Leute von Jerusalem hören nicht auf den Weckruf. Sie stellen sich taub für den Alarm. Jesus vergießt bittere Tränen: „O wenn doch auch du erkannt hättest, was dir zum Frieden dient." Das zweite Bild ist das Gleichnis von den klugen und törichten Jungfrauen. Nicolai erwähnt die törichten Jungfrauen gar nicht, denn sie verpassen die Ankunft des Bräutigams. Ihn interessieren nur die klugen Jungfrauen. Sie dürfen den Bräutigam zum Hochzeitsmahl geleiten. Es sind jene Jungfrauen, die Öl in ihren Krügen haben und deren Lampen brennen. Der Weckruf hat sie nicht überrascht, denn sie waren bereit.

Jerusalem ist freilich nicht nur die Stadt, in der Herodes erschrickt, als er von der Geburt des Messias hört, es ist nicht nur die Stadt, in welcher der Hohepriester Kaiaphas das Urteil über Jesus fällt und das der römische Statthalter Pontius Pilatus bestätigt, es ist auch die Stadt des Tempels. Der Sion ist der Ort der besonderen Gegenwart Gottes. Nicolai lässt den Sion sich freuen, weil der Messias erscheint. Es ist der Tag der Wiederkunft des Herrn. Der Herr zieht nicht mehr wie am Palmsonntag in Jerusalem ein, sondern er geht in das himmlische Jerusalem. Dort ist der Tisch bereitet für das Hochzeitsmahl des ewigen Lebens. Mit Jesus gehen alle in diesen Freudensaal, die sich von seinem Licht erleuchten ließen, alle, die seinem Stern folgten. Nicolai zeichnet das Bild des wiederkommenden Herrn: „Ihr Freund kommt vom Himmel prächtig, von Gnaden stark, von Wahrheit mächtig." Auf Gottes Gnade sind wir Menschen angewiesen. Gott bietet sie uns in seinem Sohn, bietet sie uns in seinem Wort und Sakrament an. Wer in den Himmel will, muss Gottes Gnade annehmen und mit ihr mitwirken. Das sind keine Märchen, das ist die Wahrheit. Sie gilt es zu erkennen. Im Augenblick der Wiederkunft Christi hören alle Zweifel auf. Die klugen Jungfrauen und alle, die an Jesus glauben, dürfen in den Lobgesang der Engel und Heiligen einstimmen. „Gloria" – Ehre sei Gott in der Höhe, das ist das Lied der Engel in der Heiligen Nacht und das ist das Lied, das bei der Wiederkunft Christi erneut angestimmt wird. Nicolai lässt uns noch einen Blick in den Himmel werfen: „Von zwölf Perlen sind die Tore" und er sieht uns dann mit den Engeln und Heiligen am Thron Gottes, um das Halleluja zu singen. Die Freude, die sich da auftut, lässt sich nicht beschreiben. „Kein Aug hat je gespürt, kein Ohr hat mehr gehört solche Freude."

Bei allem Leid, das Pfarrer Nicolai erleben musste, vergisst er nicht, dass dieses Leben nicht alles ist, dass der Christ zu ewigem Leben und ewiger Freude berufen ist. Dies möchte er mit seinem Lied, das man als „König der

Choräle" bezeichnet hat, verkünden. Es ist ein Adventlied, das uns daran erinnert, dass jeder Advent eine Zeit der Vorbereitung für die endgültige Wiederkunft des Herrn ist. Wenige Jahre später starb Philipp Nicolai im Alter von 53 Jahren als Pfarrer in Hamburg. Sein Lied aber haben Johann Sebastian Bach und Georg Friedrich Händel zu Kompositionen angeregt. Inzwischen gehört es zum Liedgut aller Christen.

„In Nacht und Dunkel liegt die Erd"

Annette Thoma verdanken wir den einfühlsamen Text und auch die innige Weise des Liedes „In Nacht und Dunkel liegt die Erd". Durch eine Begegnung mit dem legendären Kiem Pauli kam sie in Berührung mit der Volksmusik. Sie durchstreifte das bayerische Land bis hinüber nach Salzburg und entdeckte auf den Dörfern, in den Weilern und auf abgelegenen Höfen Melodien und Lieder, die sie der Nachwelt erhalten und vor dem Vergessen bewahrt hat. Manches hat sie später selbst gedichtet und dazu passende Melodien komponiert. So entstand für das erste „Adventssingen" in Salzburg 1946, das der Dichter Heinrich Waggerl zum unvergesslichen Erlebnis werden ließ, das Lied „In Nacht und Dunkel liegt die Erd".

Man hatte den Zweiten Weltkrieg hinter sich. Die Bombennächte in den Luftschutzbunkern waren so wenig vergessen wie die endlosen Nächte, die man in Schützengräben und auf dem Rückzug wachend verbracht hatte. Die Angst war ein ständiger Begleiter, der Tod ein täglicher Gefährte. Dunkel lag die Zukunft vor allen: vor den Frauen, die ihre Männer im Krieg verloren hatten oder täglich auf eine Nachricht warteten, um Genaueres über das Schicksal der Vermissten zu erfahren; vor den Männern, die verwundet waren und keine Arbeit fanden; vor den Gefangenen, die in Frankreich, England, in den USA und in der Sowjetunion ihr Dasein in Lagern fristen mussten; vor den Heimatvertriebenen, die alles, aber auch alles, verloren hatten, und nur das nackte Leben retten konnten. Wenn je Menschen sich in die Lage des Volkes Israel vor der Erlösung hineindenken konnten, dann jene, die diese Katastrophe miterlebt und überlebt haben.

Aber selbst in diesem Leid wurden sie noch vom jüdischen Volk übertroffen, das durch den Rassenwahn und den mörderischen Hass Hitlers und seiner Gefolgsleute, fast völlig vernichtet worden war. Das ganze Ausmaß des Schreckens, das sich in den Konzentrationslagern abgespielt hat, übersteigt menschliche Vorstellungskraft. Diese unschuldigen Menschen, die man mit dem Davidsstern gebrandmarkt hatte, haben die Hölle auf Erden erlebt. Sie haben dem Teufel und seinem Anhang ins Gesicht, besser in seine grässliche Fratze, geblickt. Wer die Existenz der Hölle bestreitet, der wird nach Berichten aus den Konzentrationslagern umdenken lernen. „In Nacht und Dunkel liegt die Erd" das ist nicht die Beschreibung einer heimeligen Stimmung, sondern da öffnen sich die Abgründe von Schuld. „Verloren ist das Paradeis" auf diesen knappen Nenner bringt Annette Thoma den Zustand der Menschheit.

Der Himmel, der den Menschen des Alten Bundes verschlossen war, er wird auch heute nur durch Gottes Erbarmen geöffnet. Die Dichterin greift den Ruf um Erbarmen auf. Dieser Ruf ist so alt wie die Kirche. Die griechischen Worte haben alle sprachlichen Wandlungen in der Liturgie fast unverändert überstanden. „Kyrie eléis", so riefen die Soldaten auf dem Lechfeld 955, als sie sich den Ungarn entgegenstellten. „Kyrie eléis", so riefen die Kreuzfahrer, als sie ins Heilige Land zogen. „Kyrie eléis", so flehten die Frauen und Kinder, als Kaiserliche und Schweden im Dreißigjährigen Krieg Dörfer und Städte niederbrannten. Kyrie eléis – ist ein Bittruf, der nicht verstummt, solange Nacht und Dunkel, Krankheit und Krieg, Tod und Verderben diese Welt heimsuchen.

Nacht und Dunkel können bezwungen werden. Gott hat seinen Sohn in die Welt gesandt. Jesus Christus hat den Satan in seine Schranken verwiesen. „Gott hat gehört das irdisch Flehn". Er hat den Retter gesandt, mehr noch: "Gott Sohn, der will auf sein Geheiß uns Bruder sein – Kyrie eléis". Wer mit Jesus durch das Leben geht, wird nie ohne das Licht sein, das Gott der Vater selbst entzündet hat. Dieses Licht vermag auch die dunkelsten Stunden zu erhellen. Wer mit Jesus durch das Leben geht, der wird am Ende nicht vor dem verschlossenen Himmel stehen. Diesen Trost gibt uns Annette Thoma mit auf den Weg durch den Advent.

Sehnsucht und Staunen

Die sieben O-Antiphonen

Der Bayerische Rundfunk, der seine Hörer rund um die Uhr mit viel Englisch beglückt, hat sich auf die Suche nach dem beliebtesten Wort des bayerischen Dialektes gemacht. Er wurde fündig. Das Wörtchen „fei" wurde zum Sieger erklärt. Es ist unübersetzbar, taucht in allen Dialekten auf, die in Bayern gesprochen werden und trifft je nach Tonart die unterschiedlichsten Stimmungen. Ganz ähnlich ist es mit dem Wörtchen „o", dem man manchmal noch ein „h" hinzufügt, damit es nicht ganz so allein dastehen muss.

Das „O" stammt aus den Zeiten, als Deutschland, genauer gesagt Germanien, von den Römern besetzt war, und das ist immerhin schon 2'000 Jahre her. Das römische Reich ging zwar im 5. Jahrhundert durch tatkräftige germanische Mithilfe unter, aber die Kirche pflegte das Latein weiter und so blieb uns das „O" erhalten. Es taucht in den Hymnen auf und nicht wenige Lieder beginnen deshalb mit einem O. Das O kann Klage ausdrücken, wie etwa in dem Passionslied von Friedrich von Spee „O Traurigkeit, o Herzeleid" oder Freude wie in dem Weihnachtslied „O du fröhliche, o du selige, gnadenbringende Weihnachtszeit". Es ist voller Schmerz wie in dem Lied „O du hochheilig Kreuze" oder voller Sehnsucht wie in dem Adventslied „O Heiland, reiß die Himmel auf".

Die Woche vor Weihnachten steht ganz im Zeichen des O. Die Kirche lässt jeden Tag von neuem das O in ihrer Liturgie anstimmen. Heinrich Bone, dem das deutsche Kirchenlied sehr viel zu danken hat, übertrug im 19. Jahrhundert für das von ihm herausgegebene Gesangbuch die sieben Antiphonen ins Deutsche und machte daraus ein Lied, dem er eine einleitende Strophe vorausgeschaltet hat, die nun dem Lied den Namen gibt „Herr, send herab uns deinen Sohn". Er fand eine dazu passende Melodie aus dem 17. Jahrhundert. Auf diese Weise werden die Gebete um das Kommen des Messias, wie wir sie aus dem Alten Testament kennen, zu unserem Gebet. Der Bogen spannt sich von der Weisheit, die den 17. Dezember bestimmt bis hin zum Immanuel, von dem am 24. Dezember die Rede ist.

Jeder Begriff, jedes Bild ist mit dem sehnsuchtsvollen O verbunden: „O Weisheit, o Immanuel".

Manche Begriffe sind uns sehr vertraut wie etwa „O Wurzel Jesse". In manchen Kirchen ist der Stammbaum Jesu zu sehen. Am Anfang, gewissermaßen als Wurzel, ist der Stammvater des Hauses David zu erkennen: Isai oder Jesse. Dem Hause David ist der Messias, der Heiland der Welt verheißen. In Jesus erfüllt sich diese Verheißung. Wenn von Gott als dem Adonai die Rede ist, dann macht das deutlich, dass der Name Gottes nur mit Ehrfurcht ausgesprochen werden darf. Dem Mose hat Gott seinen Namen geoffenbart und ihn dazu berufen, das Volk Israel aus der Gefangenschaft zu führen. „O Adonai, du starker Gott" lässt an Gottes Erbarmen mit dem auserwählten Volk denken. In der Fülle der Zeit sendet Gott seinen Sohn, um die Menschen in die wahre Freiheit zu führen.

Siebenmal erklingt das O der Sehnsucht bis schließlich das Fest der Geburt Christi anbricht. Aus dem O der Sehnsucht wird das O beglückter Freude. Das O des Jubels der Engel, die das Gloria anstimmen. Das O der Hirten, die an der Krippe staunend niederknien und anbetend verweilen. Und wir stimmen ein und singen: „O Jesus, Gott und Mensch zugleich, nimm Einkehr bei mir gnadenreich!"

Grund zur Freude

„Kündet allen in der Not"

Im Advent kommen die Propheten des Alten Testamentes zu Wort. Sie sprechen vom kommenden Messias. Sie machen den Menschen Hoffnung auf bessere Zeiten. Gott lässt sie nicht im Stich. Die Not wird zu Ende gehen. Der Prophet Jesaia findet Worte, die jedes Herz höher schlagen lassen, damals und heute. Ein poetisch begabter Philosophieprofessor und Seelsorger, Dr. Friedrich Dörr, hat die messianische Zeit, die Jesaia ankündigt, in Verse gefasst und ihnen eine Melodie der Barockzeit unterlegt, deren froher, fast tänzerischer Schwung dem Inhalt voll gerecht wird.

Jesaia wendet sich im 35. Kapitel nach all den Drohreden gegen die Feinde, die Israel bekämpfen und es vernichten wollen, an sein Volk. Es soll wieder Mut fassen. Es habe keinen Grund, sich selber aufzugeben, denn Gott stehe an seiner Seite. Die Lage kann nicht so aussichtslos sein, dass Gott nicht einen Ausweg finden könnte, der in eine bessere Zukunft führt. Der aus Wolfram-Eschenbach, der Heimat des Dichters, dem wir den „Parzival" verdanken, stammende Friedrich Dörr hat die frohe Botschaft des Evangelisten unter den Propheten, wie man Jesaia nennt, als eine Verheißung verstanden, die nicht nur an Israel geht, sondern an alle Menschen in Not. Jeder, der nicht mehr weiter weiß, soll wissen, dass es keinen Grund zur Verzweiflung gibt, wenn man auf Gott vertraut. Pater Alfred Delp SJ hat im Gefängnis Tegel im Angesicht des Todes geschrieben: „Gott geht alle Wege mit". Dies muss man weitersagen. Friedrich Dörr ruft es hinein in eine Welt, in der so viele Menschen glauben, sie hätten keine Zukunft; ihr Leben habe keinen Sinn mehr: „Kündet allen in der Not: Fasset Mut und habt Vertrauen. Bald wird kommen unser Gott, herrlich werdet ihr ihn schauen. Allen Menschen wird zuteil Gottes Heil".

Der Mensch, der nicht glauben kann, findet nicht zur Hoffnung. Der Mensch ohne Gott lebt in ständiger Angst vor Krankheit, vor Enttäuschungen, vor dem Tod. Wer aber glaubt, der braucht keine Angst zu haben, denn er kann nie tiefer fallen als in Gottes liebende Arme. Das hat irische Missionare, einen Winfrid-Bonifatius und seine angelsächsischen Freunde zu den Germanen getrieben. Ihnen wollten sie die Frohe Botschaft vom Kommen Gottes in die Welt verkünden. Aber das hat bereits die Jünger Jesu in alle Welt getrieben, um den Menschen zu sagen: „Ihr seid erlöst. Gott ist in die Welt gekommen in seinem Sohn". So viele hat dies bewegt, in alle Welt zu gehen, um allen zu sagen: „Allen Menschen wird zuteil Gottes Heil".

Was damals von Jesaia vorhergesehen wurde, es ist Wirklichkeit geworden. Der Erlöser ist gekommen: Blinde konnten sehen, Stumme reden, Taube hören, Lahme gehen. Die Evangelisten berichten es und Friedrich Dörr lässt in der vierten Strophe die ganze Freude von Menschen mitfühlen, die plötzlich aus der Nacht der Blindheit ins Licht treten; die aus ihrem Stummsein nicht nur Worte finden, sondern zu singen vermögen und mit Hymnen Gott preisen; die von ihrer Taubheit befreit auf einmal alles hören können; die von den Fesseln der Behinderung erlöst, zu tanzen vermögen, um auf diese Weise Gott zu loben.

So war es zur Zeit Jesu. Die Evangelisten berichten es uns. So wird es aber wieder sein, wenn der Herr endgültig kommt. Das sollten wir nicht vergessen. „Gott naht sich mit neuer Huld", das ist die frohe Botschaft, die in unseren Advent hineingesagt ist. Friedrich Dörr greift den Gedanken in der zweiten Strophe auf. Wie aber damals ein Johannes der Täufer mahnt, die Herzen für die Ankunft des Messias bereit zu machen, so kann auch der Verkünder der Frohen Botschaft, als der sich Dörr versteht, nicht verschweigen, dass Bekehrung notwendig ist und Schuld der Verzeihung bedarf. Gott will verzeihen. Gott will Frieden schenken, aber der Mensch muss sich wie der verlorene Sohn zu ihm aufmachen. Der Advent ist Bußzeit. Der Advent lädt zur Beichte ein.

Jesaia hat Israel, wenn es Gott gehorcht, wenn es seinen Weisungen folgt, eine glänzende Zukunft versprochen. Die Mangelware Wasser wird zu Ende sein. Es wird nicht nur kein Wasser fehlen, es wird sogar im Überfluss vorhanden sein. Die Wüste wird blühen und keiner braucht mehr zu hungern. Das Paradies kehrt wieder. Jesus wandelt das Wasser sogar in Wein und er speist die Hungernden in der Wüste. „Aus Gestein und Wüstensand werden frische Wasser fließen; Quellen tränken dürres Land, überreich die Saaten sprießen". Wie muss diese Verheißung auf die Menschen der Sahelzone wirken, auf die Menschen in weiten Teilen Afrikas, aber auch Südamerikas. Genug Wasser, genug zu essen – das wäre eine Zukunft mit weniger Sorgen.

Not und Leid begleiten den Menschen jedoch auch dann, wenn es genug zu essen und zu trinken gibt. Diese Erde ist nicht das Paradies. Das haben die Stammeltern verloren und die Rückkehr versperrt der Engel mit dem Flammenschwert. Gott hat etwas noch Schöneres mit dem Menschen vor. Er darf einmal bei ihm sein. Er lädt ihn ein zum Hochzeitsmahl des ewigen Lebens. „... und zum Mahl der Seligkeit ziehen die vom Herrn Erlösten". Not und Leid werden also ihr Ende finden. Wichtig ist, dass wir uns erlösen lassen. Wichtig ist, dass wir treu sind.

In wenigen Zeilen vermittelt Professor Dörr, der an der Universität Eichstätt lehrte, die Grundzüge des Advent und seiner Botschaft. Das sind Freude und Hoffnung, das sind Bekehrung und Vergebung. Über all dem steht Gottes Friede, der uns geschenkt ist in Jesus Christus, von dem Paulus sagt: „Er ist unser Friede".

„Maria durch ein Dornwald ging"

Eine adventliche Weise und ihre tiefe Bedeutung

Der Advent ist eine Zeit der Erinnerung. Manches verklärt sich, denn die Zeit vermag Wunden zu heilen. Manches gerät auch ganz in Vergessenheit. Anderes gehört zum Leben. Es begleitet uns. Dass wir nicht im Paradies leben, das ist eine tägliche Erfahrung. Dass die Erde Dornen und Disteln trägt, bekommen wir immer aufs Neue zu spüren. Ganz tief in unseren Herzen steckt die Sehnsucht nach dem Paradies, das Adam und Eva verspielt haben. Wir sehnen uns nach einer Welt ohne Leid, ohne Streit, ohne Tod.. Nach dieser besseren Welt sehnten sich die Menschen von jeher.

Gott hat Adam und Eva bei der Vertreibung aus dem Paradies ein kleines Licht der Hoffnung mitgegeben, als er den Messias ankündigte, der die Schlange überwinden wird und dem Satan den Kopf zertritt. Damit der Erlöser kommen konnte, war es notwendig, dass Menschen den Weg des Glaubens gingen. Abraham glaubte Gott und verließ die Sicherheit seiner Heimat, um sich im Gelobten Land niederzulassen. Abraham glaubte Gott und war bereit, seinen einzigen Sohn Isaak zu opfern. Gott hat ihn bis aufs Äußerste geprüft und Abraham hat die Probe bestanden. In einem Dornenstrauch findet er einen Widder, den er an Stelle des Sohnes Gott darbringt.

In einem Dornenstrauch, der brennt und doch nicht verbrennt, begegnet Mose Gott. Am brennenden Dornbusch bestellt Gott den Mose zum Führer des Volkes Israel. Am brennenden Dornbusch offenbart Gott seinen Namen. Am brennenden Dornbusch beginnt der Aufbruch des Volkes Israel aus Ägypten. Weil Mose glaubte, hat er die Berufung angenommen. Weil Mose glaubte, hat er sich auf diese undankbare Aufgabe eingelassen. Weil Mose glaubte, ist es ihm gelungen, das widerstrebende Volk ins Gelobte Land heimzuführen.

Der Glaube Abrahams war wichtig. Abraham wird zum Stammvater des auserwählten Volkes. Der Glaube des Mose war wichtig. Sein Glaube festigt das Vertrauen auf den einen Gott und seine unendliche Liebe. Entscheidend aber war der Glaube Marias. Durch ihr Ja-Wort kommt die Menschwerdung des Gottessohnes zustande. Maria vertraut restlos auf Gott. Sie überlässt sich völlig seinem Willen. Kaum war das Ja gesprochen, da macht sich Maria auf den Weg. Nichts kann sie mehr in Nazareth halten. Sie eilt zu Elisabeth, von der sie durch den Engel weiß, dass sie in Bälde niederkommen wird. Ihr möchte sie beistehen.

Eine alte Weise beschreibt den Weg Marias als einen Weg durch einen Dornwald. Der Dornwald ist schon Jahre abgestorben. Von sieben Jahren ist die Rede, was nichts anderes heißt als: seit Menschengedenken. Als jedoch Maria mit dem Kind unter ihrem Herzen die Wildnis durchschreitet, da verändert sich alles. Das tote Gezweig beginnt zu leben. Es treibt und bringt flammende Rosen hervor. Bei dem Lied, das aus dem Eichsfeld stammt, handelt es sich um eine Legende, die von Generation zu Generation weitererzählt wird. Wie jede Legende hat sie einen wahren Kern.

Mit dem Kommen Jesu beginnt sich die Welt zu verändern. Die Dornen verschwinden nicht aus der Welt, aber sie werden fruchtbar. Das Leid hört nicht auf zu bestehen, aber es verwandelt sich in Segen. Am deutlichsten wird das in dem Kranz, den die Soldaten aus Dornen flechten, um ihn als Dornenkrone Jesus aufs Haupt zu setzen. Um die Schöpfung aus ihrer Verstrickung in das Böse zu befreien, wird Gottes Sohn Mensch und geht den Weg des Leidens. Das Kyrie eléison des Liedes ist die flehentliche Bitte um Erbarmen: Befreie auch uns von dem Bösen! Lasse aus den Dornen unseres Lebens Rosen erblühen! Wandle das Leid in deinen Segen!

„Tröste dich, tröste dich, mein Volk"

Der Advent des Georg Friedrich Händel

Georg Friedrich Händel war 1742 wieder in eine tiefe Depression gefallen und er hatte auch allen Grund dazu. Immer war dem 1785 in Halle Geborenen das Glück treu gewesen. Er stammte aus begüterten Verhältnissen. Der Vater hatte es bis zum Leibchirurgen des brandenburgischen Kurfürsten gebracht. Für den Sohn hatte er eine Beamtenlaufbahn geplant. Sehr widerwillig studierte er Jura. Mit Hingabe spielte er Geige und ging als Geiger an die Oper in Hamburg. Gerade 20 Jahre war er alt, als seine erste Oper aufgeführt wurde. Im Lauf seines Lebens komponierte er 40 Opern.

Aber zunächst ging er nach Italien. Hier lernte er bei Scarlatti und Corelli. 1710 wurde er nach London berufen. Königin Anna beauftragte ihn, für die Kirchenmusik an der St. Paul's Cathedral zu sorgen. Gleichzeitig übernahm er ein Opernhaus. Er komponierte, er probte, er führte auf. Das Londoner Publikum war von dem deutschen Komponisten begeistert. Seine Konzerte füllten die Säle. Händel verdiente gut, aber das Geld zerrann ihm zwischen den Fingern. Er musste die Sänger bezahlen. Er musste das Orchester entlohnen. Er musste den Betrieb der Oper bestreiten. Er war Komponist und kein Geschäftsmann. Der Ärger verfolgte ihn. Er suchte ihn hinunterzuessen und hinunterzutrinken. Er wurde immer beleibter. Jede Aufregung ließ den Blutdruck steigen und er regte sich oft auf. Da kam es zum Schlaganfall. Erst 52 Jahre alt musste er lernen, auf seine Gesundheit zu achten und kürzer zu treten. Allerdings hatte er Schulden gemacht und die Gläubiger ließen ihm keine Ruhe. Er war gezwungen, weiter zu komponieren. Inzwischen waren seine Opern nicht mehr gefragt. Der Publikumsgeschmack hatte sich verändert.

Händel erinnerte sich an seinen Aufenthalt in Italien. Damals waren auch plötzlich keine Opern mehr gefragt. Die Komponisten schrieben daraufhin Oratorien, geistliche Lieder. Das wollte er auch tun. Er komponierte den „Saul" und „Israel in Ägypten". Er fühlte sich abgekämpft und ausgelaugt. Man gab ihm die verschiedensten Textbücher, aber keines sprach ihn an.

Keines vermittelte den zündenden Funken. Lustlos gingen die Tage dahin. In dieser Stimmung bekam er ein Textbuch des Dichters Charles Jennens (1700-1773) mit dem Titel „Der Messias". Als er die ersten Worte las: „Tröste dich, tröste dich, mein Volk", da fand er sich angesprochen und in seinem Kopf entstand im selben Augenblick eine Melodie. Nachdem er den gesamten Text gelesen hatte, da wusste er, diesen Text würde er in Töne fassen. Innerhalb von sechs Wochen schrieb er das ganze Oratorium nieder. Niemand durfte ihn sprechen. Er gönnte sich fast keinen Schlaf. Er aß nur das Notwendigste. Er war wie in Trance.

Einige Monate später, am 13. April 1742, wurde „Der Messias" in Dublin aufgeführt. Den Erlös stiftete er für wohltätige Zwecke. Er hat verfügt, dass „Der Messias" immer zur Wohltätigkeit verpflichte. Keinen Penny hat er an ihm verdient, gar nicht verdienen wollen, denn er hat es als Gnade empfunden, dass er aus seiner Depression mit diesem Oratorium herausgefunden hat. Seinem Messias ist er begegnet: dem Kind in der Krippe, dem Gekreuzigten und Auferstandenen. Dem Erlöser galt es zu danken, der sein Volk tröstet und einlädt, mit den Engeln das Halleluja zu singen.

Sehnsucht nach der Ankunft des Herrn

Thomas Müntzer und sein Lied

Der Advent bringt die Sehnsucht nach Erlösung nicht nur alljährlich in Erinnerung, sondern der Advent weckt auch von neuem die Sehnsucht nach dem endgültigen Kommen des Messias. Im 10. Jahrhundert entstand der Hymnus „Conditor alme siderum" – „Gott, heilger Schöpfer aller Stern". Ein Mönch der Fürstabtei Kempten hat ihn vertont. Es war eine Zeit, in der man sich dem Ende der Welt näher glaubte als zu irgendeinem anderen Zeitpunkt der Weltgeschichte. Nicht wenige rechneten damit, dass der Anbruch des Jahres 1000 zusammenfalle mit der Wiederkunft des Herrn.

Der Hymnus erzählt ganz einfach nach, wie es damals war, als Gott Mensch wurde. Die Menschen erkannten Jesus nicht.In dieser Gefahr sind die Menschen aller Zeiten. Wie die Weisen aus dem Morgenland brauchen wir einen Stern, der uns zu Jesus führt. Die Menschwerdung des Gottessohnes hat ihren Ursprung in der Liebe Gottes zum Menschen. Jesus ist aber nicht nur Mensch geworden, sondern er hat die Sünden der Menschen durch sein Leiden und seinen Tod am Kreuz gesühnt. In der Fülle der Zeit kam Gottes Sohn zur Welt und wurde geboren von der Jungfrau Maria. Vor Christus muss sich aber jedes Knie beugen im Himmel und auf Erden. Paulus fügt hinzu: „und unter der Erde". Nun schlägt der Hymnus die Brücke hin zum wiederkommenden Herrn. Er wendet sich an den Richter mit der Bitte: Lehre uns deinen Willen zu tun und vermehre unseren Glauben! Mit einem Lobpreis auf den Dreifaltigen Gott schließt der adventliche Hymnus.

Die Übersetzung ins Deutsche geht auf Thomas Müntzer zurück. 1524 hat er mehrere Lieder gedichtet und Hymnen aus dem Lateinischen übertragen. Es war eine ähnlich turbulente Zeit wie das 10. Jahrhundert. Die Reformation Martin Luthers hat bei nicht wenigen Menschen die Hoffnung auf das Ende der Welt geweckt. Mit dieser Hoffnung verbunden war der Anbruch einer neuen Welt mit paradiesischen Zuständen. Thomas Müntzer, Priester der Diözese Halberstadt, ein unruhiger Geist, der es nirgends lange aushielt, war von der Naherwartung erfüllt und predigte in diesem Sinn in den Frauenklöstern, in denen er als Seelsorger tätig war. Da er überall Konflikte auslöste, hat man ihn bald wieder entlassen. Auch in den Städten, in denen er als Prediger tätig war, wurde er nirgends lange behalten. An ihm schieden sich die Geister. Er legte sich auch mit Martin Luther an, der vor Müntzer eindringlich warnte. Er sah in ihm keinen Reformator, sondern einen Revolutionär. Müntzer dagegen bezeichnete Dr. Martin Luther als das „geistlose, sanftlebende Fleisch zu Wittenberg". Während Luther in den Auseinandersetzungen mit den Bauern die Partei der Fürsten ergriff, hat sich Müntzer völlig auf die Seite der Aufständischen geschlagen. In seinen Augen kämpften sie für die Sache Gottes. Schließlich wurden sie von den Fürsten besiegt. Thomas Müntzer wurde gefangen genommen, grausam gefoltert und schließlich im Feldlager der Fürsten bei Mühlhausen hingerichtet. In seinen letzten Zeilen aus dem Gefängnis schreibt er: "Gebt keiner Empörung weiter statt, damit nicht weiter unschuldiges Blut vergossen wird".

Thomas Müntzer ist ein Beispiel dafür, dass man die Ankunft des Herrn nicht beschleunigen kann und alle Erwartungen, die sich auf ein irdisches Paradies beziehen, in die Irre gehen wie die Messiashoffnungen in der Zeit Jesu, die dazu führten, dass der Messias nicht erkannt wurde. Müntzer hätte die Worte seines Adventsliedes stärker bedenken müssen: „Wir bitten dich, o Heilger Christ, der du zukünftig Richter bist, lehr uns zuvor dein' Willen tun und an dem Glauben nehmen zu". Maria hat in allem Gottes Willen angenommen und ihr Glaube, der auf so viele Proben gestellt wurde, reifte auf diese Weise zur Vollkommenheit.

„Komm, du Heiland aller Welt"

Adventliche Gedanken von Bischof Ambrosius

Bischof Ambrosius von Mailand war nicht nur ein wortgewaltiger Prediger, sondern auch ein talentierter Dichter. Er verfasste eine Anzahl von Hymnen, die beim Gottesdienst gesungen wurden und auch heute noch ihren festen Platz in der Liturgie der Kirche haben. Die Arianer hatten die Bedeutung von schlagerähnlichen Liedern mit religiösem Inhalt schon bald erkannt und für die Ausbreitung ihrer Irrlehre eingesetzt. Ambrosius wollte dieses Feld nicht den Arianern allein überlassen und schrieb ebenfalls Lieder, seine Hymnen. Singend eigneten sich die Gläubigen die christlichen Grundwahrheiten des Glaubens an.

Für den Advent verfasste er den Hymnus „Veni redemptor gentium". Latein verstand im 4. Jahrhundert jeder. Latein war die Amtssprache von Ägypten bis nach England, von Spanien bis Rumänien. In Latein konnte man sich mit jedermann verständigen. Das Wort Advent hat sich bis heute erhalten. Es ist lateinisch und heißt „Ankunft". Die Wochen des Advent sind eine Zeit der Vorbereitung auf das Kommen des Herrn. Wir erwarten seine Ankunft. Ambrosius lädt uns ein, mit ihm zu bitten: „Komm, du Heiland aller Welt" oder wie Martin Luther es 1524 übersetzte: „Nun komm, der Heiden Heiland" – „Veni redemptor gentium". Dieser Heiland aller Welt ist das Kind einer Jungfrau. Ambrosius bekennt hier seinen Glauben an die Geburt Christi von der Jungfrau Maria. Dies ist an die Adresse all derer gesagt, die Jesus für den Sohn Josefs halten, an die Adresse all derer, die nicht glauben wollen und nicht glauben können, dass Maria Jungfrau war und geblieben ist. Ambrosius betont: Dieses Ereignis muss die ganze Welt mit Staunen erfüllen. Er fügt noch hinzu: Dieses Kind ist Gottes Sohn. In wenigen Zeilen hat Bischof Ambrosius den Glauben der Kirche ausgedrückt: Die Jungfrau Maria ist Mutter des Sohnes Gottes. Markus Jenny hat es 1971 so übersetzt: „Komm, du Heiland aller Welt, Sohn der Jungfrau mach dich kund. Darob staune, was da lebt: Also will Gott werden Mensch".

Der heilige Ambrosius geht in der zweiten Strophe auf das Wunderbare der Menschwerdung Christi nochmals ein und betont: „Nicht nach eines Menschen Sinn, sondern durch des Geistes Hauch kommt das Wort in unser Fleisch und erblüht aus Mutterschoß". So übersetzt es Markus Jenny. Würde man es wörtlich übersetzen, auch Martin Luther hat dies nicht getan, dann müsste es heißen: „Nicht aus dem Samen des Mannes, sondern durch den Hauch des Geistes ist das Wort Fleisch geworden und erblühte die Frucht des Leibes". In der folgenden Strophe, die von Luther übersprungen wird und auch von anderen Übersetzern ausgeklammert wird, bekennt sich der Kirchenvater zur immerwährenden Jungfräulichkeit Mariens, denn dies wird ja nicht erst heute von manchen Theologen bestritten. Ambrosius bezieht hier klar Stellung, während Luther dies vermeidet.

Keine Probleme tauchen in der vierten Strophe auf. Am schönsten hat dies das Stundengebet der Kirche übersetzt: „Der Sonne gleich tritt nun hervor aus dem Gemach der reinen Braut und eile strahlend deine Bahn als Held, der Gott und Mensch zugleich". Allerdings wurden hier zwei Strophen des Ambrosius zusammengenommen und gekürzt. Die sechste Strophe blickt auf die Krippe: „Glanz strahlt von der Krippe auf, neues Licht entströmt der Nacht. Nun obsiegt kein Dunkel mehr und der Glaube trägt das Licht". Die Malerei hat diesen Gedanken aufgenommen und ins Bild gesetzt. Man sieht in der Krippe das Kind gleichsam als Lichtquelle, denn Jesus ist das Licht der Welt. Mit einem Lobpreis auf den Dreifaltigen Gott schließt das Lied, zu dem Mönche des Klosters Einsiedeln im 12. Jahrhundert eine Melodie geschrieben haben. Vermutlich ist die Melodie, die zur Zeit des heiligen Ambrosius gesungen wurde, irgendwann verloren gegangen.

Durch Martin Luther hat der Hymnus des Ambrosius Volksliedcharakter bekommen. Er wurde auch von den Katholiken wieder entdeckt, so dass er in Leisentrits Gesangbuch 1567 aufgenommen wurde. Berühmt aber machte ihn Johann Sebastian Bach durch sein Weihnachtsoratorium. In großartiger Weise verwendet er den Hymnus als Ouvertüre, um gewisser-maßen das Kommen des Heilands zu erflehen. Bischof Ambrosius predigt auf diese Weise bis zum heutigen Tag nicht nur in den Kirchen, sondern auch in den Konzertsälen der ganzen Welt.

Verloren und wiedergefunden

Das Adventslied: „Aus hartem Weh"

Es war die Jugendbewegung, die auf der Suche nach neuen Liedern für das gemeinsame Singen in Zeltlagern und Gruppenstunden sowie in Gottesdiensten eine besondere Vorliebe für Texte und Melodien aus dem 15. und 16. Jahrhundert hatte. Diese Lieder wurden gesammelt, manche gingen sogar bis ins 13. Jahrhundert zurück, und in einem Liederbuch unter der Schirmherrschaft des Prälaten Ludwig Wolker veröffentlicht. Die Liedersammlung, in die auch neue Dichtungen und neue Kompositionen aufgenommen wurden, erhielt den Titel „Kirchenlied". Nicht allen Bischöfen gefiel die Sammlung, weil auch Lieder der evangelischen Kirche Aufnahme fanden. Noch viel weniger gefiel das „Kirchenlied" den Nationalsozialisten Adolf Hitlers, denn sie wollten die katholische Jugend völlig ausschalten. Es sollte nur mehr die Hitlerjugend (HJ) geben.

Trotz aller Schikanen und Einschränkungen der Hitlerdiktatur war das „Kirchenlied" ein voller Erfolg. Professor Walter Lipphart stellte fest, dass sich die Lieder innerhalb von zehn Jahren einen festen Platz in den Gemeinden erobert hatten. Das hing gewiss auch damit zusammen, dass viele Soldaten das handliche „Kirchenlied" in ihrem Tornister hatten und bei Feldgottesdiensten benutzten. Bis 1962 erschien das „Kirchenlied" in immer neuen Auflagen.

Zahlreiche Lieder fanden nach dem Krieg Aufnahme in die Gebet- und Gesangbücher der einzelnen Diözesen. So ist ein Lied wie „Wir sind nur Gast auf Erden" zum Allgemeingut geworden. Deshalb fehlen diese Lieder auch nicht im „Gotteslob", das 1975 als Gemeinschaftswerk aller deutschsprachigen Bistümer herauskam. Manche Lieder sind nur im diözesanen Eigenteil zu finden. Inzwischen gibt es seit 2013 ein neues „Gotteslob". Wieder sind manche Lieder verschwunden, wie etwa „Himmelsau", andere wurden gekürzt, wieder andere verändert, so dass der vertraute Text samt Melodie nicht mehr erkennbar ist, wie beim Lied „Von guten Mächten".

Zu den Liedern, die ersatzlos gestrichen wurden, gehört das Lied „Aus hartem Weh die Menschheit klagt". Es stammt aus dem 16. Jahrhundert. Der ehemalige Dominikaner und nachmalige Propst von Halle Michael Vehe hat es gedichtet und in seinem Gesangbuch abdrucken lassen. Es war das erste katholische Gesangbuch und enthielt mehr als 50 Lieder, allerdings ohne Noten. Mit Noten wäre es erheblich teurer gewesen. Aus Dänemark weiß man, dass ein Gebetbuch damals den Preis einer Kuh hatte. Für arme Leute war ein solches Buch unerschwinglich, aber sie konnten in der Regel auch nicht lesen und schreiben. Man könnte nun sagen: Wer singt heute noch ein Lied aus dem 16. Jahrhundert? Aber sind die Psalmen nicht noch viel älter? Das zweistrophige Adventslied vermittelt in Text und Melodie die Sehnsucht des Volkes Israel nach dem Messias. „O Herr und Gott, sieh' an die Not, zerreiß' des Himmels Ringe, erwecke uns dein ewig Wort und lass' herab ihn dringen, den Trost ob allen Dingen".

In der zweiten Strophe wird die Bitte erhört. Der Vater sendet seinen Sohn durch das Wirken des Heiligen Geistes: „Das Wort sollt' Fleisch uns werden. Maria, die erkoren war, hat Gottes Sohn empfangen. Durch ihn ist uns das Heil gebracht. Zu Ende ist das Bangen, erfüllt der Welt Verlangen". Es ist bedauerlich, dass dieses schöne Adventslied sozusagen in den Papierkorb der Kirchenmusik gekommen ist. Nur eine Diözese hat es in ihrem Anhang gerettet: die Diözese Fulda. Aber wenn man bedenkt, dass das 1537 erstmals erschienene Lied schon öfter wieder entdeckt wurde, nämlich im 19. Jahrhundert von Hoffmann von Fallersleben und im 20. Jahrhundert von Prälat Ludwig Wolker, dann stehen die Chancen gar nicht so schlecht, dass es im 21. Jahrhundert erneut seine Liebhaber findet, denn allzuviele Adventlieder gibt es nicht.

„O Heiland, reiß die Himmel auf"

Friedrich von Spee und sein Adventslied

Die Sehnsucht nach dem Messias und die Hoffnung auf den Erlöser ist im jüdischen Volk auf Grund der Verheißungen Gottes immer vorhanden gewesen. Wir finden bei jedem Propheten Texte, die auf das Kommen des Erlösers hinweisen. Besonders häufig treffen wir sie beim Propheten Jesaia an, den man den „Evangelisten" unter den Propheten nennt. Drei Texte des Jesaia griff der Dichter Friedrich Spee, ein junger Jesuit (1591-1635), auf, fasste sie in Verse und verbunden mit einer schwermütigen Melodie, treffen sie die Stimmung des Advent.

Der Advent steht ja in der Spannung zwischen damals und heute. Damals hofften die Menschen auf die Ankunft des Messias. Die Ankündigungen der Propheten regten die Phantasie an. Man machte sich ganz bestimmte Vorstellungen vom Messias. Das ganze jüdische Volk war von der Erwartung geprägt. Als aber Christus, der Messias, kam, erkannten ihn nur wenige. Die Mehrzahl fand nicht zum Glauben an ihn. Wir stehen heute auch in der Erwartung. Der Herr hat sein Kommen angekündigt. Es ist das Kommen am Ende der Zeit. Vom jüdischen Volk gilt es zu lernen, unablässig zu beten und auf Gott zu vertrauen. Das Gebet des auserwählten Volkes muss unser Gebet werden.

Friedrich Spee hat die Worte des Propheten Jesaia sehr frei übertragen. Er hat sie neutestamentlich überformt. Jesaia schreibt: „Komm wie ein Feuer, das Reisig entzündet... Komm herab, so dass die Berge erzittern" (Jes 64,1f). Spee dichtet: „O Heiland, reiß die Himmel auf" und bittet: „Reiß ab vom Himmel Tor und Tür, reiß ab, wo Schloss und Riegel für." Seine adventliche Erwartung weiß um Karfreitag und Ostern, um Kreuz und Auferstehung. Der Himmel war für die Menschen des Alten Bundes verschlossen, für uns aber steht er offen, wenn unsere Sünden nicht von neuem Schloss und Riegel anbringen.

Bei der zweiten Strophe steht wieder Jesaia Pate: „Tauet ihr Himmel von oben, ihr Wolken regnet den Gerechten" (Jes 45,8). Hier fühlt sich der junge

Ordensmann, der es gelernt hat, über biblische Texte zu meditieren, ganz hinein in die Sehnsucht des auserwählten Volkes, das den König aus Jakobs Haus erwartet. Ein Geschenk Gottes wird er sein wie der Regen und der Tau.

Regen und Tau wecken das Leben. Aus Jesses Stamm wird das Reis sprossen (Jes 11,1). Der geisterfüllte Nachkomme, der Herrscher wird, ist berufen, das Antlitz der Erde zu verändern. Berg und Tal werden grün. Sie legen ihr schönstes Gewand an, weil das „Blumlein" Jesus die Erde betritt. Spee drückt seine Gedanken viel schöner aus: „O Erd, schlag aus, schlag aus, o Erd, dass Berg und Tal grün alles werd. O Erd, hervor dies Blümlein bring, o Heiland, aus der Erden spring."

In den nächsten Strophen spricht Friedrich Spee vom Trost der Welt, nach dem sich in diesem Jammertal alle sehnen; von der Sonne, die das Dunkel dieser Welt erhellt; von der Not des Menschen vor der Erlösung. Er macht sich zum Sprecher der Menschen vor Christi Menschwerdung. Ihre Trostlosigkeit war größer als es je die Trostlosigkeit eines Getauften sein könnte. Ihre Finsternis war größer, weil sie ohne Christus leben mussten. Für den Getauften ist keine Finsternis so groß, dass er nicht um das rettende Licht wüsste. Die Menschen damals hofften auf die starke Hand des Messias, der sie rettet. Spee vertraut auf die starke Hand des Erlösers, der alle aus dem Elend in das Vaterland führt. Wieviel Elend gab es damals. Spee mochte an den Krieg denken, der seit 1618 tobte. Spee bedrückte die Glaubensspaltung, die das Land entzweite. Spee litt unter dem Hexenwahn, der sich wie eine Seuche ausgebreitet hatte. Wir leben im Frieden. Wir leben im Wohlstand. Wir erleben ermutigende Zeichen, die das Trennende zwischen den Konfessionen abbauen helfen. Trotzdem leben auch wir nicht im Paradies. Jeder kennt Elend und dies nicht nur bei anderen. Es ist uns aus der Seele gesprochen: „Ach komm, führ uns mit starker Hand vom Elend zu dem Vaterland."

Vorfreude auf Weihnachten

„Wir sagen euch an den lieben Advent"

Es gibt Lieder, deren Texte und Melodien sich einem sehr rasch einprägen. Zu diesen Liedern gehört das von Maria Ferschl 1954 gedichtete „Wir sagen euch an den lieben Advent". Heinrich Rohr hat dazu eine einfache Singweise komponiert, die leicht ins Ohr geht. Kinder singen das Lied voller Begeisterung und inzwischen gehört es zum Liedgut des Advent.

Ansager gibt es in Radio und Fernsehen, früher gab es die Hochzeitslader und die Leichenbitter. Sie mussten von Haus zu Haus gehen, um freudige oder traurige Ereignisse bekannt zu machen. Der Nachrichtensprecher hat keine andere Aufgabe. Er gibt bekannt, was sich in der näheren und weiteren Umgebung ereignet hat. Die erste Kerze des Adventskranzes veranlasst eine Zeitansage: Es ist Advent. Maria Ferschl nennt ihn „den lieben Advent" und trifft damit genau den Ton, den wir mit dem Advent verbinden. Es ist eine stimmungsvolle Zeit, die alle lieben. Die brennende Kerze hat aber noch eine zweite Botschaft: Es ist „eine heilige Zeit". Johannes der Täufer mit seiner Busspredigt tritt ins Blickfeld. Er mahnt: „Macht dem Herrn die Wege bereit!" Es gilt sich auf das Kommen des Herrn vorzubereiten. Die Sünde muss aus dem Weg geräumt werden, damit die Vorfreude auf die Ankunft des Erlösers die Herzen aller Christen erfüllen kann. Ist dies geschehen, dann gilt die Aufforderung von Maria Ferschl: „Freut euch ihr Christen, freuet euch sehr! Schon ist nahe der Herr."

Jede der vier Strophen des Liedes beginnt mit den Worten: „Wir sagen euch an den lieben Advent" und endet mit der Aufforderung: „Freut euch ihr Christen, freuet euch sehr! Schon ist nahe der Herr." Die erste Kerze des Adventskranzes erinnert an die Predigt Johannes' des Täufers, die zweite Kerze an den guten heiligen Bischof Nikolaus. In der Nachfolge Jesu hat er den Armen geholfen. Die drei Mädchen erhalten von ihm das Geld, damit sie heiraten können. Die Bewohner von Myra erhalten Getreide und müssen nicht länger hungern, nachdem auf das Gebet des Bischofs hin drei Schiffe durch einen Sturm ihren Kurs ändern müssen und in Myra zu landen gezwungen sind. „So nehmet euch eins um das andere an, wie auch der Herr an uns getan." Das ist die Einladung des Advent. Wer sich auf das Kommen des Herrn vorbereitet, darf nicht teilnahmslos an der Not des anderen vorübergehen. Bischof Nikolaus ist uns dabei ein Vorbild. Er hat ein Herz für die Kinder. Er hat ein Herz für die Bedürftigen. Er möchte Jesus nachfolgen. Wer schenkt, der bringt Freude in die Welt. Jeder Advent lässt uns dies neu erfahren.

Die dritte Kerze will uns die Augen öffnen, damit wir wie Maria unserer „Güte hellen Schein weit in die dunkle Welt hinein" tragen. Maria hat sich auf den Weg zu ihrer Base Elisabeth gemacht, um ihr beizustehen. Maria hat sich bei der Hochzeit zu Kana der Not des Brautpaares angenommen. Der Advent möchte in uns eine marianische Haltung wecken. Marianische Haltung ist das Hören auf Gottes Wort und die Bereitschaft, den Willen Gottes anzunehmen. Diese Haltung führt den Menschen aus seiner Ichbezogenheit. Es macht ihn gut. Wer auf Gott hört und den Willen Gottes befolgt, der nimmt den anderen ernst und entdeckt an ihm das Gute.

Die vierte Kerze erinnert daran, dass Weihnachten mehr ist als ein Familienfest oder das Fest der leuchtenden Kinderaugen: „Gott selber wird kommen, er zögert nicht. Auf, auf ihr Herzen, und werdet licht." Gottes Sohn kam in die Welt, aber der Advent will uns ja nicht nur an die Vergangenheit erinnern, er will unsere Augen auch für die Zukunft öffnen. Der Herr wird wiederkommen, um alle heimzuholen, alle, die an ihn glauben, alle, die auf ihn hoffen, alle, die ihn lieben. Auf das Herz kommt es an. Das Herz will in den Tagen des Advent bereitet werden. Die Mahnung Johannes' des Täufers muss umgesetzt werden in einer guten Weihnachtsbeichte. Das Beispiel des Bischofs Nikolaus sollte befolgt werden, indem man Kinder und Notleidende nicht vergisst. Die Haltung Mariens sollte gelernt werden, indem man Ja zu seinem Schicksal sagt. Wer sich so auf Weihnachten vorbereitet hat, der kann Jesus bei sich aufnehmen, der hat ihm einen Platz bereitet. Die Vorfreude des Advent mündet dann in die weihnachtliche Freude, die ein Vorgeschmack der ewigen Freude ist.

Trostlied im Advent

Jochen Klepper und sein leidvoller Weg

Der Advent ist dunkel und kalt. Jedes Lichtlein durchbricht das Dunkel und gibt das Gefühl von Wärme. Dichter und Komponisten haben Dunkel und Kälte wohl stärker gespürt und es dann in Worte, in Töne übersetzt. So entstanden die Lieder des Advent in ihrer schwermütigen Innigkeit. Im Advent 1937 schreibt der Dichter Jochen Klepper in sein Tagebuch: „Die ernsten, ernsten Adventslieder, die sind mein Trost".

Trost konnte Jochen Klepper wahrhaftig brauchen, denn obwohl sein jüngstes Buch „Der Vater" sehr gut aufgenommen wurde, hat man ihn aus der Reichsschrifttumkammer ausgeschlossen. Der Grund war nicht das Buch, das den Konflikt zwischen Kronprinz Friedrich und seinem Vater, dem preußischen König Friedrich Wilhelm I., behandelt, sondern die jüdische Frau Jochen Kleppers. Der Rassenwahn der Nazis verbot die Heirat von Juden und Nichtjuden. Klepper hätte sich von seiner Frau trennen müssen, um weiter als Schriftsteller tätig sein zu können. Dies lehnte der Dichter ab.

Der Advent 1937 wurde von Jochen Klepper als endzeitliches Geschehen erfahren und am Vorabend des vierten Adventssonntags drängt es ihn, seine Gefühle, die vom Glauben Sinn erhalten, niederzuschreiben. Entstanden ist ein Adventslied, das zwei Jahre später von Johannes Petzold vertont wurde.

> *„Die Nacht ist vorgedrungen,*
> *der Tag ist nicht mehr fern.*
> *So sei nun Lob gesungen*
> *dem hellen Morgenstern!*
> *Auch wer zur Nacht geweinet,*
> *der stimme froh mit ein.*
> *Der Morgenstern bescheinet*
> *auch deine Angst und Pein."*

Wieviele schlaflose Nächte liegen hinter Jochen Klepper, als er diese Zeilen schreibt. Bei aller Not, bei aller Ausweglosigkeit setzt er sein Vertrauen auf Gott. Der Morgenstern hilft, den rechten Weg zu finden. Man darf trotz allem nie das Ziel aus den Augen verlieren.

In der zweiten Strophe lenkt Klepper den Blick auf das Kind in der Krippe, das in die Welt kam, um unsere Sünden auf sich zu nehmen. Rettung ist denen verheißen, die glauben. In der dritten Strophe sieht der Dichter die Nacht bereits schwinden. Er lädt ein, zum Stall zu gehen, weil dort das Heil zu finden ist: der Heiland der Welt. Wer aber beim Kind in der Krippe war, dem können kommende Nächte nichts mehr anhaben, denn der Stern wandert in seinem Leben mit. Das Lied schließt mit den Worten:

> *„Der sich den Erdkreis baute,*
> *der lässt den Sünder nicht.*
> *Wer hier dem Sohn vertraute*
> *kommt dort aus dem Gericht.“*

Wenige Jahre später, im Advent 1942, hat sich die Situation Jochen Kleppers und seiner Familie dramatisch verschlechtert. Die Deportation von Frau und Tochter lässt sich wohl nicht mehr abwenden. Sie wissen, dass dies das Todesurteil bedeutet. Aus den Konzentrationslagern kommt kein Lebender zurück. Der letzte Tagebucheintrag lautet: „Wir gehen heute Nacht gemeinsam in den Tod. Über uns steht in den letzten Stunden das Bild des segnenden Christus, der um uns ringt. In dessen Anblick endet unser Leben“. Es war der 10. Dezember 1942.

Jochen Klepper hat das Dunkel des Naziterrors durchlitten. Die tägliche Angst um die Seinen hat ihn umgetrieben und ihn geradezu innerlich gelähmt. 1937 im Advent schrieb er noch: „Gott will im Dunkel wohnen und das Dunkel kann nur durchstoßen werden durch's Gebet.“ Sein Adventlied ist ein Vermächtnis, trotz aller Not und Sorgen nicht aufzuhören, auf Gott zu vertrauen.

Die Botschaft des Advent

verkündet das Lied „O komm, o komm Emmanuel!"

Es ist erstaunlich, dass die Adventszeit im außerkirchlichen Raum als Vorweihnachtszeit wahrgenommen wird. Die Feiern der Vereine und der Betriebe nennen sich „Weihnachtsfeiern" und deshalb wird man Weihnachtslieder zu hören bekommen. Das gleiche lässt sich von Konzerten in der Adventszeit sagen. Die Kaufhäuser wählen für die Musik, mit der sie ihre Kunden zum Kauf animieren wollen, gleichfalls weihnachtliche Melodien. Der Advent beschränkt sich abgesehen von Adventskranz und Adventskalender auf den Kirchenraum. Hier werden die Adventslieder gesungen, in denen das Warten des Volkes Israel auf den kommenden Heiland seinen Ausdruck findet. Eines dieser Lieder wurde von dem Münsteraner Vikar Christoph Bernhard Verspoell getextet.

Verspoell hat 1810 ein Gebet- und Gesangbuch in Eigenregie, unterstützt von seinem Stadtpfarrer, veröffentlicht. In dieses Gesangbuch hat er das Lied „O komm, o komm, Emmanuel" aufgenommen. Er kannte das Lied in seiner lateinischen Fassung aus seiner Schulzeit am Jesuitengymnasium in Münster. Es wird behauptet, das Lied stamme bereits aus dem 12. Jahrhundert und die O-Antiphonen, die in der Woche vor Weihnachten gesungen werden, seien hier Pate gestanden. Es mag sich um eine mündliche Überlieferung handeln. Nicht alle Lieder, die das gläubige Volk sang, haben eine Niederschrift erfahren, denn als die einfachen Leute weder lesen noch schreiben konnten, hat sich vieles mündlich von Generation zu Generation weitervererbt. Niedergeschrieben wurde „O veni, o veni Emmanuel" erst in dem Gesangbuch des Johannes Heringsdorf „Psalteriolum Cantionum Catholicorum", das 1710 erschien und besonders von den Jesuiten verbreitet wurde.

Seit der Salzburger Erzbischof Hieronymus Graf Colloredo in seinem Hirtenbrief von 1782 den Gesang in deutscher Sprache beim Gottesdienst wünschte, entstanden im ganzen deutschen Sprachraum neue Lieder, die im

Gottesdienst gesungen wurden, je nach Sangesfreude der Gegend. Der Vikar von St. Lamberti in Münster Christoph Bernhard Verspoell hat ebenfalls Lieder geschrieben und vertont, eines davon ist der Hymnus „O veni, o veni, Emmanuel". Der Vikar hat auch eine Melodie dazu komponiert, die sich allerdings nicht durchsetzen konnte. Der Text mit seinen vier Strophen kann bis heute in zahlreichen Diözesanteilen des „Gotteslob" gefunden werden, so auch erfreulicherweise in der neuen Ausgabe des „Gotteslob" von 2013 im Augsburger Diözesananhang, aber die Melodie ist von Diözese zu Diözese verschieden. Teilweise trifft man auch einen anderen Text an, denn Heinrich Bone, der zahlreiche Lieder aus dem Lateinischen übersetzt hat, ließ es sich nicht nehmen, auch dieses Lied nochmals zu übersetzen und in seinem Gesangbuch zu verbreiten. Ein Textvergleich zeigt, dass der Lateinlehrer Bone näher am ursprünglichen Text ist, aber sich die Verspoell-Übertragung leichter singen lässt. Verspoell hat nach dem Motto gehandelt, so frei wie möglich zu übersetzen.

Beiden Texten ist der gleiche Ursprung anzusehen. Es geht um die Sehnsucht des Volkes Israel nach dem Erlöser. „O komm, du wahres Licht der Welt!" heißt es in der zweiten Strophe. In der dritten kommt die Sehnsucht nach dem Brot des Lebens zur Sprache, während die letzte Strophe nochmals an die Schuld Adams erinnert und das Geschenk der Erlösung freudig besingt. Jede Strophe klingt mit dem Freudenruf aus: „Freu dich, freu dich, o Israel! Bald kommt, bald kommt Emmanuel." Dieses Lied drückt Sehnsucht und Vorfreude aus. Was aber könnte besser in den Advent passen!

Weihnachten

„Alle Jahre wieder"

Pfarrer Wilhelm Hey und seine Lieder

Harenbergs Literaturkalender, der jeden Tag, an den Geburtstag von Dichtern und Schriftstellern erinnert, hat am 26. Mai den französischen Schriftsteller Edmond de Goncourt, den Tschechen Vilezslav Nezval, den Russen Alexej N. Arbusow, die Deutschen Isabella Nadolny und Christian Graf von Krockow, den Schweden Sven Delblanc, den Türken Tarik Dursun K. und den Österreicher Erich Hackl. Es fehlt Johann Wilhelm Hey, der am 26. Mai 1789 als Pfarrersohn in Leina bei Gotha geboren wurde. Wilhelm Hey scheint von der deutschen Literatur vergessen, nicht vergessen sind seine Fabeln und noch weniger vergessen seine Lieder. Manche seiner Verse sind Volksgut geworden.

Die innige Weise „Weißt du, wieviel Sternlein stehen an dem blauen Himmelszelt?" verdankt den Text Wilhelm Hey. Mit schlichten, ja kindlichen Worten verweist er in diesem Lied angeregt durch Psalm 8 auf den Schöpfer: „Gott der Herr hat sie gezählet, dass ihm auch nicht eines fehlt an der ganzen großen Zahl." In der letzten Strophe heißt es dann: „Gott im Himmel hat an allen seine Lust, sein Wohlgefallen; kennt auch dich und hat dich lieb." Mit Kindern konnte Wilhelm Hey schon immer gut umgehen. Als er nach abgeschlossenem Theologiestudium, das er in Jena und Göttingen absolviert hatte, sich um eine Pfarrstelle bewarb, bekam er keine. Der unbeholfen wirkende Kandidat machte auf die Prüfungskommission nicht den Eindruck, dass er dem Pfarramt gewachsen sei. Dem stellungslosen Theologen bot sich die Möglichkeit in den Niederlanden eine Hauslehrerstelle zu übernehmen. Hier war er in seinem Element. Der Umgang mit Kindern machte ihm Freude.

1814 wechselte er nach Gotha. Am Schulinternat der Stadt war eine Lehrerstelle frei geworden. Um sie bewarb er sich. Im Lauf der Jahre hat er an Selbstsicherheit gewonnen und als man in Töttelstedt einen Pfarrer suchte, hatte die Kirchenbehörde keine Bedenken mehr, ihm die Stelle zu geben. Wilhelm Hey fand nicht nur in seinen Predigten den Ton, der die

Hörer ansprach, er wirkte noch viel stärker durch seine Bibelstunden. Er wünschte immer, dass die Kinder auch mit dabei waren. Damals entstand das Morgengebet: „Wie fröhlich bin ich aufgewacht, wie hab ich geschlafen so sanft die Nacht. Hab Dank, du Vater im Himmel mein, dass du hast wollen bei mir sein. Behüte mich auch diesen Tag, dass mir kein Leid geschehen mag."

Dieses Gebet hörte der Buchhändler Wilhelm Perthes von seiner Enkelin Fanny, die es beim Hofprediger Hey gelernt hatte. Inzwischen war Hey zum Hofprediger nach Gotha berufen worden. Perthes suchte den Kontakt zu Hey. Der Buchhändler war der Meinung, es gebe viel zu wenig Bücher für Kinder. Es fehlten vor allem leicht lernbare Verse. Während Hey von seinen Kollegen angefeindet wurde, tat sich hier ein neues Wirkungsfeld auf. Er verließ Gotha und wurde 1832 Superintendent in Ichtershausen. Neben seiner Seelsorgstätigkeit schrieb er Fabeln und sie fanden viele Leser. Es entstanden auch zahlreiche Texte, die von Friedrich Silcher vertont wurden. Am bekanntesten ist das Weihnachtslied „Alle Jahre wieder kommt das Christuskind auf die Erde nieder, wo wir Menschen sind". Die meisten kennen nur die erste Strophe, aber eigentlich hat das Lied drei Strophen. In der zweiten Strophe spricht er vom Segen: „Kehrt mit seinem Segen ein in jedes Haus, geht auf allen Wegen mit uns ein und aus" und in der dritten Strophe stellt Hey jedes Kind unter den Schutz des Christkindes: „Steht auch mir zu Seite, still und unerkannt, dass es treu mich leite an der lieben Hand." Warmherzig und gläubig fromm sind diese Verse. Warmherzig und fromm war auch ihr Verfasser. Am 19. Mai 1854 starb der bescheidene Pfarrer und Dichter, der sich mit seinen Versen selbst ein Denkmal gesetzt hat, auch wenn nur wenige seinen Namen kennen.

Zum Einschlafen

Nicht nur für Kinder ...

Wenn Kinder ins Bett gebracht werden, dann würden sie dies oft gerne hinauszögern, allerdings wenn ihnen noch eine Geschichte vorgelesen oder erzählt wird, dann freuen sie sich darauf, dass die Mutter oder der Vater nun Zeit für sie hat. Es werden die Hände gefaltet und ein Gebet gesprochen, dann können die Eltern getrost das Licht ausmachen, denn das Kind weiß sich geborgen. Manche Mutter singt ihren Kleinen auch noch ein „GuteNacht-Lied", damit sie gut schlafen können.

In einer Liedsammlung, die 1809 unter dem Titel „Des Knaben Wunderhorn" erschienen ist, haben die Herausgeber Achim von Arnim und Clemens Brentano ein Liebeslied aus dem Niederdeutschen aufgenommen und ins Hochdeutsche übertragen. Sie haben es dann unter die Rubrik „Kinderlieder" eingeordnet. 40 Jahre später hat der Philologe und Volksliedersammler Professor Scheer dem Gedicht eine weitere Strophe hinzugefügt. Damit hat es sogar einen weihnachtlichen Charakter bekommen.. Nochmals 20 Jahre später hat der Komponist Johannes Brahms, angeregt durch eine österreichische Volksweise, den Text anlässlich der Geburt eines Kindes, das bei einer befreundeten Familie zur Welt kam, vertont. Mit dieser Melodie sang sich das Lied in die Herzen nicht nur vieler Mütter, sondern auch in die Herzen der Kinder. Nun aber zum Text:

Guten Abend, gut' Nacht
Mit Rosen bedacht,
mit Näglein besteckt,
schlupf unter die Deck.
Morgen früh, wenn Gott will,
wirst du wieder geweckt.

Da steht am Anfang der Wunsch nach einem guten Abend und einer guten Nacht. Nicht wenige Menschen haben Angst vor der Nacht, weil sie schlecht oder gar nicht schlafen können. Es gibt auch Kinder, die das Dunkel fürchten. Sie können nur einschlafen, wenn das Licht noch brennt. Der Duft von Rosen und Nelken wirkt einschläfernd. Rosen sollen das Kind gewissermaßen zudecken, zusammen mit den Nelken, damit es schnell einschlafen kann. Gut ausgeruht wird es am kommenden Morgen aufstehen, nachdem die Mutter es geweckt hat. Da ist freilich noch ein sperriger Satz eingefügt: „Wenn Gott will." Man sagt: „Der Schlaf ist ein Bruder des Todes." Die meisten Menschen sterben im Bett. Auch daran sollte man denken. Keiner weiß den Tag noch die Stunde, wann er heimgehen wird. Es ist sicher kein Fehler, wenn auch ein Kind daran erinnert wird, dass jeder Tag ein Geschenk ist, für das wir Gott danken sollten. Nichts ist selbstverständlich.

In der 2. Strophe, die Professor Scheer dazugedichtet hat, heißt es:

> *Guten Abend, gut' Nacht*
> *Von Englein bewacht,*
> *die zeigen im Traum*
> *dir Christkindleins Baum.*
> *Schlaf nun selig und süß*
> *Schau im Traum 's Paradies.*

Der Dichter erinnert an die Engel, denen, wie Jesus sagt, aufgetragen ist, die Kinder zu behüten. Wir sprechen vom Schutzengel, der jedem an die Seite gegeben ist. Der Christbaum Mitte des 19. Jahrhunderts war in besseren Kreisen vollgehängt mit Süßigkeiten. Davon konnten ärmere Kinder nur träumen. Im süddeutschen Raum kannte man den Christbaum damals nur vom Hörensagen, aber davon träumen durfte man trotzdem. Die Christbäume im 21. Jahrhundert haben sich wieder verändert. An Süßigkeiten fehlt es nicht, deshalb hat der Traum vom Paradies andere Schwerpunkte, aber träumen darf man ja, und das dürfen nicht nur Kinder.

Ein Weihnachtslied, das Konfessionen und Völker verbindet

„Ihr Kinderlein, kommet"

Zur Advents- und Weihnachtszeit gehören neben Adventskranz, Krippe und Christbaum, neben Nüssen, Lebkuchen und Marzipan ganz bestimmt auch die Lieder, die schwermütigen im Advent und die beschwingten Weisen in den Weihnachtstagen. Ab und zu geraten auch beide ein wenig durcheinander. Aber es besteht die allgemeine Überzeugung, ohne Weihnachtslieder komme keine rechte Stimmung auf. Bei diesem Liederpotpourri, das bei Advents- und Weihnachtsfeiern zu hören ist, darf ein Lied nicht fehlen: „Ihr Kinderlein, kommet."

Dieses innige und zu Herzen gehende Lied verdankt seine Entstehung dem schwäbischen Kaplan Christoph Schmid, seine weltweite Verbreitung dem Bertelsmann Verlag, die Melodie dem dänischen Hofkapellmeister Johann Abraham Peter Schulz. Zusammengebracht allerdings hat Text und Melodie der Lehrer Peter Eickhoff aus Gütersloh. Aber erzählen wir es der Reihe nach:

Der Kaplan Christoph Schmid aus Dinkelsbühl kam im Winter 1796 als Schulbenefiziat nach Thannhausen. An Weihnachten hielt er seine erste Predigt. Seine Hauptaufgabe wurde der schulische Unterricht. Schreiben und Lesen, Rechnen und Erdkunde, die ganze Fächerskala gehörte zu seinem Unterrichtsstoff. Im Religionsunterricht, der täglich erteilt wurde, suchte er den Kindern die Glaubenswahrheiten nahezubringen. Um ihnen das Weihnachtsgeheimnis zu erschließen, lud er sie ein, mit ihm im Geist zur Krippe zu gehen. Als guter Pädagoge ging er Schritt für Schritt vor. Zunächst sollten sie nur schauen. Dann folgte das Handeln. Es galt die Knie zu beugen und die Hände anbetend zu falten. In einem dritten Schritt ging es um die Tragweite des Geschehens, das in der Krippe beginnt und am Kreuz endet. Am Schluss stand der Wunsch um eine Verwandlung des Herzens. Christoph Schmid hat mit seinen Versen einen kindlichen Ton getroffen, aber auch klare Glaubensaussagen gemacht, etwa wenn er sagt: „Du liebes, du göttliches Kind, was leidest du alles für unsere Sünd." Der Thannhauser Schulbenefiziat ließ seine Kinder das Gedicht, das er in seiner zierlichen Schrift überschrieben hatte: "Die Kinder bey der Krippe" und dann folgten die Verse „Ihr Kinderlein, kommet", auswendig lernen. Lehrer Anton Höfer, ein begnadeter Organist, ließ sich von Schmid anregen, eine Melodie dazu zu schreiben, die erst vor kurzem im Heimatmuseum Thannhausen von dem Kirchenmusiker Wolfram Seitz wieder entdeckt wurde und anlässlich der 250-Jahrfeier des Geburtstages von Christoph von Schmid, gesungen von Michael Rampp, zur Aufführung kam.

Zahlreiche geistliche Dichter haben Ende des 18. und Anfang des 19. Jahrhunderts Liedtexte verfasst. Es wurden auf Anweisung der Bischöfe deutsche Lieder bei den Gottesdiensten gesungen. Christoph Schmid hat auf Anregung Johann Michael Sailers gleichfalls Liedtexte verfasst, die vom Thannhauser Lehrer Anton Höfer vertont wurden. Es gehörte schon einiger Mut dazu, ein Gesangbuch zu veröffentlichen, denn man konnte nicht vorhersehen, wie es von der Geistlichkeit und den Gläubigen aufgenommen wurde. Dem Landshuter Gesangbuch von 1774 wurde vorgeworfen, seine Melodien seien größtenteils nicht singbar. Ähnliches wurde vom Wiener Gesangbuch behauptet. In Salzburg hatte der Erzbischof den Komponisten Michael Haydn beauftragt, leicht singbare Melodien zu schaffen. Dies ist ihm auch gelungen.

Zwar hatte sich Christoph Schmid 1807, als er die „Christlichen Gesänge zur öffentlichen Verehrung in katholischen Kirchen" veröffentlichte, bereits mit seiner „Biblischen Geschichte für Kinder. Ein Lesebuch, das auch Erwachsene brauchen können" einen Namen gemacht, trotzdem war es ein Wagnis, ein Gesangbuch herauszubringen. Die Nachfrage nach neuem Liedgut hielt jedoch an. 1811 kam es zur 2. Auflage, in die er auch das Lied „Ihr Kinderlein, kommet" aufnahm.

Der Pädagoge Denzel war von den Versen so angetan, dass er in seiner „Erziehungslehre" den Lehrern empfahl, dieses Gedicht mit den Kindern in der Weihnachtszeit zu lernen. Der junge Lehrer Peter Eickhoff in Gütersloh nahm die Empfehlung auf. Ihm war nicht bekannt, dass es sich bei dem Gedicht um ein Lied handelte, zu dem es bereits eine Melodie gab. Er zerbrach sich deshalb 1829 den Kopf, welche Melodie zu den Zeilen passen könnte. Da er selbst kein schöpferisches Talent hatte, begab er sich auf die Suche nach einer geeigneten Melodie. Ein Frühlingslied des im Jahre 1800 verstorbenen Kapellmeisters am dänischen Königshof Johann Abraham Peter Schulz, der auch das Lied „Der Mond ist aufgegangen" von Matthias Claudius vertont hat, passte genau zum Text. Eickhoff studierte das Lied mit seinen Schulkindern ein und es fand großen Anklang. Auch dem Schwiegervater von Eickhoff gefiel das Lied. Es war der Verleger Carl Bertelsmann. Er nahm es in sein Liederbuch „Sechzig Lieder für dreißig Pfennig" auf, das reißenden Absatz fand. Den Durchbruch in die weite Welt aber schaffte „Ihr Kinderlein, kommet" durch die „Missionsharfe", die der evangelische Pastor Johann Heinrich Volkenring zusammengestellt hat und die jeden Auswanderer der damaligen Zeit als ein Stück Heimat in die Fremde begleitete. „Ihr Kinderlein, kommet" wurde in Nordamerika ebenso gesungen wie in Südamerika. Man konnte es in Australien hören und in Indien, in Afrika und Indonesien. Neben „Stille Nacht" gehört es zu den meistgesungenen Weihnachtsliedern.

Dieses Lied ist ein Stück Ökumene, denn ein katholischer Geistlicher hat es gedichtet, ein evangelischer Komponist stand Pate für die Melodie, ein evangelischer Lehrer und ein evangelischer Verlag sorgten für die Verbreitung. Christoph von Schmid hat es noch erleben dürfen, wie sein Lied zum Volkslied wurde. In einer konfessionell gemischten Stadt geboren, in Dinkelsbühl, hat er sich zeitlebens um ein gutes Miteinander bemüht. In seinem Testament verfügte der geadelte Augsburger Domkapitular und Volksschriftsteller, dass 1200 Gulden aus seinem Nachlass zur Stiftung eines Studienfonds bereitzustellen seien. Die Stiftung solle armen Studenten aus Dinkelsbühl zur Verfügung stehen und zwar sowohl katholischen wie evangelischen Hilfsbedürftigen zu gleichen Teilen. Noch in seinem Letzten Willen bewies Christoph von Schmid, dass er ein wahrer Kinderfreund war, dem nichts mehr am Herzen lag, als die Kinder zu Jesus zu führen.

„Es ist ein Ros entsprungen"

Die Geschichte eines Weihnachtsliedes

Mit deutschen Liedern beim Gottesdienst ging man bis zur Reformation recht sparsam um. Nur bei Andachten und Prozessionen waren sie erlaubt. In der heiligen Messe pflegte man die lateinischen Choralmelodien. Das änderte sich, als man feststellen musste, dass sich die Reformation mit ihren deutschen Liedern in die Herzen der Menschen sang. Martin Luther, der den Beinamen „Wittenbergische Nachtigall" erhielt, wurde zum Schöpfer zahlreicher Lieder. Sie wurden seit 1524 in Gesangbüchern veröffentlicht und fanden reißenden Absatz.

Der Dominikaner Michael Vehe, ein namhafter Theologe, erkannte die Bedeutung des Kirchenliedes und brachte 1537, unterstützt von Kardinal Albrecht von Brandenburg, dem Erzbischof von Mainz, ein katholisches Gesangbuch mit Noten heraus. Dieses „New Gesangbüchlein" war bemüht, die alten Lieder zu sammeln, aber auch zeitgenössische Lieder aufzunehmen. Wesentlich umfangreicher war das Liederbuch, das der katholische Administrator von Meißen, Johannes Leisentritt, 1567 veröffentlichte. Hatte Vehe 52 Lieder zusammengestellt, bietet Leisentritt bereits 250 alte und neue Lieder. Beschränkte sich Vehe noch auf Gesänge bei Prozessionen sowie vor und nach der Predigt, finden sich in Leisentritts „Geistliche Lieder und Psalmen" auch Lieder, die beim Gottesdienst gesungen werden konnten. Der deutsche Volksgesang bei der heiligen Messe nahm seinen Anfang.

Bei der Suche nach alten Liedern entdeckte man zahlreiche Weihnachtslieder, darunter auch eine alte Weise, die im Erzbistum Trier gesungen wurde. 1599 fand dieses Lied Aufnahme in das „Speyrer Gesangbuch" und seitdem gehört „Es ist ein Ros entsprungen" zu den beliebtesten Weihnachtsliedern. Durch den mehrstimmigen Satz von Michael Praetorius ist es auch Liedgut der Kirchenchöre. Man wüsste gerne, wer den Text verfasst hat, aber hier ist es wie mit alten Altarbildern. Die Meister des Mittelalters haben fast nie einen Namen hinterlassen. Sie traten hinter ihr Werk zurück. Vermutlich nahm das Lied seinen Ausgang in einem Kloster. Es könnte beim sogenannten „Kindlein wiegen" entstanden sein. Die Klosterfrauen wollten das Jesuskind mit ihrem Gesang erfreuen.

In seiner ursprünglichen Fassung, die ein Kartäusermönch aus Trier niedergeschrieben hat, zählte das Lied 23 Strophen. Nur zwei haben sich über die Jahrhunderte gerettet. Eine dritte und vierte Strophe wurde 1844 von dem fränkischen Pfarrer Friedrich Layritz dazugedichtet. Die alte Weise hat die Form eines Rätsels, das in der ersten Strophe gestellt wird und in der zweiten Strophe seine Auflösung erfährt. Zunächst wird in Bildern gesprochen. „Es ist ein Ros entsprungen". Da ist von der Rose die Rede, von der Wurzel und schließlich vom Blümelein, das mitten im kalten Winter zur halben Nacht zu blühen beginnt. Der Dichter hat sehr bewusst von einer Ros gesprochen, denn er meint damit Maria. Sie ist nicht nur das Reis aus der Wurzel Jesse, sie ist auch die Rose als Bild der Reinheit und Schönheit. Die Verbindung von Reis und Ros nimmt ein Wortspiel auf, das auf die lateinischen Kirchenväter zurückgeht. Sie sprechen von der „virga", dem Reis, und von der „virgo", der Jungfrau. Der Text greift auf die Weissagung des Propheten Jesaia zurück, der das Kommen des Messias vorhergesagt hat: „Doch aus dem Baumstumpf Isais wächst ein Reis hervor, ein junger Trieb aus seinen Wurzeln bringt Frucht"(Jes 11,1).

In der zweiten Strophe wird das, was Jesaia dunkel vorhergesehen hat und auch für ihn ein Rätsel war, als erfüllt gesehen. „Das Röslein, das ich meine, davon Jesaia sagt, ist Maria die Reine, die uns das Blümlein bracht. Aus Gottes ewgem Rat hat sie ein Kind geboren und blieb doch reine Magd." Gleich zweimal hebt der Dichter die Reinheit Mariens hervor. Maria, die ohne Erbschuld vom ersten Augenblick ihres Daseins an war, sie bleibt ihr Leben lang ohne Sünde. „Rose ohne Dornen", so preist ein anderes Lied die Gottesmutter. Oder um nochmals auf den Propheten Jesaia zurückzugreifen. Bei ihm heißt es: „Seht, die Jungfrau wird empfangen und einen Sohn gebären, und sie wird ihm den Namen Immanuel – Gott mit uns – geben" (Jes 7,14). Die Jungfrauengeburt ist die klare Glaubensaussage, dass dieses Kind Gott zum Vater hat. Dieses Kind ist Gottes Sohn. Das möchte das Lied bekennen, indem es die Mutter preist, betont es die Einzigartigkeit des Sohnes.

In den weiteren Strophen lässt das Lied in seiner ursprünglichen Fassung den Evangelisten Lukas in aller Ausführlichkeit zu Wort kommen. Die

Verkündigung im Haus Nazareth wird nacherzählt und der Besuch bei Elisabeth, schließlich die Herbergsuche. In der 17. Strophe heißt es „Wohl in derselben Nacht Maria gebar den Fürsten, der uns Fried' gebracht." Jetzt ist die Rede von den Engeln und den Hirten, dem Stern und den Drei Königen. Das Lied schließt mit einem großen „Amen": „So singen wir all Amen, das heißt, nun wird es wahr. Dass wir begehren allzusammen; o Jesu, hilf uns dar in deines Vaters Reich, drin wollen wir dich loben, o Gott uns das verleih." Der Literaturkritiker Hermann Kurzke hat die Meinung vertreten, man solle nur die ersten beiden Strophen singen, wenn man schon die alte Fassung nicht wieder aufnehmen wolle. Die Umdichtung der zweiten Stophe durch Pfarrer Layritz findet vor ihm wenig Gnade, weil in ihr die Jungfrauengeburt unterschlagen wird. Das „Gotteslob" hat die ursprüngliche Fassung bewahrt, während das evangelische Gesangbuch sich an Layritz hält. In der dritten Stophe sind die Konfessionen wieder vereint, wenn sie singen: „Das Blümelein so kleine, das duftet uns so süß" und bekennen „wahr Mensch und wahrer Gott, hilft uns aus allem Leide, rettet von Sünd und Tod".

Martin Luthers Weihnachtslied

„Vom Himmel hoch"

Dr. Martin Luther besaß viele Talente. Er war ein wortgewaltiger Prediger und hochbegabter Übersetzer. Er verstand die Laute zu spielen und konnte dichten. Alle diese Gaben, und er verfügte über noch weit mehr, setzte er ein, um seine religiösen Vorstellungen unter die Leute zu bringen. Schon früh erkannte er die Bedeutung des Buchdrucks. Eine Schrift nach der anderen erschien und löste Diskussionen aus. Sie erfuhren begeisterte Zustimmung und ebenso erbitterte Ablehnung.

Als er die mitreißenden Lieder mancher Bänkelsänger erlebte, kam ihm der Gedanke, Glaubenslieder zu singen. Er ermutigte Weggenossen, die zu dichten verstanden, deutsche Gesänge zu schreiben. Die Ergebnisse befriedigten Martin Luther nicht. Es war alles zu schwülstig und hochtrabend, so sprach keiner, so sang keiner. Da begann er selber zu dichten, zunächst einige Texte für den Gottesdienst, häufig Übertragungen aus dem Lateinischen. Später kommen eigene Dichtungen hinzu, passend zum Kirchenjahr. Zehn Jahre nach seiner Hochzeit mit Katharina von Bora – Luther stand inzwischen im 52. Lebensjahr und hatte bereits manchen Sturm überstanden – schrieb er den Text eines Weihnachtsliedes, das er zunächst für seine Kinder gedacht hatte. Er überschrieb es mit „Ein Kinderlied auff Weihenachten vom kindlein Jhesu". Später wurde es in die Liedersammlung aufgenommen, in der er 30 seiner Lieder zusammengestellt hatte.

Das Lied „Vom Himmel hoch, da komm ich her, ich bring euch gute neue Mär, der guten Mär bring ich so viel, davon ich singen und sagen will" hat Luther später auch selbst vertont, nachdem ihm die Melodien, die für das Lied von anderen komponiert worden waren, allesamt nicht gefielen. Ähnlich wie später Christoph von Schmid in seinem „Ihr Kinderlein, kommet" das Weihnachtsgeschehen mit seinen Worten schildert, tat dies auch Martin Luther. Der gelehrte Theologieprofessor aus Wittenberg, von dem uns 3'000 Predigten erhalten sind, übergibt das Wort zunächst an den Engel, welcher der Hirtenschar erschienen ist. „Euch ist ein Kindlein heut geborn von einer Jungfrau auserkorn". Die nächsten Strophen sind eine Wiedergabe des Lukas-Evangeliums. In der 6. Strophe heißt es dann: „Des lasst uns alle fröhlich sein und mit den Hirten gehn hinein zu sehn, was uns Gott beschert mit seinem lieben Sohn verehrt."

Das katholische „Gotteslob" hat dem Lied Luthers nicht nur eine Strophe vorangestellt, in dem es heißt: „Es kam ein Engel hell und klar von Gott aufs Feld zur Hirtenschar", sondern das Lied auch erheblich gekürzt, gekürzt um acht Strophen. Das evangelische Gesangbuch hat natürlich alle Strophen und damit alle frommen Erwägungen, die Luther bei der Betrachtung des Kindes in der Krippe kommen. Er heißt das Jesukindlein willkommen und fragt: „Wie soll ich dir danken?" Er blickt hin auf das Jesuskind und erkennt: „Wie bist du worden so gering." Schließlich bittet er: „Ach, mein herzliebes Jesulein mach dir ein rein sanft Bettelein, zu ruhen in meines Herzens Schrein, dass ich nimmer vergesse dein." In der vorletzten Strophe möchte er fröhlich singen und springen, um dann in der letzten Strophe mit den Engeln Gott zu preisen, der uns seinen Sohn geschenkt hat. Die letzte Strophe hat das „Gotteslob" ebenfalls aufgenommen.

Dieses Weihnachtslied wurde schon früh auch in katholischen Gemeinden gesungen, allerdings nicht mit der Verfasserangabe des ungeliebten Martin Luther, sondern des Dominikaners Michael Vehe, aber nach dem Zweiten Vatikanischen Konzil hat es im Zuge der Ökumene nicht nur Aufnahme in das „Gotteslob" gefunden, sondern es wurde auch der richtige Autor angegeben, und so erklingt „Vom Himmel hoch" in evangelischen und katholischen Kirchen zur Weihnachtszeit, wenn auch in unterschiedlicher Länge.

Heinrich Seuses Weihnachtslied

„In dulci jubilo"

In der Hitparade der Weihnachtslieder, die manche Sender im Advent veranstalten, schieben sich zunehmend englische Lieder auf die vorderen Plätze. Den Spitzenplatz nimmt nach wie vor „Stille Nacht, heilige Nacht" ein, aber auch „Ihr Kinderlein, kommet" behauptet seinen vorderen Platz. Beliebt ist nach wie vor „In dulci jubilo." Das ist erstaunlich. Zum einen stammt es bereits aus dem 14. Jahrhundert, zum anderen ist es ein eigenartiges Gemisch aus Latein und Deutsch.

Wer dem Ursprung des Liedes nachgeht, trifft auf den Mystiker Heinrich Seuse, einen Dominikaner. Zusammen mit Meister Eckhart und Johannes Tauler gehört er zu den geistlichen Lehrmeistern seiner Zeit. Schon in jungen Jahren trat er bei den Dominikanern in Konstanz ein, saß später in Köln zu Füßen von Meister Eckhart, den er gegen Häresieverdacht verteidigt. Seine Hauptaufgabe sah Heinrich Seuse in der Predigt und in der geistlichen Begleitung von Ordensfrauen. Als Prior des Dominikanerklosters Konstanz musste er sich mit allerlei üblen Nachreden auseinandersetzen. Eine Frau, die er unterstützt hatte, ruinierte schließlich seinen guten Ruf mit ihren Verleumdungen. Heinrich Seuse musste Konstanz verlassen und verbrachte die letzten Lebensjahre in Ulm.

Der gelehrte Dominikaner hat mehrere Bücher veröffentlicht, die Einblick in sein Denken und seine Frömmigkeit erlauben. Erstaunlich für seine Zeit war es, dass seine Schriften, darunter auch Briefe, in deutscher Sprache geschrieben waren. Damals schrieb man Latein. Wer lesen und schreiben konnte, der lernte auch Latein. Das Chorgebet in den Klöstern erfolgte in Latein. Heinrich Seuse wollte auch den einfachen Christen erreichen.

In seinem Lebensrückblick taucht erstmals das Lied „In dulci jubilo" auf. Er erzählt, ihm sei ein himmlischer Spielmann erschienen, der ein „fröhliches Gesänglein von dem Kindlein" angestimmt habe, das „In dulci jubilo" lautete. Die Engel nahmen Seuse bei der Hand und vollführten mit ihm einen Tanz, der ihn all seine Leiden vergessen ließ und ein Vorgeschmack himmlischer Freude war.

Wechselnd zwischen Latein und Deutsch ist dieses Gesänglein der Engel. Es drückt die Freude über das Kind in der Krippe aus, von dem gesagt wird, dass es leuchtet wie die Sonne. Diesen Gedanken haben manche Maler aufgegriffen. Sie lassen alles Licht im Stall vom Kind in der Krippe ausgehen. Es ist Alpha und O, also Omega, Anfang und Ende. Damit wird bekannt: Dieses Kind ist Gottes Sohn.

Das Jesuskind, davon spricht die zweite Strophe, erfüllt das Herz mit Sehnsucht. Trost erhofft sich der singende Beter von diesem Kind. Die Ordensfrauen, die Heinrich Seuse betreute, hatten häufig in ihren Zellen die Figur eines Jesukindleins, das man „Trösterlein" nannte. Der Anblick des Kindleins sollte der Ordensfrau helfen, ihr Leben zu meistern, auch in der Nachfolge Jesu, deshalb heißt es im Lied „trahe me post te" – zieh mich dir nach!

Die dritte und letzte Strophe richtet vom Kind in der Krippe den Blick auf den Himmel. Bei aller Mühseligkeit des irdischen Daseins sollte man nie den Himmel aus den Augen verlieren, denn dort sind die wahren Freuden. Dort singen die Engel, dort erklingen neue Lieder, dort hört man neue Instrumente. Himmlische Freude pur, möchte man sagen, und singen: eja qualia!

„Zu Bethlehem geboren"

Mit Friedrich Spee an der Krippe

Eines der innigsten Weihnachtslieder stammt von dem Jesuiten Friedrich Spee von Langenfeld. Es ist das Lied „Zu Bethlehem geboren". Schon während seines Philosophiestudiums in Würzburg konnte Spee ein Liederbuch veröffentlichen: „Das Würtzburger Lustgärtlein". Nach seiner Priesterweihe 1622 hat er 25 Lieder gedichtet, die um das Weihnachtsgeheimnis kreisen, darunter die Lieder „Als ich bei meinen Schafen wacht" und „O Jesulein zart".

Das „Gotteslob" gibt als Entstehungsjahr für „Zu Bethlehem geboren" 1637 an. Das kann nicht zutreffen, denn der Jesuit starb bereits 1635. Man nannte ihn „Trutznachtigall" und stellte ihn damit Martin Luther entgegen, den man als die „Nachtigall von Wittenberg" in protestantischen Kreisen bezeichnete. Friedrich Spee hat sich aber nicht nur als Dichter geistlicher Lieder einen Namen gemacht, sondern auch als entschiedener Gegner der Hexenprozesse, die zu dieser Zeit konfessionsübergreifend Menschen in Verzweiflung stürzten. Vielfältig waren die Nöte seiner Zeit. Seit 1618 tobte ein Krieg, dessen Ende der feinfühlige Jesuit nicht mehr erleben durfte. Die Auseinandersetzungen zwischen Katholiken und Protestanten wurden immer heftiger und auch brutaler. In Peine wurde Pater Spee von einem Protestanten, der ihn töten wollte, angeschossen. Den Tod aber holte er sich bei der Pflege kranker Soldaten. Im Nachruf heißt es: „Er entschlief im Herrn, um in seinen Büchern weiterzuleben". Vor allem lebt er aber in seinen Liedern weiter wie in dem Lied „Zu Bethlehem geboren".

Der fromme Jesuit führt uns hin zur Krippe, damit wir dort niederknien. Er lässt uns auf das Kind schauen. Dieses Kind hat es ihm angetan, ihm möchte er ganz gehören. Er herzt es in seinen Gedanken „Eja, eja, sein eigen will ich sein". Seine Worte legt er uns in den Mund. Er bedenkt die Liebe Gottes, die in dem Kind greifbar, wenn auch nicht begreifbar geworden ist. Auf diese übergroße Liebe möchte er antworten und wir mit ihm: „Mein Herz will ich ihm schenken und alles, was ich hab." In der 4. Strophe bekennt Spee seinen Glauben, dass dieses Kind wahrer Gott und wahrer Mensch ist. Das Geheimnis: „Und das Wort ist Fleisch geworden und hat unter uns gewohnt", drückt er mit seinen Worten aus. Wer dies begriffen hat, was im Weihnachtsgeheimnis geschieht, der kann nur wünschen, sich ganz fest an dieses höchste Gut zu binden. Aus eigener Kraft vermögen wir das nicht, dazu braucht es Gottes Gnade: „Dazu dein Gnad mir gebe, bitt ich aus Herzensgrund, dass dir allein ich lebe jetzt und zu aller Stund." Der Blick auf das Kind in der Krippe soll den frommen Beter nicht nur zur Gegenliebe führen, sondern auch zum Handeln.

Die Melodie wurde von einem französischen Liebeslied übernommen und um eine Liebeserklärung an das Kind in der Krippe handelt es sich bei dem Lied tatsächlich. Das in jeder der fünf Strophen wiederholte „Eja, Eja" betont noch die Innigkeit. Spee nimmt das Jesuskind, so möchte man meinen, aus der Krippe, um es an sein Herz zu drücken und es Wange an Wange spüren zu lassen, wieviel es ihm bedeutet. In seinem Vorwort zum „Würtzburger Lustgärtlein" hat der Jesuit geschrieben, warum er überhaupt zum Dichten gekommen ist: „damit die Kinder täglich etwas gutes zu denken, zu sagen und zu singen haben und himmlische Dinge gleich als Zucker und Honig im Mund käuen". Bei dem Lied „Zu Bethlehem geboren" ist ihm dies meisterhaft gelungen. Alljährlich zur Weihnachtszeit singen es Jung und Alt. Mit Pater Spee versenken sie sich in die Liebe Gottes und bitten um die Gnade, dass „dir allein ich lebe jetzt und zu aller Stund".

Mit Paul Gerhardt an der Krippe

„Ich steh an deiner Krippe hier"

Weihnachtszeit ist Krippenzeit. Schon Tage vor Weihnachten werden in den Wohnzimmern mit viel Liebe die Krippen aufgebaut. Es gibt auch kaum eine katholische Kirche im süddeutschen Raum, in der sich keine Krippe befindet. Im 19. Jahrhundert war der Christbaum kennzeichnend für evangelische Christen und die Krippe für katholische Christen. Es war Christoph von Schmid, der in seiner Weihnachtserzählung „Der Weihnachtsabend" Christbaum und Krippe zusammenführte. Er wirkte dabei ebenso bahnbrechend wie die bayerische, evangelische Königin Therese, die erstmals im Nymphenburger Schloss zu Weihnachten einen Christbaum aufstellen ließ. So kam der Christbaum nach München und schließlich nach ganz Bayern.

Die Weihnachtszeit ist Krippenzeit und es ist auch die Zeit der Weihnachtslieder. In den Familien wird heute nur mehr selten gemeinsam gesungen, aber in der Weihnachtszeit gehört das Weihnachtslied unbedingt zur Weihnachtsstimmung. „Stille Nacht, Heilige Nacht" erklingt dann und „Ihr Kinderlein, kommet". Seit einigen Jahren gehört auch das Lied „Ich steh an deiner Krippe hier" zu den beliebten Liedern. Dieses innige Lied hat der evangelisch-lutherische Pfarrer Paul Gerhardt wenige Jahre nach dem Dreißigjährigen Krieg gedichtet. Die gängige Melodie ist älter. Es gibt, wie bei manch anderem Lied, so auch bei „Ihr Kinderlein kommet", noch andere Melodien. So hat 1736 Johann Sebastian Bach eine Melodie zu „Ich steh an deiner Krippe hier" komponiert.

Paul Gerhardt führt uns im Geiste zur Krippe in Bethlehem. Mit den Hirten dürfen wir an der Krippe stehen. Was sollen wir dem Kind schenken? Die Hirten bringen etwas von dem Wenigen, das sie besitzen. Paul Gerhardt meint, wir können noch viel mehr schenken, nämlich alles, was wir von Gott empfangen haben: „Geist und Sinn, Herz, Seel und Mut". Das wäre die rechte Antwort auf die Liebe, die uns im Kind in der Krippe begegnet. Der dichtende Pfarrer macht uns klar, wen wir im Kind in der Krippe vor uns haben: „Da ich noch nicht geboren war, da bist du mir geboren." Er hat mich ins Dasein gerufen. Ihm verdanke ich alles. Ihm verdanke ich auch meinen Glauben. Dieser Glaube lässt die tiefsten Dunkelheiten bestehen. Hier spricht Paul Gerhardt aus innerster Erfahrung, denn abgrundtiefes Leid war ihm von Kindheit an nicht fremd. Allein der Glaube hat ihm geholfen, das Leid zu tragen und einen Sinn in allem zu entdecken, so dass er sagen kann: „Du warest meine Sonne, die Sonne, die mir zugebracht Licht, Leben, Freud und Wonne."

Freude geht vom Kind in der Krippe aus. Sie erfasst die ganze Welt, besonders aber den gläubigen Menschen wie Paul Gerhardt. „Ich sehe dich mit Freuden an und kann mich nicht satt sehen." Er bleibt aber nicht beim Schauen stehen, sondern er betet an. Es zwingt ihn geradezu in die Knie, denn dieses Kind ist Gottes eingeborener Sohn, der in die Welt kommt, um uns zu erlösen. Wer könnte dieses Geheimnis schon erfassen? Das erinnert an Anton Bruckner, den bedeutenden Komponisten, den der Mesner von St. Florian nach der Christmette versehentlich in die Kirche eingesperrt hatte. Am Morgen des Weihnachtstages entdeckte er ihn auf der Orgel. Als er sich entschuldigte, meinte der fromme Organist: „Ich bin eigentlich mit meinem Staunen noch nicht am Ende." So empfindet es auch Paul Gerhardt: „O dass mein Sinn ein Abgrund wär und meine Seel ein weites Meer, dass ich dich möchte fassen."

Auf nach Bethlehem!

„Transeamus usque Bethlehem"

Der Breslauer Domkapellmeister Joseph Ignaz Schnabel hat in den Musikalien eines schlesischen Klosters Text und Melodie eines Hirtenliedes gefunden, das wohl Teil einer weihnachtlichen Kantate war. Er instrumentierte das Lied mit Bläsern und Geigen. Es eroberte sofort die Herzen als Joseph Ignaz Schnabel das „Transeamus" im Breslauer Dom 1808 erstmals bei der Christmette singen ließ.

Das „Transeamus" trat sehr rasch seinen Siegeszug an. Zunächst fand es Eingang in die schlesischen Kirchenchöre, die es mit Begeisterung sangen. Von dort kam es nach Österreich und schließlich auch in die süddeutschen Diözesen. Nach dem Zweiten Weltkrieg hat es die sangesfreudigen Schlesier in alle Teile Deutschlands verschlagen und so gehört das „Transeamus" inzwischen zum Repertoire nahezu eines jeden Kirchenchores.

Ignaz Joseph Schnabel, der 1767 in Naumburg am Queis geboren wurde, stammte aus einer Musikerfamilie und wuchs gewissermaßen mit der Musik auf. Er wollte Priester werden, aber ein chronisches Ohrenleiden setzte diesem Wunsch ein Ende. Schnabel wurde Lehrer.

Die musikalische Förderung seiner Schüler war derart erfolgreich, dass man ihn nach Breslau berief. Nach einigen Zwischenstationen wurde er 1805 Domkapellmeister und wenige Jahre später Universitätsmusikdirektor. Er hat das Musikleben Breslaus entscheidend geprägt, indem er die schlesische Musik pflegte, aber auch die europäische Musik der letzten 200 Jahre. Alljährlich am Gründonnerstag brachte er Joseph Haydns „Schöpfung" zur Aufführung. Er selber komponierte zahlreiche Messen, Hymnen und Vespern, Lieder für Männerchöre und vieles andere mehr. Bekannt ist sein Lied „Herr, unser Gott, wie groß bist du", am bekanntesten aber wurde sein „Transeamus". Es hat sogar die Stürme der Liturgiereform nach dem Zweiten Vatikanischen Konzil überstanden, als alles Lateinische aus den katholischen Kirchen Deutschlands verbannt wurde.

„Transeamus usque Bethlehem" singen die Kirchenchöre an Weihnachten und laden dazu ein, mit den Hirten nach Bethlehem zum Kind in der Krippe zu eilen. Mit eigenen Augen wollen die Hirten das fleischgewordene Wort sehen „hoc verbum quod factum est". Maria und Josef, vor allem aber das Kind in der Krippe ist ihr Ziel. Ein Basssänger darf dieses wunderbare Solo singen, in das der Chor dann mit seinem Gloria einstimmt und damit den Part der Engel übernimmt. Immer aufs Neue heißt es dann: „Transeamus et videamus" – „Lasst uns gehen und schauen."

Das ist die zeitlose Botschaft der Heiligen Nacht: Man muss sich wie die Hirten auf den Weg machen hin zum Kind in der Krippe. Man muss die Botschaft des Engels nicht nur hören, sondern hingehen und nur so kann man dem Heiland begegnen. Das „Transeamus" lädt dazu eindringlich und zu Herzen gehend ein.

Ein Dreifeiertagslied

„O du fröhliche" und sein Verfasser Johannes Daniel Falk

Was mag wohl der Herr Geheimrat Johann Wolfgang von Goethe gedacht haben, als er die Waisenkinder der „Anstalt für Volkserziehung und Volksunterricht" in der Weihnachtszeit voll Begeisterung singen hörte: „O du fröhliche, o du selige, gnadenbringende Weihnachtszeit"? Die Melodie gefiel ihm. Sie erinnerte ihn an seine Reise nach Italien. Hatte er die Weise bei italienischen Fischern gehört oder in der Sixtinischen Kapelle zu Rom? Als er die Kinder fragte, wer ihnen dieses Lied beigebracht habe, gaben sie ihm bereitwillig zur Antwort: ihr Waisenvater Johannes Daniel Falk. Von ihm stammten auch die Verse.

Der Herr Geheimrat und Dichterfürst staunte etwas, als die Kinder freudestrahlend hinzufügten: Es sei ein Dreifeiertagslied. Da manche Kinder nicht so leicht lernten, habe der Waisenvater das Lied für Weihnachten, Ostern und Pfingsten gemacht. An Ostern heiße es ganz einfach: „O du fröhliche, o du selige, gnadenbringende Osterzeit" und an Pfingsten füge man „Pfingstzeit" ein. Jetzt musste Goethe freilich schmunzeln. So konnte man es also auch machen. Er wollte ja nicht bestreiten, dass Legationsrat Falk das Weihnachtsgeheimnis in wenige Worte gefasst hat: „Fröhlich, selig, gnadenbringend. Welt ging verloren, Christ ist geboren", aber von Kunst konnte bei solchen Reimen wohl nicht gesprochen werden. Wenn er freilich in die fröhlichen Kindergesichter blickte, dann lag die Kunst wohl darin, Freude auszulösen.

Besonders eng waren die Beziehungen zwischen Goethe und Falk nie. 1797 hatten Herder und Wieland den jungen Falk veranlasst, nach Weimar zu kommen. Auf ihre Vermittlung erhielt er auch einen dürftig besoldeten Posten im Beamtenapparat des kleinen Herzogtums. Dem aus Danzig stammenden Sohn eines Perückenmachers hatte die Heimatstadt das Studium ermöglicht. In Halle studierte er Theologie, Literatur und Naturwissenschaften. Die Theologie gab er bald auf und mit ihr auch den Glauben, den ihm seine Eltern, vor allem die Mutter, mit auf den Weg gegeben hatten. In Weimar machte er sich einen Namen wegen seiner scharfen Zunge und seiner spitzen Feder. Seine Satiren waren gefürchtet. Als er in den Napoleonischen Kriegen Stellung gegen Frankreich bezog, erteilten ihm der Herzog und sein Minister Goethe Schreibverbot. Während der Besetzung der Herzogtums durch die Franzosen erwies er sich, im Gegensatz zu Goethe, als geschickter Verhandlungspartner. Damals ernannte ihn der Herzog zum Legationsrat. Für Falk wurde das Jahr 1813 zum Schicksalsjahr. Nach der Völkerschlacht bei Leipzig, in der Napoleon vernichtend geschlagen worden war, breitete sich eine Krankheit aus, die den Tod vieler Menschen zur Folge hatte. Innerhalb weniger Wochen mussten Johannes Daniel Falk und seine Frau Caroline vier ihrer Kinder bestatten. In dieser völligen Trostlosigkeit fand Falk zum Glauben seiner Kindheit zurück.

Die Napoleonischen Kriege und die Seuche, der auch seine Kinder zum Opfer gefallen waren, hatten viel Leid über die Menschen gebracht. Er sah die Not der Kinder, die ohne Eltern aufwuchsen und völlig verwahrlosten. Vor Jahren hatten ihm die Ratsherren von Danzig bei der Verleihung des Stipendiums folgendes ans Herz gelegt: „Du bleibst unser Schuldner. Wenn einst arme Kinder an deine Türe klopfen, so denke, wir sind es, die alten Ratsherren von Danzig und weise sie nicht ab!" Nun wollte er handeln. Zusammen mit Pfarrer Karl Friedrich Horn gründete er die „Gesellschaft der Freunde in der Not".

30 Kinder fanden bei ihm und seiner Frau ein Heim. Der einstige Satiriker schrieb nun Bücher, die sich mit Erziehungsfragen beschäftigten. Er tauschte sich mit anderen Erziehern seiner Zeit aus, so auch mit Pestalozzi. Immer wieder nahm er sich Zeit, um mit „seinen Kindern" zu singen und ihnen Geschichten zu erzählen, mit ihnen zu beten und ihnen religiöses Wissen zu vermitteln. So entstand das Lied „O du fröhliche", von dem er in einem Brief schrieb: „Ich freue mich über die Andacht, mit der die Kinder meine Lieder singen. Besonders mit dem Dreifeiertagslied ist mir das geglückt. Ich sprach es den Kindern zweimal vor, da konnten es alle. Ich hätte nicht geglaubt, dass mir Gott eine solche Gabe der volkstümlichen, kindlichen Rede verliehen hat. Ich danke ihm dafür von Herzen." 1826 starb Johannes David Falk. Auf seinem Grabstein steht zu lesen: „Unter diesen grünen Linden ist durch Christus frei von Sünden Herr Johannes

Falk zu finden." Goethe und Schiller haben ganz in der Nähe ihre letzte Ruhestätte gefunden.

Ein Krippenlied

Luise Hensel (1798-1876)

Das Geschehen von Weihnachten hat Künstler aller Jahrhunderte angeregt, Bilder zu malen oder Gedichte zu schreiben. Jeder Künstler ist ein Kind
seiner Zeit. Das lässt sich dann auch am Bild oder am Gedicht ablesen. Der
Pädagoge Christoph von Schmid hat mit „Ihr Kinderlein, kommet" den Ton
nicht nur seiner Zeit getroffen, sondern es gelang ihm ein zeitloses Gedicht,
das verbunden mit einer innigen Melodie die Herzen erobert hat. Andreas
Gryphius hat im 17. Jahrhundert ein Gedicht geschrieben, das theologisch
anspruchsvoller ist. Es begeistert in seiner kunstvollen Art die Germanisten,
aber hat nie die Herzen erreicht so wie Paul Gerhardts „Ich steh an deiner
Krippe hier". Man wird auch das Gedicht Bert Brechts, in dem er sich mit
dem weihnachtlichen Geschehen befasst, nicht als gefühlvoll bezeichnen
können, eher wohl als stark unterkühlt. Das lässt sich von dem 100 Jahre
früher entstandenen „Krippenlied" der Luise Hensel nicht sagen.

Die evangelische Pfarrerstochter hat schon früh zu dichten angefangen,
zunächst im Wettstreit mit ihrer Schwester. Nach dem frühen Tod des Vaters
war die Familie nach Berlin gezogen. Bruder Wilhelm, ein begabter Maler,
heiratete Felix Mendelsohn-Bartholdys Schwester Fanny. Luise verkehrt in
den vornehmsten Kreisen Berlins. Im Alter von 20 Jahren wird sie katholisch. Clemens Brentano würde sie gern heiraten, aber sie hat sich zu diesem
Zeitpunkt bereits für die Ehelosigkeit entschieden. Längere Zeit verbringt
sie, wie auch Clemens Brentano, bei der Seherin Anna Katharina Emmerick,
die 1824 stirbt. In diese Zeit fällt wohl ihr „Krippenlied".

Es ist ein höchst gefühlvoller Text, wenn sie schreibt: „Ach, solch ein
süßes Kindelein, das muss gewiss vom Himmel sein." Ein Kritiker würde
hier anmerken, dass jedes neugeborene Kind ein Stück vom Himmel dar-
stellt. In der zweiten Strophe wendet sich die junge Dichterin Maria zu.
Was sie zu sagen hat, ist wiederum nicht weltbewegend: „Ihr mag recht
froh im Herze sein." In der dritten Strophe rühmt Luise Hensel den Stall
von Bethlehem: „Du dunkle Zell, durch die die ganze Welt wird hell." Sie

schließt mit den jubelnden Zeilen: „Klein Kindelein in Mariens Schoß, wie bist du so unendlich groß!" Man könnte sagen, von Luise Hensel gibt es bessere Gedichte, aber auch in seiner Schlichtheit wirkt es ansprechend.

Luise Hensel führte ein recht unruhiges Leben. Immer wieder übernimmt sie Aufgaben als Erzieherin, als Gesellschafterin. Befreundet mit Apollonia Diepenbrock, der Schwester des späteren Fürstbischofs von Breslau Kardinal Melchior von Diepenbrock, denken die Beiden zeitweise an eine Ordensgründung. Welch begnadete Erzieherin Luise Hensel war, lässt sich daraus ersehen, dass drei ihrer Schülerinnen aus Aachen Ordensgründerinnen wurden. Sie selbst war gewiss zu sehr Einzelgängerin, welche die Unabhängigkeit zu schätzen wusste, als dass sie ein solches Wagnis eingegangen wäre.

Die letzten Lebensjahre verbrachte Luise Hensel in Paderborn. Von den vielen Gedichten, die sie verfasst hat, ist vor allem eines bis heute beliebt, es ist ein Abendgebet: „Müde bin ich, geh zur Ruh, schließe meine Augen zu …" Mit 78 Jahren starb Luise Hensel in Paderborn kurz vor Weihnachten am 18. Dezember 1876.

„Stille Nacht, heilige Nacht"

Das beliebteste Weihnachtslied

Als vor einigen Jahren im Mainzer Dom bei der Christmette das Lied „Stille Nacht, heilige Nacht" nicht gesungen wurde, konnte sich der Domorganist an Weihnachten vor empörten Anrufen kaum retten. Das Lied „Stille Nacht, heilige Nacht" gehört inzwischen zu Weihnachten wie die Krippe und der Christbaum. Bei Hitparaden von Weihnachtsliedern gewinnt es stets den ersten Platz. Inzwischen gehört es zum Weltkulturerbe.

Kaplan Joseph Mohr hat es 1816 gedichtet. Als in Oberndorf bei Salzburg an Weihnachten 1818 die Orgel ihren Geist aufgegeben hatte, kam dem Kaplan die Idee, das Weihnachtsgedicht zu vertonen. Er konnte den Lehrer Franz Xaver Gruber dafür gewinnen. In der bescheidenen Kirche von Oberndorf mit der kaputten Orgel erklang das Lied „Stille Nacht, heilige Nacht", gesungen von zwei Männerstimmen, dem Kaplan und dem Lehrer, begleitet von einer Gitarre, die der Geistliche spielte, zum ersten Mal. Die Pfarrkinder waren gerührt.

Der Orgelbauer, der das Instrument reparierte, entdeckte auf der Orgel Noten und Text, schrieb es ab, und so erklang das Lied 1819 in Fügen, dem Heimatort des Orgelbauers. Kaplan Mohr war 1819 nach Kuchl versetzt worden. Nachdem Zillertaler Sänger das Lied in ihr Repertoire aufgenommen hatten, begann es sich rasch auszubreiten. Von Leipzig ging es nach Berlin, wo es zum Lieblingslied des preußischen Königs wurde. Als es gar in ein Liederbuch Aufnahme fand, das Auswanderer als Gruß der Heimat erhielten, hat es wie das Lied „Ihr Kinderlein, kommet", das gleichfalls seine Entstehung einem Kaplan und einem Lehrer verdankt, seinen Siegeszug in die ganze Welt angetreten. In Norwegen wird vermerkt: „Evangelische Volksweise".

Es ist bemerkenswert, dass das Lied von der stillen, der heiligen Nacht im Salzburger Land entstand. Es war erst drei Jahrzehnte her, dass der Salzburger Erzbischof Hieronymus Graf Colloredo für sein Bistum angeordnet hatte, die Christmetten müssten nachmittags um 16.00 Uhr abgehalten werden und müssten bei Einbruch der Dunkelheit beendet sein. Diese Anordnung erfolge im Dienst der Sicherheit der Gläubigen. Ein preußischer Kurfürst verordnete die Christvesper bereits für 15.00 Uhr, weil zu einem späteren Zeitpunkt ein großer Teil der Gottesdienstbesucher allzureichlich dem Alkohol zugesprochen habe und es deshalb immer wieder zu Störungen der Christvesper komme.

Inzwischen hatte Kaiser Napoleon ganz Europa kräftig durcheinandergewirbelt, der Salzburger Erzbischof Graf Colloredo war längst geflohen und im Salzburger Land machte man sich wieder mitten in der Heiligen Nacht auf den Weg zur Christmette. Kaplan Mohr oder wie man im Salzburgischen sagt, der „Herr Kooperator" hat mit seinen Versen ein Stimmungsbild gemalt, von dem Theologen nicht gerade begeistert sind. „Holder Knabe im lockigen Haar" ist ihnen allzu romantisch und auch „o wie lacht lieb aus deinem göttlichen Mund" finden sie nicht so großartig. Erst die dritte Strophe halten sie für einigermaßen geglückt. Kaplan Mohr hat noch drei weitere Strophen gedichtet, die aber kaum irgendwo gedruckt zu lesen sind. Mit welchem Widerwillen das vom Volk geliebte Lied von den Experten behandelt wird, zeigt die Ausgabe des „Gotteslob" von 1975. Es wurde zwar mit Müh und Not noch aufgenommen, aber ohne Noten abgedruckt. Ein Sänger wie Udo Jürgens musste kommen, um in einer Weihnachtssendung „Stille Nacht, heilige Nacht" mit der vierten Strophe zu singen

Stille Nacht, heilige Nacht!
Wo sich heut alle Macht
väterlicher Liebe ergoss,
und als Bruder huldvoll umschloss
Jesus die Völker der Welt
Jesus die Völker der Welt.

Enttäuschung bei der Kindermette

„O Tannenbaum" wurde nicht gesungen

Alljährlich strömen die Menschen in die Kindermette. Die ganz Kleinen sind ebenso dabei wie die Omas und Opas, die sich nachts nicht mehr auf den Weg zur Christmette machen wollen. Im Altarraum haben sich die Akteure aufgestellt. Es sind Kinder, die Lieder einstudiert haben und ein Krippenspiel. Die Kleinen sind nicht ganz so ruhig wie es sich Mama und Papa wünschen, aber das gehört eben auch zur Atmosphäre einer Kindermette.

Inmitten der großen Schar erwartungsvoller Christen ist ein Dreijähriger. Ihn bewegt nur eine Frage: „Wann kommt das Lied ‚O Tannenbaum'?" Die Mutter hat es ihm vorgesungen, als der Papa den Christbaum aufgestellt hat, und sie hat es wieder gesungen, als sie die bunten Kugeln an den Tannenbaum hängte. Immer wieder hat sie es gesungen, so dass sich das Lied vom Tannenbaum dem kleinen Oliver ganz tief eingeprägt hat. Tannenbaum und Weihnachten gehörten nun in seinem Denken und Fühlen ganz eng zusammen. Was liegt näher als die Erwartung, dass dieses, „sein" Lied auch bei der Kindermette gesungen wird. Aber da singen sie „O du fröhliche, o du selige, gnadenbringende Weihnachtszeit" und „Ihr Kinderlein, kommet" und irgendetwas in einer fremden Sprache, die er gar nicht versteht, nur „sein" Lied wird nicht gesungen.

Immer wieder fragt er die Mutter: „Und wann kommt ‚O Tannenbaum'?" Er wollte doch auch mitsingen können. „Du musst noch etwas Geduld haben", tröstet die Mutter. Die Umgebung grinst bereits, wenn in die knappe Stille eine Kinderstimme unüberhörbar fragt: „Wann kommt ‚O Tannenbaum'?" Schließlich kündigt der Pfarrer das letzte Lied an. „Wir singen jetzt noch" und da hört man den Kleinen rufen: „O Tannenbaum". Der Pfarrer geht auf diesen Weihnachtswunsch nicht ein und sagt statt dessen: „Stille Nacht, heilige Nacht". Da kann sich der kleine Oliver nicht mehr beherrschen. Er heult drauf los. „Sein" Lied hat man nicht gesungen. Ihm ist die weihnachtliche Stimmung gänzlich vergangen.

Man kann den Pfarrer ja verstehen, dass er auf diesen Kinderwunsch, und mag er noch so lautstark vorgetragen worden sein, nicht eingegangen ist. Auch wenn der Tannenbaum heute ein unentbehrliches Requisit des Weihnachtsfestes geworden ist, er kam erst im 17. Jahrhundert auf und hat im 19. Jahrhundert die Bürgerhäuser erobert und erst im 20. Jahrhundert Zutritt zum Kirchenraum erhalten. Zu Weihnachten gehört die Krippe, den Christbaum könnte man entbehren. Ein echtes Weihnachtslied erzählt vom Kind in der Krippe und nicht vom immergrünen Baum. Entstanden ist das Lied „O Tannenbaum" 1819 und zwar als Liebeslied. Der Tannenbaum wird besungen als Sinnbild der Treue und Beständigkeit. Ein Leipziger Lehrer, Ernst Anschütz, hat 1824 den Text des August Zarnack sozusagen „verweihnachtlicht" mit der zweiten und dritten Strophe. Allerdings die Weihnachtsbotschaft sucht man auch in diesen beiden Strophen vergeblich. Da ist lediglich vom Winter die Rede und dass das Immergrün des Baumes uns etwas lehren will: „Die Hoffnung und Beständigkeit gibt Mut und Kraft zu jeder Zeit." Man wird nicht behaupten können, dass es ein echtes Weihnachtslied ist, man kann es höchstens als winterliches Stimmungslied bezeichnen. Das nur wenige Jahre früher entstandene Lied des Christoph von Schmid „Ihr Kinderlein, kommet" hat da schon einen anderen Tiefgang.

Es wundert einen jedenfalls nicht, dass die Melodie von „O Tannenbaum" mit dem Text „O Maryland, o Maryland" von amerikanischen Dixiebands gespielt und als Hymne der chinesischen Nakai-Universität gesungen wird.. Über seine Tränen bei der Kindermette wird Oliver in ein paar Jahren lachen. Vielleicht aber sollte man Eltern raten beim Christbaum-Aufstellen Lieder wie „Ihr Kinderlein, kommet" oder „Stille Nacht" zu singen, dann werden ihre Jüngsten in der Kindermette nicht enttäuscht und können sogar ein wenig mitsingen.

Ein Lied voll weihnachtlicher Freude

„Tochter Zion, freue dich!"

In jeder Oper, jeder Operette gibt es Arien und Lieder, die ins Ohr gehen und das Herz bewegen. Auch die Oratorien, jene geistlichen Musikspiele, die seit dem 16. Jahrhundert eine große Bedeutung erlangt haben, kannten Arien und Chöre, die ins Ohr gingen und das Herz bewegten. Ein Chor aus Händels Oratorium „Judas Makkabäus" hat mit verändertem Text einen festen Platz im Repertoire der Kirchenchöre gefunden. In der Adventszeit, vor allem aber in der Weihnachtszeit kann man das Lied „Tochter Zion, freue dich!" immer wieder hören.

Händels Oratorium schildert den Freiheitskampf der Makkabäer und des jüdischen Volkes gegen die syrische Fremdherrschaft. Es entstand aus Anlass des Sieges, den der Herzog von Cumberland über den schottischen Kronprätendenten Karl Eduard errungen hat. Ein Höhepunkt des Oratoriums war der Chor: „Seht, er kommt mit Preis gekrönt." Mit diesem Chor wurde der Sieg des Judas Makkabäus gefeiert und jedermann in London wusste, dass damit auch der Sieg des Herzogs von Cumberland gemeint war. Der Chor hat sich später verselbstständigt und er wurde zum Freiheitslied unterdrückter Völker. Besonders während der Napoleonischen Kriege wurde dieser Chor aus Händels Oratorium in ganz Deutschland gesungen. Mit einem veränderten Text, den Friedrich Heinrich Ranke 1820 verfasst hat, gelangte das Siegeslied in die Kirchen und gehört seitdem zu den Liedern, die man an Weihnachten ungern missen möchte. Selbst wenn keine Posaunen und Trompeten verfügbar sind, hört man sie bei diesem Lied mit. Es ist ein einziger Jubel, der sich ausdrückt.

Der Dichter von „Tochter Zion" hat die ganze Heils- und Unheilsgeschichte des Volkes Israel vor Augen. Der Zion, das ist der Ort des Tempels, das ist aber auch ein Bild für das Volk Israel, mit dem Gott seinen Bund geschlossen hat. Zion hat den Bund gebrochen. Zion hat die Liebe Gottes nicht erwidert. Trotzdem erbarmt sich Gott. Trotzdem schickt er seinen

Sohn in die Welt. Israel setzte auf Krieg. Israel wollte in der großen Politik mitmischen und geriet in immer neue Abhängigkeiten. Jetzt kommt mit dem Messias der Friedensfürst. Darüber kann und soll sich Jerusalem, die Stadt des Friedens, freuen. Man könnte sich dieses Lied ebenso für den Palmsonntag vorstellen, an dem Jesus in die heilige Stadt einzieht, umjubelt von Menschen.

Das Hosianna stimmen die Chöre der Engel in der Heiligen Nacht an. Sie preisen den Heiland der Welt. Die Verheißung an König David hat sich erfüllt, dass sein Nachkomme eine ewige Herrschaft errichten wird. Das Reich des Messias endet nicht an den Grenzen des Davidreiches. Dieses Reich dehnt sich aus über die ganze Welt. Das ist der Anlass zu unendlichem Jubel und das Lied vermag ihn mit seiner Melodie und seinem schlichten Text aufs Beste auszudrücken. Das Kind in der Krippe, an der Ochs und Esel neben Maria und Josef Platz gefunden haben, ist der Friedensfürst, von dem die Engel singen: „Ehre sei Gott in der Höhe und Friede auf Erden den Menschen seiner Gnade". Immer wieder heißt es „Hosianna, Davids Sohn". Darin drückt sich die ganze Freude über das Kommen des Messias aus. Gott steht zu seinen Verheißungen. Trotz aller Tiefpunkte in der Geschichte Israels, trotz allen Unglaubens sendet Gott seinen Sohn in die Welt. Ihm gilt der Gruß, ihm gilt der Jubel: „Sei gegrüßet, König mild. Ewig steht dein Friedensthron".

In diesen Jubel stimmen alle ein, die an Christus glauben. Am Anfang des Liedes steht die Freude über einen Sieg, der im Krieg erkämpft wurde, später war es die Hoffnung auf das Ende der Gewaltherrschaft Napoleons, nun ist ein Siegeslied ganz anderer Art daraus geworden. Es ist ein Preislied auf den Friedensfürsten, der schwach und hilflos in der Krippe liegt und doch mehr bewegt hat und bewegen wird als ein Herzog von Cumberland, der längst vergessen ist, auch mehr als Napoleon und alle Machthaber dieser Welt. „Dein König kommt zu dir." Das ist die frohe Botschaft von Weihnachten. Sie muss in die Welt hineingesprochen, sie muss in die Welt hineingesungen werden. Die Engel haben den Anfang gemacht und Komponisten aller Jahrhunderte haben den Ton aufgenommen, ihn auf ihre Weise weitergesungen. Ranke hat diesen Ton bei Händel entdeckt und den passenden Text gefunden. Diese Melodie geht ins Ohr und sie bewegt das Herz. Sie schenkt weihnachtliche Freude.

„Es kam die gnadenvolle Nacht"

Johann Kaspar Lavater (1741-1801)

In der Christmette der Heiligen Nacht wird alljährlich aus dem Brief des heiligen Apostels Paulus an Titus der Abschnitt vorgelesen, in dem es heißt: „Die Gnade Gottes ist erschienen, um alle Menschen zu retten" (Tit 2,11). Die Menschwerdung des Gottessohnes ist ein solches Gnadengeschenk und ein solcher Gnadenaugenblick, dass der Gedanke daran jedes Herz mit dankbarer Freude erfüllen muss. Manche haben ihre Gedanken und Gefühle in Worte gefasst. Es sind Lieder entstanden, in denen wir uns wiederfinden.

Ein sehr schönes und inniges Weihnachtslied verdanken wir Johann Kaspar Lavater. Der Züricher protestantische Pfarrer, der mit vielen Geistesgrößen seiner Zeit bekannt und befreundet war, so auch mit Johann Wolfgang von Goethe und mit Johann Michael Sailer, versuchte das Thema der „gnadenvollen Nacht" in Verse zu fassen. Schon in jungen Jahren hatte er ein dichterisches Talent bei sich entdeckt. Unter dem Eindruck des Erdbebens von Lissabon, bei dem mehr als 30 000 Menschen ums Leben gekommen waren, schrieb der 14-jährige Arztsohn Verse nieder, die voller Gottvertrauen sind. Gerade 18 Jahre alt veröffentlichte er ein Schweizer Liederbuch, das ihm viel Anerkennung eintrug und weite Verbreitung fand. Das ausgehende 18. Jahrhundert stand im Zeichen der Aufklärung. In gebildeten Kreisen war es modern, über Glaube und Religion zu spotten. Man fühlte sich erhaben über den Kinder- und Köhlerglauben der einfachen Leute. Lavater sah das anders. Seine Predigten wollten das Evangelium verkünden. Er tat dies anschaulich und volkstümlich. Dies lässt sich auch an seinem Weihnachtslied ablesen.

Mit kanppen Worten sagt er, warum die Heilige Nacht eine „gnadenvolle Nacht" genannt werden kann: sie hat uns das Heil der Welt gebracht. Wer freilich nicht weiß, was das Heil der Welt ist und dass das Heil ein Gesicht, einen Namen hat, dem verkünden es die Engel, die voller Freude sind: „wie freute sich der Engel Schar, da Jesus Christ geboren war". Der Dichter und Pfarrer Lavater verweilt noch bei den Engeln, denn die Botschaft, die sie nicht nur den Hirten, sondern aller Welt ins Herz singen möchten, soll von den Gläubigen weitergesungen werden. Das Jubilieren der Engel soll weiterklingen, weiterschwingen. Die Freude der Heiligen Nacht soll anstecken. Gott in der Höhe sei Ehr', auf der Erde aber herrsche Friede, Freude, Seligkeit. Wie die Hirten gilt es sich auf den Weg zum Kind in der Krippe zu machen. Den Hirten genügt es, das Kind in Windeln und in einer Krippe liegend zu sehen. Sie glauben der Botschaft des Engels und fallen auf die Knie. Die Hirten erwarten keine Zeichen und Wunder. Ihnen genügt das Wort des Engels. Die Hirten geben uns ein Beispiel. So sollten auch wir handeln.

Nachdem Lavater in den ersten drei Strophen die Heilige Nacht und ihr Geheimnis in Worte gefasst hat, tritt er jetzt in ein Zwiegespräch mit dem Kind in der Krippe: „O du, der Trost und Gnade gibt, der uns bis in den Tod geliebt, der uns zu Himmelserben weiht, sei hochgelobt in Ewigkeit." Der Züricher Pfarrer, den man als den „Beichtvater Europas" bezeichnet hat, weil so viele bedeutende Persönlichkeiten bei ihm ihr Herz ausschütteten und Rat holten, nennt das Kind in der Krippe „Trost". Trost beim Kind in der Krippe erfahren alle, die ihre Nöte zu ihm bringen. Bei diesem Kind, das in Armut allen Armen Gefährte geworden ist, kann man sich ausweinen. Bei diesem Kind, das den Willen Gottes bis in seinen Tod am Kreuz erfüllen wird, müssen wir lernen, den Willen Gottes in unserem Leben anzunehmen. Der Himmel öffnet sich in der Heiligen Nacht. Das Kind in der Krippe will, dass wir in den Himmel kommen. Durch die Taufe wurden wir Erben des Himmels. Weihnachten ruft uns diese Berufung ins Gedächtnis zurück.

In der letzten Strophe seines Liedes, das der Augsburger Domkapellmeister Franz G. Bühler einfühlsam vertont hat, spricht Lavater vom endgültigen Kommen Jesu. Weihnachten möchte unseren Blick weiten für die Stunde der Wiederkunft Christi. Für diese Stunde gilt es, bereit zu sein, deshalb sollten wir stets um eine gute Sterbestunde beten. Lavater hilft uns zu einem solchen Gebet: „Gewähre uns dein Gnadenlicht, wenn unser Aug im Tode bricht." Lavater starb am 2. Januar 1801 im Alter von nicht ganz 60 Jahren, nachdem er 1799 durch einen französischen Revolutionssoldaten angeschossen worden war. Auf seinem Krankenlager verzieh er dem Täter und bat, man möge ihn nicht verfolgen. Ergreifend sind die Zeilen, die er dem Unbekannten gewidmet hat: „Gott vergebe Dir, so wie ich Dir von Herzen vergebe. Leide nie, was ich um deinetwillen gelitten. Ich umarme Dich, Freund! Du tatest unwissend mir Gutes. Wir umarmen uns einst vor des Herren Aug."

Singend ins Neue Jahr

mit Paul Gerhardt als Vorsänger

Da und dort ist es der Brauch, dass die Blasmusik das Neue Jahr anspielt. Musizierend beginnt so ein neues Jahr. Natürlich eignet sich nicht jedes Lied für diesen Anlass, aber „Lobet den Herren" ist immer richtig. Man könnte auch spielen „Großer König aller Völker, unsere Heimat schütze du". Weniger bekannt ist in katholischen Gegenden ein Lied, das der evangelisch-lutherische Pfarrer Paul Gerhardt 1653 gedichtet hat und für das Johann Crüger eine bereits vorhandene Melodie aus dem 16. Jahrhundert unterlegte. Es ist ein ausgesprochenes Neujahrslied, das mit seinen 15 Strophen einen weiten Bogen spannt.

Paul Gerhardt hat in seinem Leben alles durchmachen müssen. Pest, Hunger und Krieg haben er und seine Zeitgenossen im Dreißigjährigen Krieg erlebt. Spät erst erhielt er eine Pfarrstelle und spät erst konnte er heiraten. Paul Gerhardt ließ sich jedoch nie entmutigen. Sein Gottvertrauen war bergeversetzend. Man spürt das auch seinem Neujahrslied an. Es beginnt mit der Aufforderung: „Nun lasst uns gehn und treten mit Singen und mit Beten zum Herrn, der unserm Leben bis hierher Kraft gegeben." In diesen wenigen Worten schwingt der Dank für das bisherige Leben mit. In der dritten Strophe kommt er auf die Nöte zu sprechen, die sie durchstanden haben „durch soviel Angst und Plagen, durch Zittern und durch Zagen, durch Krieg und große Schrecken" sind wir gegangen, aber so erinnert er in der fünften Strophe: „Gott lässt uns, seine Kinder, ... in seinem Schoße sitzen." Und dann preist er die Treue Gottes, die man täglich neu erfahren darf. In der neunten Strophe wünscht sich der fromme Dichter Geduld und wird damit zum Vorbeter. Wenig Verständnis bringt Paul Gerhardt für all die Jammerer auf, die immer nur auf das schauen, was beklagenswert ist: „Schließe zu die Jammerpforten!"

Freilich grundlos jammern die Menschen nicht, denn allzuviel Blutvergießen ist in der Welt. Es hat nur Leid und Traurigkeit im Gefolge. Er wünscht sich statt Blutvergießen Freudenströme.

In der 11. Strophe bittet der Dichter um den Segen Gottes. Er denkt an die Verlassenen, an die Irrenden, die Unversorgten und nicht zuletzt die Armen. „Hilf gnädig allen Kranken, gib fröhliche Gedanken, den hochbetrübten Seelen, die sich mit Schwermut quälen." Dem Seelsorger steht die vielfältige Not der Menschen vor Augen. Er denkt an die Kinder, die ihre Väter, ihre Mütter, ihre Eltern verloren haben. Er denkt an jene, die ihren Glauben verloren haben. Er denkt an jene, denen die Schwermut das Leben zur Qual werden lässt. Fröhliche Gedanken möge Gott ihnen geben. In der 14. Strophe fasst er seine Wünsche knapp zusammen: „Das alles wollest geben, o meines Lebens Leben, mir und der Christen Schare zum sel'gen neuen Jahre."

Heutzutage ist der lange Wunschzettel von Paul Gerhardt bei den meisten Menschen auf einen einzigen Wunsch zusammengeschrumpft: „Hauptsache Gesundheit!" Da lassen sich keine 15 Strophen singen, außer man geht sämtliche Körperteile mit ihren Krankheitsmöglichkeiten durch, vor denen man bewahrt werden möchte. Freilich auch in diesem Fall lässt es sich singend beten: „O Vater bleibe mitten in unserm Kreuz und Leiden ein Brunnen unserer Freuden."

Fastenzeit

Trost vom leidenden Heiland

Johannes Heermann und sein Lied „Herzliebster Jesu"

Von klein an hatte Johann Heermann, der 1585 im schlesischen Raudten das Licht der Welt erblickte, den Wunsch, Pfarrer zu werden. Fasziniert von den Predigten wollte auch er, wenn er einmal groß wäre, den Menschen Gottes Wort verkünden. Von seinen armen Eltern konnte er keine Unterstützung erwarten. Er verdingte sich deshalb als Knecht, um das Schulgeld zu verdienen.

Schon bald musste er den Dienst wegen seiner Schwächlichkeit aufgeben, hatte aber bereits so viel gelernt, dass er als Schreiber zu Pfarrer Valerius Freudenberger gehen konnte. Bei diesem berühmten Prediger erledigte er nicht nur Schreibarbeiten, sondern erfuhr auch eine theologische Ausbildung im Privatunterricht. Nie hatte er eine Universität besucht und doch erhielt er für seine Dichtungen als 23-Jähriger die höchste Auszeichnung, die damals vergeben wurde: Kaiser Rudolf II. verlieh ihm den Lorbeerkranz und krönte ihn zum kaiserlichen Dichter. Bald darauf erhielt er in dem Städtchen Köben eine Pfarrstelle. Zu dieser Zeit litt er bereits an einem Husten, der ihm jedes Wort zur Qual machte. Jede Predigt stellte für Pfarrer Heermann und wohl auch für seine Hörer ein Martyrium dar. Dies ließ ihn immer häufiger seine Gedanken in Versen niederlegen, die andere vortrugen. Viele Lieder, man zählt über 400, sind im Lauf der Jahre entstanden. Sie alle sprechen vom tiefen Glauben und Gottvertrauen des evangelisch-lutherischen Pfarrers, dem kein Leid erspart geblieben ist.

Manche nennen Pfarrer Heermann, dessen Lieder der Berliner Kantor Crüger vertont und unter die Leute gebracht hat, den schlesischen Hiob. Seine Frau starb ihm nach fünfjähriger glücklicher Ehe. Sein Haus brannte ab. Polnische Kosaken plünderten ihn aus. Ein Kroate wollte ihn töten, weil er ihm kein Geld geben konnte. Ein Kosak richtete den Degen auf ihn, um ihn zu durchbohren. Sein weinender Sohn rettete ihm das Leben. Als er Flüchtlinge aus der Oder mit einem Boot retten wollte, schossen Wallensteins Soldaten auf ihn und verfehlten ihn nur deshalb, weil er sich gerade anschickte, ein Kind aus dem Fluss zu retten. Um das Maß voll zu machen, raffte die Pest den Großteil seiner Pfarrgemeinde weg. Bei allem Leid, das ihn traf, suchte er Trost beim leidenden Heiland. Angeregt von Gedanken des heiligen Anselm von Canterbury fragte auch Heermann: „Herzliebster Jesu, was hast du verbrochen, dass man ein solch scharf Urteil hat gesprochen? Was ist die Schuld, in was für Missetaten bist du geraten?" Es sind Fragen, die sich jeder stellt, den ein Leid trifft: Warum ich? Womit habe ich das verdient? Pfarrer Heermann schildert, was Jesus alles durchgemacht hat: „Du wirst gegeißelt und mit Dorn gekrönet, ins Angesicht geschlagen und verhöhnet, du wirst mit Essig und mit Gall getränket, ans Kreuz gehenket." Der ganze Leidensweg bis hinauf nach Golgotha wird mit knappen Worten geschildert. Nochmal wird gefragt: „Was ist doch wohl die Ursach solcher Plagen?" Der Prediger und Dichter gibt die gleiche Antwort wie Anselm von Canterbury: „Ach, meine Sünden haben dich geschlagen. Ich, mein Herr Jesu, habe dies verschuldet, was du erduldet." Hier kommt die Auswirkung menschlicher Schuld zur Sprache. Mit jeder Sünde sind wir Mitbeteiligte am Leiden Christi. Man darf die Sünde nicht verharmlosen. Daran erinnert uns der Seelsorger. Es ist die Mahnung, die Sünde zu meiden.

Heermann bleibt bei diesem Gedanken nicht stehen, sondern führt ihn weiter: „Wie wunderbarlich ist doch diese Strafe. Der gute Hirte leidet für die Schafe; die Schuld bezahlt der Herre, der Gerechte, für seine Knechte." Jesus sühnt unsere Sünden. Er wäscht uns mit seinem Blut rein. Auf manchen Bildern der Barockzeit kann man am Fuß des Kreuzes einen zerrissenen Schuldschein sehen. Heermann sah den Kreuzweg seines Lebens in der Nachfolge Jesu. Mit Jesus wollte er leiden, um mitzuhelfen, dass viele gerettet werden. Angesichts der Verrohung während des Dreißigjährigen Krieges brauchte es Menschen, die zur Stellvertretung und Sühne bereit waren. Aber es braucht sie heutzutage nicht weniger, die Kreuzträger und Sühneseelen, die mit Jesus sich schlagen lassen, die mit Jesus sich verhöhnen lassen, die mit Jesus den Kreuzweg gehen und seinen Tod mitsterben.

Die fortschreitende Krankheit machte es Pfarrer Heermann unmöglich, selbst das Wort Gottes zu verkünden. Er konnte seine Predigten aufschreiben, andere mussten sie vortragen. Dies führte dazu, dass er nicht länger Pfarrer sein konnte. Unsägliche Schmerzen suchten ihn heim. Über sein Bett ließ er die Worte schreiben: „Herr, siehe, den du lieb hast, liegt krank"

(Joh 11,3). Oft und oft betete er: „Herr Jesu, komm doch und spann aus."
Am 2. Juni 1647 erhörte Gott sein Gebet. Keines seiner Lieder aber ist tiefer
in die Herzen gedrungen als die Zeilen von „Herzliebster Jesu": „Der gute
Hirte leidet für die Schafe; die Schuld bezahlt der Herre, der Gerechte, für
seine Knechte." Johann Sebastian Bach hat sie in seiner Matthäus-Passion
aufgegriffen und damit weltbekannt gemacht.

„Beim Letzten Abendmahle"

Jesus hat sich gerne einladen lassen. Im Gegensatz zu Johannes dem Täufer, der beständig fastete und auch seine Jünger zum Fasten anhielt, finden wir Jesus als geschätzten Gast bei den verschiedensten Gelegenheiten. Die Pharisäer ärgern sich darüber. Sie nennen Jesus sogar einen „Fresser und Säufer". Auf ihre spitze Frage: Warum denn seine Jünger nicht fasteten, erhielten sie zur Antwort: „Solange der Bräutigam bei ihnen ist, können sie nicht fasten. Aber es wird die Zeit kommen, dann wird ihnen der Bräutigam genommen, dann werden auch sie fasten."

Das Letzte Abendmahl

Diese Stunde ist gekommen, als Jesus mit seinen Aposteln das Letzte Abendmahl feiert. Der Evangelist Johannes berichtet, mit welch beschwörenden Worten Jesus Abschied von seinen Jüngern nimmt. Ihre Gedanken gehen zurück zur ersten Begegnung. Johannes der Täufer hat ihn als das „Lamm Gottes" bezeichnet. Sie waren dabei, als Gott ihn als seinen geliebten Sohn am Jordan bei der Taufe durch Johannes bestätigt hat. Sie waren dabei, als Jesus das Wasser bei der Hochzeit zu Kana in Wein wandelte. Sie waren dabei, als der Herr die Fünftausend mit den fünf Broten und den zwei Fischen speiste. Sie waren dabei, als er dem Sturm gebot und die Kranken geheilt hat. Er gibt ihnen ein neues Gebot, das sie halten sollen: „Liebt einander, wie ich euch geliebt habe: Bleibt in meiner Liebe!"

Nur einer hört nicht zu. Nur einer ist mit seinen Gedanken ganz woanders: Judas Iskarioth. Ihn hat Jesus enttäuscht. Er hat an Jesus geglaubt. Er hat ihn für den Messias gehalten, aber er hat den Glauben verloren, weil Jesus überhaupt nichts tat, was zur Gründung eines neuen Staates führen konnte. Gerne wäre er Minister geworden. Gerne hätte er gekämpft. Manchmal meint er, man müsse Jesus dazu zwingen, dass er sich als Messias erweist. Vielleicht muss man das Äußerste wagen, damit er handelt. Für 30 Silberlinge wird er ihn ausliefern. Für 30 Silberlinge wird er die Häscher in dieser Nacht zu Jesus führen. Judas Iskarioth ist mit seinen Gedanken nicht dabei, als Jesus das Brot nimmt und es bricht: „Das ist mein Leib, der für euch hingegeben wird." Er hört wie Jesus sagt: „Nehmet hin und trinket. Das ist mein Blut, das für euch vergossen wird. Tut dies zu meinem Gedächtnis!" Judas Iskarioth isst und trinkt. Für ihn ist das Brot und Wein, nicht Jesu Leib und Blut. Der Evangelist stellt fest: „Da fuhr der Satan in ihn." Er geht weg, hinaus in die Nacht. Jesus aber hat ihn durchschaut: „Was du tun willst, tue bald!"

Leonardo da Vinci malt das „Letzte Abendmahl"

Künstler aller Jahrhunderte haben das „Letzte Abendmahl" zum Thema gemacht. Leonardo da Vinci malte es als Fresko für den Speisesaal eines Klosters in Mailand. Bei der Suche nach einem Modell für den Lieblingsjünger Jesu stieß er auf einen Jugendlichen, bei dem äußere Schönheit und innere Reinheit übereinstimmten. Er entsprach genau seinen Vorstellungen von Johannes. Durch widrige Umstände verzögerte sich die Fertigstellung des Bildes um Jahre. Es fehlte schließlich nur noch Judas Iskarioth, der Verräter. Leonardo da Vinci machte sich auf die Suche. Er ging in die Spelunken von Mailand und schließlich hatte er seinen Judas Iskarioth entdeckt. Bei ihm stimmte das heruntergekommene Äußere mit der inneren Verworfenheit überein. Er nahm ihn mit in den Speisesaal des Klosters, um ihn dort zu porträtieren. Als der Mann das Bild sah, auf dem er verewigt werden sollte, lachte er auf: „Ist das Bild immer noch nicht fertig? Da bin ich doch schon drauf. Der Johannes, das bin ich." Leonardo da Vinci war erschüttert. Was war aus diesem Bild von Schönheit und Reinheit geworden: ein Mensch, der sein Leben vertan hat. „Judas Iskarioth" ließ sich malen, denn er brauchte das Geld, um sein Elend im Suff zu ertränken.

Christoph von Schmid dichtet „Beim Letzten Abendmahle"

Die Maler haben ihr Abendmahl-Bild sehr unterschiedlich angelegt, immer aber spielen zwei Gestalten und ihre Beziehung zu Jesus eine Hauptrolle: der Jünger, der an der Seite Jesu ruht und der Jünger, der Jesus verraten hat.

Johannes ist die Lichtgestalt und Judas Iskarioth derjenige, der die Nacht dem Licht vorzieht. Christoph von Schmid, der Erzähler und Dichter, hat das Geschehen des Gründonnerstags in schlichte Worte gekleidet, die sich auf das Wesentliche beschränken. Natürlich hat er seinen Kindern in der Schule von Thannhausen die ganze biblische Geschichte erzählt. Er erzählte von Petrus, der sich die Füße nicht waschen lassen wollte und von Johannes, der an der Brust Jesu ruhen durfte, von Judas Iskarioth, der von Jesus durchschaut wurde und ihn verraten hat. In Verse hat er aber nur das gefasst, was die Kinder sich unbedingt merken sollten:

„Beim Letzten Abendmahle, die Nacht vor seinem Tod,
nahm Jesus in dem Saale Gott dankend Wein und Brot.
‚Nehmt‘, sprach er ‚trinket esset. Das ist mein Fleich und Blut,
damit ihr nie vergesset, was meine Liebe tut.‘
Dann ging er hin zu sterben aus liebevollem Sinn,
gab, Heil uns zu erwerben, sich selbst zum Opfer hin.“

In diesen wenigen Zeilen ist alles gesagt. Knapper lässt es sich fast nicht ausdrücken. Mit der Melodie von Melchior Vulpius, die der Weimarer Kantor für ein Sterbelied komponiert hat, haben die Verse Christoph von Schmids Zeitlosigkeit erhalten. Nicht nur am Gründonnerstag gehört es zum Liedgut der Pfarreien, sondern immer wieder wird es bei der Gabenbereitung gerne gesungen. Christoph von Schmid hat für seine Kinder noch eine weitere Strophe geschrieben:

„O lasst uns ihm ein Leben, von jeder Sünde rein,
ein Herz ihm ganz ergeben, zum Dankesopfer weihn.“

Als er diese Strophe mit den Kindern lernte, erzählte er ihnen die Geschichte vom Abendmahlbild des berühmten Leonardo da Vinci.

„O Haupt voll Blut und Wunden"

Der Blick auf den leidenden Heiland

Wenige Persönlichkeiten haben ihre Zeit so stark geprägt wie Bernhard von Clairvaux. Man nennt das 11. Jahrhundert das „bernhardinische Zeitalter". Er setzte zahlreiche Akzente im religiösen Leben, sei es in der Marienverehrung oder in der Betrachtung des Leidens Christi. Marienminne und Christusmystik wurden in seinem Orden weitergepflegt. So wundert es nicht, dass im 13. Jahrhundert ein Zisterzienser einen Hymnus verfasste, in dem er das Leiden des Heilands sozusagen vom Scheitel bis zur Sohle betrachtete, um dem Beter vor Augen zu stellen, was Jesus erduldet hat. Arnulf von Löwen hat in dem Hymnus „Salve mundi salutare" den Beter zum Mitleiden anregen wollen, aber auch zur Reue über die Sünden, die zum Auslöser all der Schmerzen wurden.

Das „Salve mundi salutare" gehörte zum Gebetsschatz frommer Christen und so war es auch Paul Gerhardt geläufig. Der Seelsorger und Dichter versuchte nun eine deutsche Fassung zu schaffen. Im Gegensatz zu Arnulf von Löwen betrachtete Paul Gerhardt nicht Wunde für Wunde, sondern beschränkt sich auf das mit Dornen gekrönte Haupt des Erlösers. Allein die Betrachtung des dornengekrönten Heilandes benötigt sieben Strophen. „Ad faciem" so hat der Zisterzienser Arnulf den Blick auf Jesu Haupt überschrieben und gedichtet: „Salve, caput cruentatum". „O Haupt voll Blut und Wunden", so beginnt der leidgeprüfte Pfarrer Paul Gerhardt, dem in seinem Leben nichts erspart geblieben ist. Er denkt an die Verspottung Jesu durch die Soldaten, als sie ihn mit Dornen gekrönt hatten.

Das „edle Angesicht" ist schändlich zugerichtet. „Die Farbe deiner Wangen ... ist hin und ganz vergangen." In der vierten Strophe wird das Leiden Jesu in Beziehung zum Betrachter und Beter gebracht: „Was du, Herr, hast erduldet, ist alles meine Last; ich, ich hab es verschuldet, was du getragen hast." Wenn man bedenkt, dass Jesus das Leiden und Sterben für uns auf sich genommen hat, dann kann man für die Erlösung gar nicht genug danken. „Ich danke dir von Herzen, o Jesu, liebster Freund", betet uns Paul

Gerhardt vor. Er bittet schließlich um eine gute Todesstunde: „Wenn ich einmal soll scheiden, dann scheide nicht von mir"... „Erscheine mir zum Schilde ... und lass mich sehn dein Bilde in deiner Kreuzesnot." Im Blick auf das Kreuz möchte Paul Gerhardt sterben und jeder, der es ihm nachbetet. Paul Gerhardt ist gewiss: „Wer so stirbt, der stirbt wohl."

Der Organist an der Berliner Nicolai-Kirche, der die meisten Gedichte Paul Gerhardts vertont hat und sie damit zu Liedern machte, hat hier eine Melodie von einem älteren Sterbelied aufgegriffen. Dieses Lied war bereits bekannt. Es stammt von Christoph Knoll und beginnt: „Herzlich tut mich verlangen nach einem sel'gen End." Doch die Melodie ist noch älter und stammt von Hans Leo Haßler, der sie für ein Liebeslied komponiert hat. Berühmt gemacht aber hat Johann Sebastian Bach Paul Gerhardts Lied, weil er es in seine Passion eingebaut hat. In der Matthäus-Passion Bachs taucht die Melodie fünfmal auf. Jedesmal wählt er eine tiefere Tonart, um die Tiefe des Schmerzes zu verdeutlichen, allerdings beim Tod Jesu erhöht er die Tonart, um die Erhöhung am Kreuz anzudeuten, aber auch schon die Auferstehung erahnen zu lassen.

Die Melodie verwendet Johann Sebastian Bach auch im Weihnachtsoratorium in Verbindung mit dem Text „Wie soll ich dich empfangen." Die Melodie drückt hier aus, was Maler in der Kunst darzustellen versuchen, dass nämlich in der Geburt Jesu bereits Leiden und Sterben sich ankündigen. Das Lied „O Haupt voll Blut und Wunden" gehört zum Gebetsschatz der Christenheit. Dietrich Bonhoeffer schreibt aus dem Gefängnis: „Paul Gerhardt und seine Lieder sind mir ein großer Trost und helfen mir durch manche bittere Stunde."

Ostern

Der Osterjubel Christoph von Schmids

„Christus ist erstanden"

Als Christoph von Schmid sein Thannhauser Laudate 1807 veröffentlichte, waren keine Noten abgedruckt. Die Texte konnten sich ihre Melodien suchen. In Thannhausen hat Lehrer Anton Höfer sich darum bemüht und dies mit Erfolg. Sein geistlicher Sohn Albert, zuletzt Stadtpfarrer und Dekan in Günzburg, war sogar noch erfolgreicher.

Zu der Neuauflage der „Christlichen Gesänge zur öffentlichen Gottesverehrung in katholischen Kirchen" 1811 hat der Augsburger Domkapellmeister und Landsmann Christoph von Schmids Franz Bühler Kompositionen geschaffen, die sämtliche musikalischen Umbrüche überstanden haben und noch heute gerne gesungen werden. Gute Liedtexte waren zu Beginn des 19. Jahrhunderts sehr gefragt, denn der Volksgesang gewann, gefördert von den Bischöfen, zunehmend an Bedeutung. Da die Lehrer gleichzeitig Organisten und Chorleiter waren, konnten sie im Unterricht Lieder lehren, die im Gottesdienst Verwendung fanden. So erwarben sich die Schüler einen Liedschatz, der sie ein Leben lang begleitete.

Die Zunahme des Volksgesangs machte die Kirchenchöre nicht überflüssig. Jeder Festtag erhielt seinen besonderen Glanz, wenn der Kirchenchor sang, manchmal noch durch ein kleines Orchester ergänzt. Jede Pfarrei darf sich glücklich schätzen, die einen Kirchenchor besitzt. Freilich die Zeiten, in denen Lehrer den Organistendienst versahen und die Leitung des Kirchenchores übernahmen, sind weitgehend vorüber. Auch das Lernen von Liedern, die im Gottesdienst vorkommen, beschränkt sich auf den Religionsunterricht und selbst dort lernt man eher Lieder, die bei Schulgottesdiensten Verwendung finden, aber dann nicht mehr gebraucht werden. Dies fördert nicht unbedingt die Beheimatung im Gottesdienst.

Der Volksgesang lebt davon, dass möglichst viele mitsingen. Das gelingt nur dann, wenn Text und Melodie geläufig sind. Es gibt Lieder, die ins Ohr gehen und die deshalb auch von allen gerne gesungen werden. „Großer Gott, wir loben dich" oder „Segne du, Maria" sind solche Lieder. Bei einer Fernsehsendung über den Ort Oberstadion, in dem Christoph von Schmid von 1817 – 1826 Pfarrer war, wurde erwähnt, dass bei einem Osterlied, dessen Text Christoph von Schmid verfasst hat und das schon im Thannhauser Laudate zu finden ist, die Leute so begeistert mitsingen, dass geradezu die Wände unter der österlichen Freude wackeln.

Die Melodie zu dem Lied „Christus ist erstanden" stammt von dem Zeitgenossen Christoph von Schmids und Rottenburger Domorganisten Johann Paul Schiebel. Es ist tatsächlich eine mitreißende Melodie, die dem Komponisten hier gelungen ist. Text und Melodie sind dabei eine wunderbare Verbindung eingegangen. Es ist erstaunlich, dass dieses Christoph-von-Schmid-Lied die Grenzen der Diözese Augsburg nicht überschritten hat und allein in der Diözese Rottenburg-Stuttgart im Diözesananhang des „Gotteslob" zu finden ist. Es wäre an der Zeit, dieses frohe Osterlied auch im Augsburger Bistum zu beheimaten. Neben „Jesus lebt", dessen Melodie von Albert Höfer, einem Schüler Christoph von Schmids, stammt, wäre es ein weiteres Lied, das den Osterjubel zum Ausdruck bringt. Übrigens, das 2016 erschienene „Laudate", das Pater Walter Huber herausgebracht hat, beschränkt sich nicht nur auf vier Strophen, sondern druckt alle sechs Strophen ab.

„Jesus lebt, mit ihm auch ich!"

Ein Osterlied verkündet die Auferstehung des Herrn

„Der Herr ist auferstanden. Er ist wahrhaft auferstanden. Alleluja!" Das ist die Botschaft von Ostern. Sie wurde von Maria Magdalena den Aposteln zugerufen. Sie wurde von den Aposteln hinausgetragen in die ganze Welt. Sie leuchtet jeden Sonntag neu auf und wird bei jeder heiligen Messe verkündet. Die frohe Botschaft von der Auferstehung Jesu hat Dichter und Musiker angerührt. Sie haben ihren Glauben in Worte gefasst und in Melodien ausgedrückt wie etwa in dem Osterlied „Jesus lebt".

In seinem Todesjahr 1769 verfasste der kränkliche Professor Christian Fürchtegott Gellert sein Bekenntnis zum auferstandenen Heiland mit den Versen:

> *Jesus lebt, mit ihm auch ich!*
> *Tod, wo sind nun deine Schrecken?*
> *Jesus lebt und wird auch mich*
> *von den Toten auferwecken.*
> *Steh' auch von der Sünde auf,*
> *richt' nach oben deinen Lauf!*

Gellert lehrte an der Universität Leipzig. Neben Moraltheologie gab er auch Vorlesungen in Poetik und Rhetorik. Schon in jungen Jahren hatte er mit seinen Fabeln einen großen Erfolg erzielt. Am liebsten wäre der Sohn eines evangelischen Pfarrers, der mit zwölf Geschwistern im sächsischen Hainichen aufwuchs, Pfarrer geworden, aber als er als 14-Jähriger bei der Beerdigung seines Patenkindes in der Kirche beim Nachruf stecken blieb, hielt er sich für unfähig, das Predigtamt auszuüben. Dank seiner hohen Begabung und seines unermüdlichen Fleißes bekam er Stipendien, die es ihm ermöglichten, die Fürstenschule in Meißen zu besuchen und an der Universität Leipzig zu studieren. Die französische Aufklärung hatte die deutschen Universitäten erfasst. Man stellte den Glauben in Frage und spottete über die Religion. Gellert, der seit 1751 einen Lehrstuhl in Leipzig innehatte, beteiligte sich nicht daran. Im Gegenteil, er wurde nicht müde, in Wort und Schrift für den christlichen Glauben einzutreten. In einer Vorlesung bekannte er: „Ich habe mehr als einmal an den Pforten des Todes gestanden und erkannt, dass nichts als der heilige Glaube an unseren Heiland und Erlöser den bangen Geist bei dem entscheidenden Schritt in die Ewigkeit stärken und das anklagende Gewissen stillen kann."

Seine Zuversicht, dass Jesus jeden, der an ihn glaubt, mit ihm auferstehen lässt, bringt er in jeder neuen Strophe von „Jesus lebt" zur Sprache. Er ist ein Kenner der Heiligen Schrift. Sie ist ihm von Kindheit an vertraut. Man hört den heiligen Paulus aus den Zeilen:

> *Jesus lebt! Ich bin gewiss,*
> *nichts soll mich von Jesus scheiden,*
> *keine Macht der Finsternis,*
> *keine Herrlichkeit, kein Leiden.*
> *Seine Treue wanket nicht;*
> *dies ist meine Zuversicht.*

Das war auch die Einstellung von Gellert. Er hat Anerkennung in hohem Maß gefunden. Goethe sagt von ihm, er habe das Fundament der deutschen sittlichen Kultur gelegt. Seine Dichtungen wurden begeistert aufgenommen. 59 Geistliche Gesänge stammen aus seiner Feder. Er verfasste Lustspiele und auch einen Roman. Immer wieder von tiefen Depressionen heimgesucht, fand er Trost im Glauben an Christus. Kurz vor seinem Tod, erst 54 Jahre alt, sagte er einem Freund: „Ich kann nicht mehr viel fassen, aber rufen Sie mir nur den Namen meines Erlösers zu, wenn ich den höre und nenne, so fühle ich eine neue Kraft und Freudigkeit in mir."

Am 13. Dezember 1769 starb Professor Christian Fürchtegott Gellert in Leipzig. Er starb im Glauben an den gekreuzigten und auferstandenen Herrn. Was er gedichtet hat, durfte er nun erfahren:

> *Jesus lebt! Nun ist der Tod*
> *mir der Eingang in das Leben.*
> *Welchen Trost in Todesnot*

wird er meiner Seele geben,
wenn sie gläubig zu ihm spricht:
Herr, du meine Zuversicht!

Viele seiner Texte wurden in andere Sprachen übertragen. Seine „Geist-lichen Lieder" wurden vertont. Große Komponisten wie Joseph Haydn und Ludwig van Beethoven haben ihnen zur Unsterblichkeit verholfen. „Jesus lebt" wurde durch die Vertonung des aus Thannhausen stammenden Günzburger Stadtpfarrers Albert Höfer zu einem Lied, das in der Diözese Augsburg zum beliebtesten Osterlied geworden ist. Gellert scheute sich, je eine Kanzel zu betreten, aber er hat die Osterbotschaft so überzeugend verkündet, dass sie auch heute noch jeder versteht und mit dem Dichter dankbar bekennt: „Jesus lebt, mit ihm auch ich! Tod, wo sind nun deine Schrecken?"

Das Osterlied des Hofkaplans

„Victimae paschali laudes"

In den Klöstern des Mittelalters entstanden zahlreiche Hymnen, die Eingang in die Liturgie gefunden haben. Das hat die Feierlichkeit der Gottesdienste erhöht, aber sie auch immer länger werden lassen. So zieht sich bis heute ein feierlicher Gottesdienst in der Ostkirche zwei Stunden hin. Im Konzil von Trient wollte man den Überschwang eindämmen und einer gewissen Nüchternheit den Vorzug geben. Kurz und prägnant – das war von jeher ein Markenzeichen römischen Denkens und Redens. Das sollte auch für die Eucharistiefeier gelten. Nur wenige Hymnen bzw. Sequenzen wurden für den Gottesdienst erlaubt. Sie beschränkten sich auf die Hochfeste: Ostern Pfingsten, Fronleichnam, sowie für das Begräbnis das „Dies irae". Seltsamerweise gibt es für Weihnachten keinen Hymnus bzw. keine Sequenz, wohl aber für das Fest der Schmerzen Mariens mit dem „Stabat mater".

Während der pfingstliche Heilig-Geist-Hymnus „Veni sancte spiritus" und der Hymnus zu Fronleichnam „Lauda Sion salvatorem" alle Reformen überlebt hat, fristet der Osterhymnus, der auf den Ostersonntag seit der Liturgiereform beschränkt wurde, nur noch ein Schattendasein. „Victimae paschali laudes" so dichtete der Hofkaplan Kaiser Konrads II. namens Wipo im 11. Jahrhundert. Beim Osterfest am 18. April 1025 im Augsburger Dom wurde der Hymnus erstmals gesungen. Waren es die Domsingknaben oder eine Schola der Benediktiner von St. Ulrich und Afra, die den jubelnden Osterhymnus zu Gehör brachten, das ist nicht überliefert. Hofkaplan Wipo, der aus dem Burgundischen stammte, war ein treuer Gefolgsmann der Salier.

Als Hofkaplan fertigte Wipo alle wichtigen Urkunden aus, daneben führte er auch genau Buch, was Kaiser Konrad unternahm. Wipo verdanken wir genaue Aufzeichnungen über die Regierungszeit dieses salischen Herrschers angefangen von der Wahl Konrads II. zum deutschen König bis hin zu seinem Tod an Pfingsten 1037 in Utrecht. Er hat die Kaiserkrönung in Rom, eine der prächtigsten des Mittelalters, ausführlich geschildert. Wipo war ein Mann des Wortes, dies wird auch bei seinem Osterhymnus deutlich. Er lädt die Gläubigen ein: „Singt das Lob dem Osterlamm!", und er gibt auch gleich den Grund dafür an: „Denn das Lamm hat die Schafe erlöst und Christus, der Schuldlose, hat die Sünder mit dem Vater versöhnt." An Ostern geht es um Leben und Tod. Der Fürst des Lebens, Christus, starb am Kreuz und hat mit seiner Auferstehung den Tod besiegt. In klassischem Latein drückt der Dichter dies in knappster Form aus. Dann ruft er in Erinnerung, was Maria von Magdala am Ostermorgen erlebt hat. Er hält ihr Bekenntnis fest: „Auferstanden ist Christus, meine Hoffnung." Nach diesem Bekenntnis, dessen Wahrhaftigkeit nicht bestritten werden kann, können alle nur jubeln: „Christus ist auferstanden, wahrhaftig von den Toten. Du siegreicher König, erbarme dich unser!"

Hofkaplan Wipo, der von Kaiser Konrad II. beauftragt wurde, sich um die Erziehung seines Sohnes Heinrich III. zu kümmern, hätte bei größerem Ehrgeiz gewiss eine kirchliche Karriere machen können, aber er hat Aufstieg und Fall manches Kirchenfürsten erlebt, so dass er viel mehr darauf achten wollte, den Himmel zu erlangen, deshalb zog er sich in späteren Jahren völlig vom Hof zurück. Keine 60 Jahre alt starb er. Seine Chronik der Salier ist ein Geschichtswerk, das mit seinem Namen ebenso verbunden bleibt wie der Osterhymnus „Victimae paschali laudes".

„Singt dem König Freudenpsalmen"

Theodulf von Orléans (750-821)

Zum Palmsonntag gehörte von jeher die Palmprozession. Ihr Ziel war die Kirche. Allerdings konnte die Kirche nicht sofort betreten werden, denn das Portal war verschlossen, die Türen verriegelt. Nun begann ein Wechselgesang zwischen den Sängern in der Kirche und denen, die vor der Kirche zum Warten gezwungen waren. Es war ein lateinischer Hymnus, den Theodulf von Orléans im 9. Jahrhundert gedichtet hatte. „Gloria laus et honor tibi sit, Rex Christe, Redemptor" – Ruhm, Preis und Ehre sei dir Christkönig, Erlöser." Der Pfarrer nahm dann dem Kreuzträger, welcher der Prozession voranging, das Vortragskreuz aus der Hand und pochte mit dem Schaft dreimal an das Portal, das daraufhin geöffnet wurde. Diese schlichte Zeremonie sollte bewusst machen, dass Jesus durch seinen Tod am Kreuz uns die Himmelstür geöffnet hat.

Heute erklingt am Palmsonntag kein Wechselgesang mehr am Portal der Kirche und es erfolgt kein Pochen an das geschlossene Tor, aber der Hymnus des Theodulf von Orléans hat sich erhalten. Er erklingt zwar nicht mehr als Wechselgesang und auch nicht in schönstem Latein, sondern als ein Lied, das von allen gesungen wird: „Singt dem König Freudenpsalmen! Völker, ebnet seine Bahn!" Theodulf von Orleans gehörte zu dem Kreis von Gelehrten, die Karl der Große um sich scharte. Aus westgotischem Adel stammend hat der 750 Geborene eine umfassende Bildung erfahren. Man kann ihn als Theologen, als Juristen und als Schriftsteller, nicht zuletzt als Dichter bezeichnen. Mehr als 80 Gedichte von ihm sind noch erhalten.

Karl der Große machte ihn zum Bischof von Orléans und Abt von Fleury. Immer wieder wurde er um Rat und Mitarbeit angegangen. Er verfasste mehrere Bücher, in denen er seine Erfahrungen verarbeitete. Auch nach dem Tod Karls des Großen hat Kaiser Ludwig der Fromme Bischof Theodulf zu Rate gezogen. Allerdings kam es auf Grund einer höfischen Intrige zum Bruch. Theodulf fiel in Ungnade. Er kam sogar ins Gefängnis. Jakob von Voragine erzählt, es sei am Palmsonntag 820 gewesen, als die Palmprozession mit Kaiser Ludwig an dem Gefängnis vorbeigezogen sei, da habe Theodulf seinen Gesang „Gloria, laus et honor tibi sit" zu singen begonnen. Dies sei so herzergreifend gewesen, dass der Kaiser den unglücklichen Bischof noch am Palmsonntag begnadigt habe. Ein Jahr später starb Theodulf in Angers. Sein Hymnus aber wurde alljährlich neu angestimmt und er hat sämtliche Kirchenreformen überstanden.

Als der Salzburger Erzbischof Hieronymus Graf Colloredo in seinem Hirtenbrief von 1783 den deutschen Volksgesang forderte, hat er gleichzeitig einen zweiten Teil des „Landshuter Gesangbuchs" herausgebracht. Der erste Teil war 1777 erschienen. Franz Seraph von Kohlbrenner hat dieses Gesangbuch auf eigene Kosten drucken lassen und es wurde ein großer Erfolg. Daran knüpfte man in Salzburg an und hatte mit Michael Haydn auch einen hervorragenden Komponisten, der Melodien schuf, die gerne gesungen wurden und auch heute noch geschätzt sind. Damals wurde dann im Salzburger Gesangbuch, das sich als Fortsetzung von Kohlbrenners Gesangbuch verstand, das „Triumphlied am Palmsonntage" erstmals veröffentlicht. Die damalige Melodie weckte allerdings wenig Begeisterung. Es sollte noch ein paar Jahre dauern, bis Text und Melodie zusammengefunden hatten. Im „Gotteslob" von 1975 stand es in 32 von 37 Diözesananhängen. Da verwundert es nicht, dass es 2013 in den Stammteil des neuen „Gotteslob" aufgenommen wurde.

Dichter und Komponist

Pfarrer Johannes Leisentrit (1527-1586)

Bei dem frohen Osterlied „Das ist der Tag, den Gott gemacht" heißt es beim Verfasser „nach Heinrich Bone" und Melodie „nach Johannes Leisentrit". Das sind zwei Namen, die sich um das deutsche Kirchenlied verdient gemacht haben. Heinrich Bone im 19. Jahrhundert und Johannes Leisentrit im 16. Jahrhundert. Heinrich Bone, ein engagierter Laie, und Johannes Leisentrit ein Prälat auf verlorenem Posten.

Zu freuen gab es für den 1527 in Olmütz geborenen Johannes Leisentrit nicht viel. Der Sturm der Reformation stellte jede Familie vor die Frage, will man katholisch bleiben oder sich Luther anschließen. Die Familie Leisentrit, eine Handwerkerfamilie, wollte katholisch bleiben. Hatten schon die Hussiten viel Unfrieden ins Land getragen, so brachten die Protestanten erneut den Unfrieden in die Städte, in die Gemeinden, in die Familien. Sohn Johannes wollte sogar Priester werden. Nach Prag konnte man ihn nicht gut schicken. Die Theologen standen nicht gerade in dem Ruf großer Rechtgläubigkeit. Man entschied sich für das katholische Polen und die Universität Krakau. Dies war kein Problem für einen Studenten, der das Gymnasium durchlaufen hatte, denn die Vorlesungen wurden auf Latein gehalten. Frage und Antwort in den Prüfungen waren lateinisch. Mit 22 Jahren empfing Johannes Leisentrit 1549 die Priesterweihe.

Sein Lebensweg führte Johannes Leisentrit nach Bautzen im Bistum Meißen. Er wurde Kanoniker des Kollegiatsstifts in Bautzen und schon mit 32 Jahren stand er als Dekan an der Spitze des Stiftes. Der Bischof von Meißen, Johann von Haugwitz, ernannte Leisentrit zum kirchlichen Generalkommissar der Ober- und Niederlausitz. Kaiser Ferdinand I. bestätigte die Berufung. Noch im gleichen Jahr 1559 schloss sich das Bistum Meißen der Reformation an. Leisentrit blieb katholisch.

Die Oberlausitz hielt zu Leisentrit und der katholischen Kirche, während die Niederlausitz evangelisch wurde. Obwohl Generalkommissar für die Ober- und Niederlausitz ließen sich die Niederlausitzer von Leisentrit in nichts hineinreden. Leisentrit war kaiserlicher Bevollmächtigter, aber nur auf dem Papier.

Papst Pius V. ernannte ihn 1567 zum Diözesan-Administrator. Er konnte einige Klöster retten, so die Klöster der Zisterzienserinnen von St. Marienstern und St. Marienthal. Administrator Leisentrit wollte die deutsche Sprache bei der Spendung der Sakramente und der Feier der heiligen Messe einführen. In mehreren lateinischen Schriften legte er seine Gedanken nieder, aber die Beschlüsse des Konzils von Trient traten eindeutig für die Bewahrung der lateinischen Sprache bei der Spendung der Sakramente und der Feier der heiligen Messe ein. Für die Priester seines Amtsbereichs verfasste er ein Pastoralbuch, in dem er Empfehlungen für den Krankenbesuch, für Beichte und Kommunion gab. Das Buch sollte auch helfen, die katholische Kirche gegen protestantische Angriffe zu verteidigen. Johannes Leisentrit hätte es gerne gesehen, wenn die Ober- und Niederlausitz zum Bistum erhoben worden wäre, aber alle seine Bemühungen fanden weder beim Kaiser noch beim Papst Gehör. Sehr besorgt war er um den Priesternachwuchs. Geeignete Schüler schickte er nach Prag und Olmütz zu den Jesuiten. Sie garantierten eine gute Ausbildung und eine Festigung im katholischen Glauben.

Johannes Leisentrit wäre freilich längst vergessen, hätte er nicht ein Gesangbuch herausgegeben, das 250 Lieder enthält und 181 Melodien. 1567 erschien „Geistliche Lieder und Psalmen der Alten Apostolischen recht und wargläubiger Christlicher Kirchen". Dieses große und schön ausgestattete Gesangbuch war im ganzen deutschen Sprachraum verbreitet. Leisentrit hat auch Lieder aus protestantischen Quellen verwendet und 70 neue Lieder getextet und mit Melodien versehen. Johannes Leisentrit war ein Mann, der den Ausgleich suchte. Jede Art von Polemik lag ihm fern. So wurde er auch von den Protestanten geschätzt und konnte vieles erreichen, was andernorts undenkbar gewesen wäre. Am 24. November 1586 starb er und wurde im Dom zu Bautzen bestattet. Er hatte den Dom als katholische Kirche bewahrt, obwohl nur noch 30 Katholiken in der Stadt lebten, alle anderen waren Protestanten geworden, allerdings konnten auch die Protestanten den Dom benutzen. Das Simultaneum hat sich bis heute erhalten.

Pfingsten

„Komm herab, o Heiliger Geist"

Pfingstsequenz – Veni, sancte spiritus

Der gelehrte Stephan Langton, Erzbischof von Canterbury und Kardinal, hat als Theologieprofessor in Paris als erster die Heilige Schrift in Kapitel und Verse aufgeteilt. Damit erleichterte er das Auffinden der Bibelstellen. Er war auch maßgeblich an der Abfassung der Magna Charta von 1215 beteiligt, die den Weg Englands zur parlamentarischen Monarchie eröffnete. Stephan Langton kannte die Wechselfälle des Lebens. Hochschätzung und Anfeindung waren ihm gleichermaßen vertraut. Beides verstand er zu tragen. Wohl in der Zeit des Exils von 1215-1218, das er in einem französischen Kloster verbrachte, verfaßte er ein Lied zum Heiligen Geist, das Papst Innozenz III., der ihn 1212 zum Kardinal erhoben hat, so sehr schätzte, dass er es in die Liturgie des Pfingstsonntags aufnahm.

Das Lied erhielt seinen Platz zwischen Lesung und Evangelium. Es hat verschiedene Bitten zum Inhalt. Der Heilige Geist wird angefleht, den Strahl seines Lichtes zu senden. Er soll trösten. Er soll das Herz bereit machen. Er soll von der Seele Besitz ergreifen. Er soll das Befleckte rein waschen. Er soll das Verwundete heilen. Er soll die Dürre beseitigen. Er soll das Verhärtete beugen, das Erkaltete wärmen und jene, die in die Irre gehen, auf den rechten Weg zurückführen. Dahinter sind die Gaben des Heiligen Geistes zu erkennen. Zweimal ist davon die Rede. „Komm mit deiner Gaben Zahl" heißt es bereits im zweiten Vers und im vorletzten Vers wird der Wunsch nochmals ausgesprochen: „Gib uns allen gnädiglich deiner sieben Gaben Kraft."

Auch Rhabanus Maurus (+ 856) hat seinen wesentlich älteren Hymnus zum Heiligen Geist mit der Aufforderung „Komm" begonnen: „Komm, Schöpfer Geist!" Stephan Langton stellt gleichfalls ein „Komm" an den Anfang. „Veni sancte spiritus" – „Komm, Heiliger Geist!" Es erfolgt sogar noch eine Steigerung, weil es dreimal wiederholt wird. Geradezu beschwörend wird das Kommen des Heiligen Geistes erfleht. Langton nennt ihn: „Vater der Armen, Geber alles Guten, Licht der Herzen". Jesus preist die

Armen im Geist selig. Beim Geber aller guten Gaben liegt es nahe, an die Gaben des Heiligen Geistes zu denken, die den Christen den Weg zur Vollkommenheit führen. Der Geist Gottes kam am Pfingstfest in Zungen wie von Feuer auf die Jünger herab und schenkte ihnen die Kraft, Zeugen für Christus zu werden. Nach einer solchen Erleuchtung des Herzens sehnt sich Stephan Langton.

Jesus hat den Jüngern den Heiligen Geist als Tröster verheißen. Tatsächlich hatten sie ihn am Pfingstfest so erfahren. Trostbedürftig bleibt der Mensch zu allen Zeiten. Stunden der Verlassenheit, das Gefühl der Ausweglosigkeit gibt es in jedem Leben. Gottes Heiliger Geist bietet seinen Trost an, wenn wir um ihn flehen. In der heiligen Taufe hat er Besitz von unserer Seele ergriffen. Er ist uns näher als wir uns selber nahe sind. Im Vertrauen auf Gott kommt es zur Entspannung und zur Linderung der seelischen Schmerzen.

Stephan Langton beschreibt die Wirkung des Heiligen Geistes sehr anschaulich, wenn er davon spricht, dass der Heilige Geist selbst bei einer Überfülle an Arbeit zur inneren Ruhe verhilft. In der größten Hektik, im totalen Streß gibt es diesen ruhenden Pol. Es mag noch so heiß hergehen, der Heilige Geist bringt Abkühlung. Es mag zum Heulen sein, der Heilige Geist trocknet die Tränen, selbst die ungeweinten.

Die Mystiker sprechen vom Seelenfunken, der die Liebe zu Gott entflammt. Nach einem Seelenfunken, einem Licht der himmlischen Seligkeit, verlangt es auch den Dichter der Pfingstsequenz. Dieser Funke soll nicht nur sein Herz erfüllen und entflammen, sondern die Herzen aller Gläubigen. Ohne die Kraft Gottes muß alles mißlingen. Ohne den Segen Gottes steht man am Ende mit leeren Händen da. Deshalb kann der Christ nur mit Gott ans Ziel kommen. Er kann sich verfehlen, aber die Möglichkeit der Umkehr steht ihm offen. Die heilige Beichte wäscht von Schuld rein. Die heilige Kommunion mehrt das Leben der Gnade. Die heilige Krankensalbung schenkt Heilung.

Nicht jeder meint, er habe es nötig zu beichten. Nicht jeder begreift, welcher Segen von der heiligen Messe ausgeht. Nicht jeder erkennt die Heilkraft der Sakramente. Stephan Langton kennt den Menschen. Manchmal braucht es einen Schicksalsschlag, um sich auf Gott zu besinnen. „Beuge, was verhärtet ist." Manchmal kann ein gutes Wort zur Veränderung des

Lebens führen. Ein oberflächliches Leben gewinnt an Tiefgang. „Wärme, was erkaltet ist." Manchmal kann ein Erlebnis einen aufschrecken und eine Umkehr bewirken: „Lenke, was da irre geht."

Es braucht Gottes Hilfe, es braucht Jesu Wort, es braucht den Beistand des Heiligen Geistes, wenn das Leben gelingen soll, um einmal ewig bei Gott zu sein. Darum bittet der Erzbischof von Canterbury und mit ihm alle Beter der Pfingstsequenz.

„Komm, Heiliger Geist"

Christoph von Schmid bittet um den Heiligen Geist

Es gibt Lieder, die jahrhundertelang gesungen wurden, und zum Gebetsschatz der christlichen Gemeinden gehörten. Es sind häufig lateinische Hymnen, die in der katholischen Kirche allüberall gesungen wurden. Auch wenn sie nur zum Repertoire der Kirchenchöre gehörten, sie eroberten die Herzen. Die Melodien prägten sich ein.

Als Ende des 18. Jahrhunderts der Volksgesang zunehmend an Bedeutung gewann, begann man die lateinischen Hymnen ins Deutsche zu übersetzen. Dies war auch bereits in der Reformationszeit geschehen. Bei Übersetzungen gilt der Grundsatz: so textnah wie nötig und so frei wie möglich. Ein Meister der Übersetzung war der Lateinlehrer Heinrich Bone im 19. Jahrhundert, der im Eigenverlag, ähnlich wie Franz Seraph Kohlbrenner im 18. Jahrhundert mit dem „Landshuter Gesangbuch", ein Gebetbuch herausbrachte, das dann bahnbrechend für die diözesanen Gebetbücher in der Mitte des 19. Jahrhunderts wurde. Nicht unerwähnt darf Christoph von Schmid bleiben, dessen Lieder aus dem 1811 erschienenen Gesangbuch weite Verbreitung fanden. Die Texte wurden von Anton Höfer, Lehrer und Organist in Thannhausen, vertont. Auch dessen Sohn Albert, der Stadtpfarrer in Augsburg, St. Georg war und später in Günzburg, hat Kompositionen für Texte Christoph von Schmids geschaffen. Nicht immer ist bekannt, wer der Komponist eines Liedes war, so ist es auch bei dem Heilig-Geist-Lied, das sich eng an den im 12. Jahrhundert entstandenen Hymnus „Veni Sancte Spiritus" anlehnt, ohne ihn wortwörtlich zu übersetzen.

Christoph von Schmid dichtete: „Komm, Heil'ger Geist, auf uns herab." Dieses Lied gehörte bald 150 Jahre zum Sonntag. Es wurde mit allen Strophen gesungen, wenn der Prediger die Kanzel bestieg. Die Predigt wurde bis Mitte des 20. Jahrhunderts vor der heiligen Messe gehalten. Sie bildete einen Hauptteil der Eucharistiefeier und war deshalb auch von einer entsprechenden Länge. Die Nachdichtung Christoph von Schmids hätte vor dem Lateinlehrer Heinrich Bone und seinem kritischen Auge nur schwerlich bestanden, deshalb braucht man sich auch nicht zu wundern, dass dieses Lied in der Schmid-Fassung weder in dem Gotteslob von 1973 noch in der Neuausgabe von 2013 Aufnahme fand. Selbst in den Anhängen der Augsburger Diözese taucht es nicht mehr auf, obwohl es so lange in den Pfarreien beheimatet war. Da und dort gibt es noch Gemeinden, die das Lied retten wollen.

Interessanterweise hat das Heilig-Geist-Lied des Christoph von Schmid den Sprung über den Ozean nach Amerika geschafft, ähnlich wie „Ihr Kinderlein kommet". Das hängt wohl damit zusammen, dass dieses Lied bei Volksmissionen gesungen wurde. Die Redemptoristen haben nicht nur in Deutschland bis zum Kulturkampf als Volksmissionare gewirkt, sondern auch in Amerika. Einer von ihnen war Pater Albert Schäffler aus Thannhausen. Aber nicht nur die Redemptoristen schätzten das Lied. Man findet es auch in der „Sammlung evangelischer Lieder für den Gebrauch gläubig getaufter Christen und der Gemeinde des Herrn in Nordamerika". Diese Sammlung erschien unter dem Titel „Pilgerharfe" 1854.

Während bei zahlreichen Lieder Christoph von Schmids der Komponist bekannt ist, heißt es beim Heilig-Geist-Lied „Missionslied". Das lässt einerseits auf seine Bekanntheit und Verwurzelung bei den Gläubigen schließen, auf der anderen Seite zeugt es von der Bescheidenheit des Komponisten, der sich ganz in den Dienst einer großen Sache, nämlich der Volksmission, stellen wollte.

„Am Pfingstfest um die dritte Stunde"

Ein beliebtes Pfingstlied und sein Komponist

Albert Höfer zählte fünf Jahre, als der Thannhauser Schulbenefiziat Christoph Schmid seine „Christliche Gesänge zur öffentlichen Verehrung in kath. Kirchen" 1807 dem Druck übergab. Die Nachfrage nach brauchbaren Texten war seit der Einführung des deutschen Volksgesangs beim Gottesdienst Ende des 18. Jahrhunderts sehr groß. Bereits 1811 kam es zu einer Neuauflage. Nicht alle Lieder haben den Wandel der Zeit überstanden, aber zu den wenigen, die noch heute gerne gesungen werden, gehört das Pfingstlied „Am Pfingstfest um die dritte Stunde". Hier haben Text und Melodie eine besonders glückliche Verbindung gefunden.

Albert Höfer, dem wir die Melodie zu den nacherzählenden Versen Christoph Schmids verdanken, stammt aus Thannhausen. Sein Vater war der berühmte Lehrer Anton Höfer, der auch den Mesner- und Organistendienst in dem mittelschwäbischen Marktflecken versah. Der Schulbenefiziat und der Lehrer, der Schriftsteller und der Musiker haben sich sehr gut ergänzt und wohl auch gegenseitig befruchtet. Die ersten Kompositionen zu den Liedern Schmids stammen von Höfer. In späteren Jahren hat der Augsburger Domkapellmeister Franz Bühler zu Texten des inzwischen zum Domherrn aufgestiegenen Thannhauser Benefiziaten Melodien geschaffen. Albert Höfer hatte vom Vater das musikalische Talent geerbt und es wurde von ihm nach Kräften gefördert. Durch den anschaulichen Religionsunterricht Christoph Schmids, aber auch durch das tiefreligiöse Elternhaus wuchs in Albert Höfer schon sehr früh der Wunsch, Priester zu werden. Kaplan Joseph Alois Singer kam 1809 nach Thannhausen. Er war nicht nur ein talentierter Musiker, sondern auch ein ebenso talentierter Pädagoge, der eine Lateinschule in Thannhausen gründete. Einer seiner Schüler war Albert Höfer. Zahlreiche angehende Priester erhielten hier ihr humanistisches Rüstzeug. Das Abitur legte der Lehrersohn 1820 mit der Note „vorzüglich" am St. Anna Gymnasium in Augsburg ab. Die nächsten Jahre verbrachte er in Dillingen, dem schwäbischen Rom. Hier studierte er Philosophie und

Theologie. Am 16. Mai 1825 empfing er die Priesterweihe. Die Primiz fand am 2. Juli 1825 statt. Primizprediger war der Aislinger Benefiziat Philipp Bauberger, der zwei Jahre zuvor in Thannhausen das erste heilige Messopfer gefeiert hatte. Von den 25 Geistlichen, die an Höfers Primiz teilnahmen, waren sieben ehemalige Primzianten aus Thannhausen. Der Pfarrer von Balzhausen, Dekan Johann Jakob Mortstein, geleitete den Primizianten zum Primizaltar.

Nach kurzer Tätigkeit in Weichering wurde Höfer Stadtkaplan in Augsburg St. Ulrich und Afra. 1826 berief König Ludwig I. Christoph von Schmid ins Domkapitel nach Augsburg. Als Domkapitular sollte er sich vor allem mit schulischen Fragen befassen. Bereits 1827 erhielt Stadtkaplan Höfer die Stelle eines Religionslehrers am Gymnasium von St. Anna in Augsburg. An seiner ehemaligen Schule wirkte er ganz im Sinne Christoph von Schmids mit Einfühlungsvermögen und Überzeugungskraft. Ein Jahr später finden wir den jungen Geistlichen an der Seite seines Bischofs Ignaz Albert von Riegg. Als bischöflicher Sekretär und Domvikar hatte er eine sehr verantwortliche Aufgabe wahrzunehmen. 1830 entsprach der Bischof seinem Wunsch und übertrug ihm eine Pfarrei. Albert Höfer wurde Stadtpfarrer von St. Georg in Augsburg. Die neue Aufgabe scheint ihn völlig beansprucht zu haben. Man kann sich zwar nicht vorstellen, dass seine musikalische Begabung in den Jahren völlig brach lag, aber es hat sich nichts überliefert.

Ganz anders wird es erst, als er 1844 Stadtpfarrer in Günzburg wurde. Man begrüßte es allgemein, dass der neue Seelsorger viel Zeit für den Religionsunterricht und die Christenlehre verwendete. Inzwischen zum Geistlichen Rat ernannt, kam 1849 auch das Amt des Dekans von Ichenhausen zu seinen Aufgaben. Trotz allem fand er noch Zeit, Melodien zu zahlreichen Kirchenliedern zu komponieren. Das Osterlied „Jesus lebt" gehört dazu, ebenso wie Christoph von Schmids „Am Pfingstfest um die dritte Stunde".

In dem Pfingstlied atmet alles Begeisterung und freudigen Aufbruch. Bei dieser bewegten Melodie fällt es der Gemeinde nicht schwer, in den Jubel der Jünger einzustimmen. Mit denen, die „der Jünger Predigt" gläubig annehmen, wollen alle, die am Gottesdienst teilnehmen „ewig feste Treue" dem schwören, der so Großes getan hat. Dankbarkeit für die Sendung des Heiligen Geistes, des Trösters, der „die Wahrheit lehrt und in Betrübnis Freude schenkt", erfüllt alle Herzen. Schöner könnte man die frohe Botschaft von Pfingsten nicht weitergeben wie es Schmid und Höfer gelungen ist.

Christoph von Schmid starb hochbetagt am 3. September 1854 an der Cholera. Nur wenige Jahre später, am 26. Juli 1857, erlag Geistlicher Rat Albert Höfer einem Krebsleiden im Alter von 55 Jahren. Während der Domkapitular wegen der Seuchengefahr in aller Stille beigesetzt wurde, folgten dem Sarg des Stadtpfarrers 68 Geistliche und nahezu ganz Günzburg. Ein bleibendes Denkmal aber haben sich beide mit ihrem Pfingstlied gesetzt.

Zu singen vor der Predigt

„Nun bitten wir den Heiligen Geist"

Die Tage zwischen Christi Himmelfahrt und Pfingsten sind Tage des Gebetes um den Heiligen Geist. Erst nach der Herabkunft des Beistandes und Trösters, den Christus verheißen hat, gehen die Apostel hinaus aus dem Abendmahlsaal, um zu predigen. Das Gebet um den Heiligen Geist steht deshalb in einer engen Verbindung mit der Verkündigung des Wortes Gottes.

Einer der großen Prediger des Mittelalters, Berthold von Regensburg, hat ein Lied verfasst, mit dem er sich und die Hörer für Gottes Wort einstimmen wollte. Zu seinen Predigten strömten Tausende. Die Kirchen, selbst die Dome waren zu klein. Auf den Marktplätzen und auf dem freien Feld sprach er von Bäumen und hohen Kanzelgerüsten zu den Gläubigen. Jeder wollte ihn hören. Jeder wollte ihn sehen. Nicht nur seine Worte waren mitreißend, auch die Art seines Vortrags. So gut er reden konnte, so meisterlich er Gestik und Mimik beherrschte, er wusste immer, dass die Wirkung seiner Predigt von einem anderen abhing. Der Heilige Geist musste nicht nur den Prediger erfassen, sondern auch die Hörer. Erst dann kann es zum Wunder der Bekehrung kommen und zur Verwandlung der Herzen.

Den Heiligen Geist gilt es deshalb zu bitten, davon war der Minderbruder Berthold zutiefst überzeugt, damit Prediger und Hörer aufnahmebereit für Gottes Wort und Gottes Willen werden. Mit den Gläubigen sang er deshalb: „Nun bitten wir den Heiligen Geist um den rechten Glauben allermeist." Der Glaube war zu allen Zeiten bedroht. Auch das Mittelalter kannte Glaubenskrisen und Glaubensabfall. Viele Menschen lebten oberflächlich und leichtfertig. Ihre Interessen galten der Mode und einem reich gedeckten Tisch. Die religiösen Pflichten beschränkte man auf das Notwendigste. Obwohl die Lebenserwartung nicht besonders hoch war, tat man so, als sei der Tod in weite Fernen gerückt und es gebe kein Jüngstes Gericht. Andere hatte der Gedanke an den nahen Weltuntergang, wie ihn fromme Seher vorausahnten, so sehr in Angst und Schrecken getrieben, dass sie ihre Familien, ihre Arbeit, ihre Heimat verließen, um von Ort zu Ort zu ziehen, damit die Menschen aus ihrer Gleichgültigkeit geweckt würden. Sie geißelten sich, bis ihnen das Blut herunterlief. Sie wollten, wie sie sagten, Sühne leisten für ihre Sünden und die Sünden ihrer Mitmenschen. Wieder andere wandten sich Sektierern zu, die behaupteten, man brauche keine Kirche, man benötige keine Pfarrer, man könne auf die Sakramente verzichten, es genüge allein das Wort Gottes in der Bibel. Mehr brauche es nicht.

An dies alles dachte Berthold, als er betete: „Nun bitten wir den Heiligen Geist um den rechten Glauben allermeist." Nicht sein Wort wollte er verkünden, sondern Gottes Wort. Nicht eine eigene Lehre wollte er predigen, sondern im Auftrag der Kirche wollte er reden. Landauf und landab zog er. Wir finden ihn von Augsburg bis Magdeburg. Er geht auf Wunsch des Papstes bis nach Ungarn. Selbst der König von Frankreich saß zu seinen Füßen. Ludwig IX., dem die Geschichte den Beinamen „der Heilige" gegeben hat, lud ihn an seinen Tisch, als Berthold in Paris predigte.

Eine zweite Bitte spricht der Regensburger Minderbruder aus, der mit Franz von Assisi Jesus nachfolgen möchte: „dass er uns behüte an unserm Ende, wenn wir heimfahrn aus diesem Elende". Der Heilige Geist wird hier als Sterbebegleiter betrachtet. Er möge uns am Ende die rechten Gedanken, die rechten Worte eingeben. Es sind Gedanken der Liebe und des Vertrauens. Der Abschied aus dieser Welt sollte uns nicht gar so schwer fallen, wenn wir das Elend bedenken, in dem wir uns befinden. Das war für einen Menschen des 13. Jahrhunderts bestimmt weitaus größer als dies heute der Fall ist. Trotzdem hält diese Welt keinen Vergleich mit Gottes Herrlichkeit aus, deshalb bedeutet der Abschied von dieser Welt Heimkehr zu Gott. Mit der Anrufung „Kyrieleis" schließt Berthold sein Lied. Auf das Erbarmen Gottes sind wir Tag für Tag angewiesen. Auf das Erbarmen Gottes setzen wir in unserer Todesstunde. Mit dem Erbarmen Gottes rechnen wir beim Jüngsten Gericht. Am 14. Dezember 1272 war für Berthold von Regensburg diese Stunde gekommen. Seine Stimme ist verstummt, aber seine Bitte um den Heiligen Geist hat sich erhalten. Sicher hat dieses Lied einst zahlreiche Strophen gehabt, die alle mit dem Kyrie Ruf um Gottes Erbarmen endeten. Maria Luise Thurmair hat als begnadete Dichterin unserer Tage weitere Strophen geschaffen, die ganz gewiss den Beifall des mittalterlichen Predigers finden würden.

Eine besondere Schulaufgabe

Heinrich Bone „Komm, Schöpfer Geist"

Der Herr Gymnasiallehrer Heinrich Bone wurde von seinen Schülern sehr geschätzt. Er verstand es zu begeistern. Der Unterricht wurde stets aufgelockert, indem Bezüge zu anderen Zeiten, zu anderen Epochen hergestellt wurden. Übersetzungen aus dem Lateinischen bezogen sich deshalb nicht nur auf antike Schriftsteller, sondern auch auf Texte, denen die Schüler im Gottesdienst begegneten.

Seit 1839 bemühte sich Heinrich Bone, inzwischen 26 Jahre alt, am katholischen Marzellen-Gymnasium in Köln seinen Schülern Latein, Griechisch und Geschichte zu vermitteln, außerdem unterrichtete er auch Deutsch. In seiner knapp bemessenen Freizeit versuchte er sich als Dichter und Schriftsteller. Er hatte genügend Mut und Selbstvertrauen, 1838 einen Band seiner Gedichte zu veröffentlichen. Er verfasste auch Legenden, die er im Druck erscheinen ließ. So sehr er die alten Sprachen schätzte und sie auch meisterhaft zu übersetzen verstand, war es ihm von Jugend an ein Anliegen, Texte, die im Gottesdienst gesungen wurden, auch denen zu erschließen, die kein Latein verstanden. Zwar verteidigte er das Latein als Liturgiesprache der weltweiten katholischen Kirche mit Entschiedenheit, aber trotzdem suchte er Wege, den Reichtum der lateinischen Texte möglichst vielen zu erschließen. So wurde täglich zu Beginn des Unterrichtes das „Veni creator spiritus" gebetet oder gesungen. Das gehörte sich für ein katholisches Gymnasium. Den Schülern war der Text schon in Fleisch und Blut übergegangen, verstanden sie aber auch, was sie beteten, was sie sangen? Ging es ihnen zu Herzen? Er machte die Probe aufs Exempel.

Statt eines Textes von Ovid oder Cicero legte er ihnen den Text vor, den der Abt von Fulda und spätere Erzbischof von Mainz Rhabanus Maurus im 9. Jahrhundert verfasst hat. Sie sollten ihn übersetzen. Nichts leichter als das, dachten seine Schüler. Hier waren keine Schachtelsätze und schwierige Konstruktionen aufzulösen und zu enträtseln. Hier brauchte man auch nicht mühselig seinen Kopf nach ausgefallenen Wörtern zu durchsuchen. Hier war alles ganz einfach. Solche Prüfungsaufgaben wünschte man sich öfter. Als jedoch Heinrich Bone am Tag darauf mit den korrigierten Arbeiten vor der Klasse stand, da ging den Schülern wieder einmal mehr auf, dass man bei einer Übersetzung auf so vieles achten muss. Es soll einerseits so wörtlich wie möglich, andererseits so frei wie nötig übertragen werden. Gemeinsam mit der Klasse suchte Bone nach der besten Formulierung, außerdem sollte es sich auch noch reimen. Mit der ersten Strophe kam man schnell voran:

Komm, Schöpfer Geist, kehr bei uns ein, besuch das Herz der Kinder dein,
die deine Macht erschaffen hat, erfülle nun mit deiner Gnad.

Doch bei der zweiten Strophe gab es lange Diskussionen, was mit „spiritalis unctio" gemeint sein könnte. Heinrich Bone erwies sich als Bibelkenner. Im Alten wie im Neuen Testament bewirkt die Salbung eine Umgestaltung des Menschen. Der Heilige Geist ergreift gleichsam Besitz von einer Person. So war es bei Saul und David, als sie zu Königen gesalbt wurden. So war es bei der Berufung der Propheten. So war es, als Aaron und seine Söhne zu Priestern gesalbt wurden. In der Taufe geschieht Gleiches. Die Firmung vollendet die Taufe. Nicht nur der Leib wird gesalbt, sondern die Seele gleichfalls. Ein unauslöschliches Merkmal wird ihr eingeprägt. Das lässt sich auch von der Salbung bei der Priesterweihe sagen.

Der du der Tröster wirst genannt, vom höchsten Gott ein Gnadenpfand,
du Lebensbrunn, Licht, Lieb und Glut, der Seele Salbung höchstes Gut.

So nahm man Strophe für Strophe vor. Cicero und Ovid blieben liegen. Man benötigte mehr als eine Stunde, um die sechs Strophen zu übertragen. Als jedoch auch die letzte Strophe geschafft war:

Den Vater auf dem ewgen Thron, lehr uns erkennen und den Sohn,
dich beider Geist, sein wir bereit zu preisen gläubig alle Zeit,

da hatten die Schüler nicht nur gute Arbeit geleistet, sondern auch eine lebendige Katechese erfahren. Sie spürten, dass ihr Lehrer ein Mensch war, der an das Wirken des Heiligen Geistes glaubte. Als Heinrich Bone, inzwischen

Lehrer an der Rheinischen Ritterakademie in Bedburg sein katholisches Gesangbuch „Cantate" 1848 in Eigenregie herausbrachte, da fanden seine Schüler den Text, den sie mit ihrem Lehrer erarbeitet hatten. Sie mussten allerdings zugeben, dass er die Hauptarbeit geleistet hatte. Die Übersetzung ist immerhin so gut gelungen, dass sie bis heute verwendet wird.

„Heiliger Geist, o Tröster mein"

August Everdings Lieblingslied

August Everding, der unvergessene Theatermann, stellte sich vor einigen Jahren dem Fernsehen für ein Porträt zur Verfügung. Man filmte an einem Pfingstmontag in seinem Privathaus. Die Familie, Frau, Söhne, Schwiegertöchter und Enkel hatten sich eingefunden. Eine herzliche Atmosphäre war zu spüren. Am Flügel saß einer der Söhne und spielte Improvisationen. „Ach, was spielst du denn da?" meinte Vater Everding. „Komm, lass mich mal spielen". Er setzte sich ans Klavier und sagte: „Heute am Pfingstmontag spielt man", und er griff voller Begeisterung in die Tasten und begann mit strahlendem Gesicht zu singen: „Heiliger Geist, o Tröster mein, kehr in unsere Herzen ein mit den sieben Gaben dein."

Dieses Lied vom Heiligen Geist hat Everding von Kindheit an geliebt, aber nicht nur weil es leicht ins Gehör geht, sondern auch weil es die Gaben des Heiligen Geistes und ihre Wirkungen ausspricht. Dieses Lied vom Heiligen Geist hat er als junger Organist mit Freude gespielt und er hat ausdrücklich gewünscht, dass dieses Lied bei seinem Begräbnisgottesdienst gesungen wird. Im Hause Everding gehörte das Lied „Heiliger Geist, o Tröster mein" zu Pfingsten wie andernorts „Am Pfingstfest um die dritte Stunde". Everding, der als Regisseur weltweit auf allen großen Bühnen tätig war, sehnte sich an Pfingsten nach diesem Lied und er vermisste es im süddeutschen Raum. An Pfingsten kam in ihm ein wenig Heimweh auf, aber wenn es auch in der Kirche von Truchtlaching, wo er sich niedergelassen hatte, nicht gesungen wurde, zu Hause erklang es.

August Everding war ein tiefreligiöser Mensch. Dies verschwieg er auch nicht in den Gesprächen, die er bei allen möglichen Gelegenheiten in Rundfunk und Fernsehen führte. Die letzten Fragen beschäftigten ihn seit seiner Studentenzeit und der christliche Glaube gab ihm eine überzeugende Antwort. Gerade als Künstler fühlte er sich auf den Heiligen Geist und seine sieben Gaben angewiesen. Wenn Friedrich Nietzsche einmal die Bemerkung machte: „Die Christen müßten erlöster ausschauen, wenn ich an ihren Erlöser glauben sollte", dann ist er keinem Menschen wie August Everding begegnet. Er strahlte Freude aus. Er konnte herzhaft lachen. Ihm war etwas von der Weisheit anzumerken, um die das Lied fleht. „Deine Weisheit hauch uns ein, dass wir suchen Gott allein, dass wir nur in dir uns freun." Er stand über den Dingen und trotzdem mitten in der Welt. Ein anerkannter Regisseur und ein Theatermanager modernster Prägung, ein Vordenker und ein Bewahrer. Die Münchner Theaterakademie und das Prinzregententheater verdanken seiner unermüdlichen Arbeit und Überzeugungskraft ihre Existenz.

Ja, es braucht Verstand, dass wir Gottes Wort verstehen. Sich von Gott ansprechen lassen, das wollte Everding. Ihm ging das Herz auf, wenn er die Heilige Schrift las. Wenn die Lesung, wenn das Evangelium beim Gottesdienst verkündet wurde, träumte er nicht von künftigen Inszenierungen, sondern hörte und fühlte sich angesprochen. Auf des Geistes Rat wusste er sich ein Leben lang angewiesen, denn er wollte seinen Lebensweg geradlinig gehen. Dies konnte nicht immer ohne Auseinandersetzungen geschehen. Wer in den schwierigen Jahren um 1968 als Intendant eine Bühne führte, durfte nicht zu allem Ja und Amen sagen, zumal wenn man klare Vorstellungen vom Theater hat. Sich Ideologen in den Weg zu stellen, dazu braucht es des Heiligen Geistes Starkmut.

Everding war ein umfassend gebildeter Mensch, der in der Philosophie den Doktortitel erworben hat, aber sich immer auch mit theologischen Themen beschäftigte. Seine Leidenschaft fürs Theater, ob Schauspiel oder Oper, hatte den Sinn zu begeistern und zum Nachdenken zu bringen. Er wollte Freude vermitteln, aber auch die Frage nach den Letzten Dingen nicht verschweigen. Die Bitte des Liedes „Gib uns heilge Wissenschaft, zeig der Wahrheit Siegeskraft, dass wir nur in dir uns freun", war ihm aus dem Herzen gesprochen. Daraus wächst dann auch die Gabe der Frömmigkeit, die ihm die Kraft gab, so überzeugend zu leben, schließlich Krankheit und Tod anzunehmen.

Die Letzte der sieben Gaben ist die Gottesfurcht. Everding hatte zu dieser Liedstrophe sicher seine Anmerkungen zu machen, denn der Verfasser des Liedes verstand die Gottesfurcht als Angst vor Gottes Strafe, wenn er dichtet: „Wollst uns Gottesfurcht verleihn, dass wir stets die Sünde scheun, dass wir nur in dir uns freun." Friedrich Dörr, Professor der Theologie in Eichstätt, ein begnadeter Hymnendichter hat den Text so gefasst: „Gib Ehrfurcht uns vor Gott dem Herrn und halt der Sünde Unheil fern".

Everding wäre der Letzte gewesen, der Sünde und Schuld geleugnet hätte, aber er wusste auch um Reue und Vergebung. Ehrfurcht vor Gott war ihm ebenso ein Anliegen wie Ehrfurcht vor dem Menschen. Nichts wünschte er sich mehr, als dass möglichst viele Menschen von den sieben Gaben des Heiligen Geistes erfüllt würden, damit daraus die Früchte des Heiligen Geistes wachsen: Liebe, Freude, Friede. Was aber kann man sich Besseres wünschen?

Fronleichnam

Fronleichnam – Tag der Anbetung

Thomas von Aquin als Vorbeter

An Fronleichnam gehen katholische Christen auf die Straße, um ein Bekenntnis zu Christus und seiner Kirche abzulegen. Jesus, der seinen Jüngern verheißen hat: „Seht, ich bin bei euch alle Tage bis zur Vollendung der Welt", hat im Sakrament des Altares das kostbarste Vermächtnis hinterlassen. Die Fronleichnamsprozession ist ein Zeugnis des Glaubens an die Gegenwart des Herrn im Sakrament. Betend und singend ziehen die Gläubigen durch die Straßen der Städte und Dörfer. Manche Lieder gehen bis in die Zeit zurück, in der das Fronleichnamsfest für die ganze Kirche eingeführt wurde. Der große Denker und Theologe Thomas von Aquin, der 1274 starb, hat sie verfasst.

Das bekannteste Lied dürfte das „Pange lingua" sein, „Preise Zunge das Geheimnis", das bei jeder feierlichen Andacht angestimmt wird. Aber auch „Lauda Sion salvatorem" – „Deinem Heiland, deinem Lehrer, deinem Hirten und Ernährer, Sion, stimm ein Loblied an!" wird gerne von den Blasmusikern intoniert. Die Meoldie ist der älteren Generation noch bekannt, der Text wohl weniger. Bei dem Hymnus „Adoro te devote" – „In Demut bet ich dich verborgne Gottheit an" ist es genau umgekehrt. Der Text ist vielen, gerade älteren Gläubigen bekannt, während die Melodie zu dem Hymnus nicht geläufig ist. Das lässt sich sehr einfach erklären. Das „Adoro te devote" war das klassische Gebet nach dem Empfang der heiligen Kommunion. Thomas von Aquin war nicht nur ein großer Denker und überragender Theologe, er war auch ein Mann von einer tiefen Frömmigkeit. Sein Glaube an die Gegenwart des Herrn im Sakrament des Altares hat er in seinen Liedern, den Hymnen und Sequenzen, niedergeschrieben.

Das „Adoro te devote" formuliert Gedanken zur Danksagung. Zunächst gilt es mit dem heiligen Thomas zu bedenken, wer bei mir eingekehrt ist. Gott selbst ist es, wenn auch in verborgener Weise. Ihm möchte ich mein Herz schenken. Als Thomas von Aquin sterbenskrank den Tod nahen fühlte, wurde ihm noch einmal die heilige Kommunion als letzte Wegzehrung gereicht. Er verließ sein Bett und kniete sich nieder, um den Leib des Herrn zu empfangen. Es war ein letztes Bekenntnis zur Gegenwart des Herrn im allerheiligsten Sakrament. In seinem Hymnus spricht er die Einwände an, die dagegen sprechen, dass Christus hier gegenwärtig ist. Die Augen sehen Brot, die Zunge spürt Brot, der Gaumen schmeckt Brot, aber der Glaube hört auf Jesu Wort und „was kann wahrer sein?" War es nicht auch am Kreuze so, dass man nur den leidenden Jesus sah und nicht erkannte, dass Gottes Sohn litt? Der rechte Schächer glaubte und dies wurde ihm zur Rettung: „Heute noch wirst du mit mir im Paradiese sein." Wahrer Mensch und wahrer Gott, das muss unser Bekenntnis sein, so wie es der Apostel Thomas bekannte: „Mein Herr und mein Gott!"

Die heilige Kommunion ist Jesu Vermächtnis an seine Jünger, an alle, die an ihn glauben. Sie erinnert an seinen Tod, durch den wir das Leben haben. Sie wird zur Seelenspeise, die uns auf dem Pilgerweg des Lebens stärkt und uns etwas von der himmlischen Freude erahnen lässt. Jesus hat sein Blut für uns vergossen, gleich einem Pelikan. Der Pelikan opfert sein Leben für seine Jungen, indem er sie mit seinem Blut nährt. Jesus hat sein Blut vergossen, damit wir von aller Sünde reingewaschen werden, nicht nur wir, sondern alle Menschen. In der letzten Strophe bittet Thomas von Aquin, dass Gott ihn schließlich einmal in die ewige Anschauung rufen möge. Dies ist auch unsere Bitte. Jetzt sehen wir den Herrn verborgen, dann aber von Angesicht zu Angesicht.

Die Danksagung des heiligen Thomas ist ein Bekenntnis zum Sakrament des Altares, in dem Christus uns sein kostbarstes Vermächtnis hinterlassen hat. Jeder Teilnehmer an der Fronleichnamsprozession bekennt das Gleiche wie der große Denker und überragende Theologe, der fromme Beter und der begnadete Dichter: Jesus, ich glaube, dass du in der Gestalt des Brotes wahrhaft gegenwärtig bist. Das Fronleichnamsfest wird so alljährlich zum Tag der Anbetung.

Was die Blasmusik spielt

An Fronleichnam erklingt „O wunderbare Speise"

Der Fronleichnamstag ist alljährlich ein festlicher Höhepunkt im Ablauf des Kirchenjahres. Viele Vorbereitungen gilt es für die Prozession zu treffen. Die vier Altäre müssen aufgestellt und geschmückt werden. Kinder pflücken Blumen, die für die Blumenteppiche benötigt werden. Die Blasmusik übt den Prozessionsmarsch und frischt ihr Repertoire an Kirchenliedern für Fronleichnam auf. Es sind vor allem Sakramentslieder, die gespielt und gesungen werden. Eines der bekanntesten ist das Lied: „O wunderbare Speise".

Ursprünglich wurde es nur vom Kirchenchor gesungen, aber von Anfang an gab es eine lateinische und eine deutsche Fassung des Liedes. Während Klöster und Stadtpfarreien Latein bevorzugten, haben die Dörfer lieber Deutsch gesungen. Im Lauf der Zeit hat sich jedoch überall die deutsche Fassung durchgesetzt, allerdings musste auch sie dann und wann überarbeitet werden. Die Blasmusiker können deshalb das Lied noch unter „O heilge Seelenspeise" finden.

Das in Würzburg 1649 entstandene Lied, dessen Dichter unbekannt ist, aber wohl im Kreis der Würzburger Jesuiten gesucht werden muß, wurde gewiss für eine Fronleichnamsprozession geschrieben. Ähnlich wie die Israeliten bei ihrem Zug von Ägypten ins Gelobte Land befinden sich die Christen auf dem Weg zum Himmel. Das Volk Israel wurde bei seiner Wüstenwanderung durch das Manna gespeist, das Gottesvolk des Neuen Bundes wird durch das Brot des Lebens, die heilige Kommunion, für die Pilgerreise gestärkt. Wenn bei der Fronleichnamsprozession die Monstranz mit dem Allerheiligsten mitgetragen wird, dann ist sie wie die Bundeslade der Ort der Gegenwart Gottes. All diese Gedanken spricht der Dichter in der ersten Strophe des Liedes aus:

O wunderbare Speise auf dieser Pilgerreise, o Manna, Himmelsbrot,
wollst unsern Hunger stillen, mit Gnaden uns
erfüllen, uns retten vor dem ewgen Tod.

Jesus hat nach seiner wunderbaren Brotvermehrung in der Synagoge von Kapharnaum den Zusammenhang vom Manna in der Wüste und dem Brot des Lebens, das er seinen Jüngern geben wird, klarzumachen versucht. Im Evangelium heißt es: „Alle gingen weg". Sie konnten es nicht glauben, dass Jesus ihnen seinen Leib und sein Blut als Speise und Trank geben wird. Allein die Apostel bleiben bei Jesus. Sie verstehen es genausowenig, aber sie glauben. Beim Letzten Abendmahl dürfen sie deshalb dabei sein. Der Dichter des Liedes weist hin auf den Kreuzestod Jesu und das Letzte Abendmahl. Er wird zum gläubigen Vorbeter, der uns einlädt mit ihm zu beten:

Du hast für uns dein Leben, o Jesu,
hingegeben und gibst dein Fleisch und Blut
zur Speise und zum Tranke. Wer preist mit
würdgem Danke dies unschätzbare, ewge Gut.
„Kommt alle, die auf Erden von Not bedränget
werden", so spricht dein eigner Mund,
„ich will euch wiedergeben mit meinem Blut
das Leben. Dies ist der neue, ewge Bund".

Die Fronleichnamsprozession ist ein Bekenntnis zu Jesus und seiner Gegenwart im Sakrament. Von ihr geht die Ermutigung aus, sein Leben mit Jesus zu meistern. Sie lädt ein, sich auf den Weg zum Himmel zu begeben. Gefordert ist der Glaube. Unseren Augen bleibt so vieles verborgen in dieser Welt, aber in der Ewigkeit werden wir Gott schauen von Angesicht zu Angesicht. Dieses gläubige Vertrauen spricht der Dichter in der letzten Strophe aus:

O Herr, was wir hier schauen in Glauben
und Vertrauen, das zeige uns im Licht,
und lass es einst geschehen, dass wir dich ewig
sehen von Angesicht zu Angesicht.

Die Melodie des Liedes stammt von dem Komponisten Heinrich Isaak. Sie entstand 1495 zu dem Text „Innsbruck, ich muss dich lassen". Bereits 1505 wird sie einem geistlichen Text unterlegt und ist später bekannt geworden in der Fassung „O Welt, ich muss dich lassen". Die eher schwermütigen Dichtungen erfahren durch die Melodie noch eine Verstärkung. Seltsamerweise kommt bei dem Lied „O wunderbare Speise" eine andere Stimmung auf, eine Stimmung des Vertrauens und der gläubigen Zuversicht. Das ist gewiss auch der Grund, warum bei vielen Blasmusiken an Fronleichnam dieses Lied zum Repertoire gehört.

Die Schöpfung preist den Schöpfer

„Himmelsau, licht und blau"
Ein Lied für Fronleichnam

Wer den Text des Liedes „Himmelsau, licht und blau" sucht, der wird im „Gotteslob" von 2012 vergeblich suchen. Hat es das Lied noch 1975 in den Augsburger Diözesananhang geschafft, so blieb es beim neuen „Gotteslob" auf der Strecke. Da muss man schon nach dem von Pater Walter Huber, einem Mitglied der Petrusbruderschaft, herausgegebenen Gebet- und Gesangbuch „Laudate Patrem" greifen, das sich um die Erhaltung alter Lieder verdient gemacht hat. Aber auch das Evangelische Gesangbuch von 1976 enthält das Lied mit einer Textänderung, die nicht überrascht. Endet jede Strophe des Liedes in der katholischen Fassung mit den Worten „Ohne Zahl, soviel mal sei gelobt das Sakrament" lautet diese Zeile im Evangelischen Gesangbuch „Ohne Zahl, soviel mal soll mein Gott gelobet sein."

Erstmals im Druck erschienen ist das Lied 1767 im nordböhmischen Brüx. In den Quellenangaben heißt es meistens, es sei in Brixen erschienen. Das Evangelische Gesangbuch beheimatet es in Dresden. Für Dresden wurde es auch gedruckt und zwar für das Josephinenstift, in dem arme Mädchen ein Unterkommen fanden. Das Andachtsbuch trägt den Titel „Heil- und Hülfs-Mittel zum thätigen Christentum". Als das Lied in eine 1833 erschienene Liedsammlung „Deutsche katholische Gesänge aus älterer Zeit" aufgenommen wurde, fand es weite Verbreitung. Es gab allerdings verschiedene Melodien für den Text und da unterscheidet sich auch heute die katholische Singweise von der evangelischen.

In der Diözese Augsburg hat das Lied 1859 Eingang in das „Laudate" gefunden. Wegen seines schlichten Textes und der eingängigen Melodie, die als Volksweise firmiert, wurde es immer gerne gesungen. Schon in frühesten Ausgaben findet man es unter „Beym feyerlichen Umgang" als ein Lied zur Fronleichnamsprozession, dessen Melodie auch von der Blasmusik gespielt werden kann. Der Text lässt sich leicht merken. Zunächst blickt man auf den Himmel und die unendliche Zahl der Sterne, dann schaut man auf die Erde und es heißt: „Gottes Welt wohlbestellt, wieviel zählst du Stäublein?" Der Blick geht hin zum Sommerfeld: „Wieviel zählst du Gräslein?", zum Wald: „Wieviel zählst du Zweiglein?", zum Meer: „Wieviel zählst du Tröpflein?", und zum Sonnenschein: „Wieviel zählst du Fünklein?" Das Lied schließt mit der Ewigkeit: „Wieviel zählst du Stündlein?", und jede der sieben Strophen endet mit dem Lobpreis: „Ohne Zahl, soviel mal, sei gelobt das Sakrament."

Auch wenn es jetzt nicht mehr im „Gotteslob" steht, sollte man es immer wieder singen. Man wird feststellen, dass gerade Kinder dieses Lied gerne singen. Im Evangelischen Gesangbuch erscheint es unter der Überschrift „Natur und Jahreszeit". So hat es auch in die Sammlung „Was singet und klinget – Lieder der Jugend", das 1926 erschienen ist, Aufnahme gefunden. Es wurde dort der Rubrik „Natur und Wandern" zugeordnet. Interessanterweise hat es in dieser Sammlung den ursprünglichen Refrain behalten: „Ohne Zahl, soviel mal, sei gelobt das Sakrament." Das lässt auf einen katholischen Herausgeber schließen. Aber schon Mitte des 19. Jahrhunderts nahm man es mit einem geänderten Refrain in evangelische Gesangbücher auf, so in die 1860 in Basel erschienenen „Harfenklänge". Das Lied, so schlicht es ist, hat durchaus Hit-Qualitäten, aber das sehen die Herausgeber des „Gotteslob" von 2013 gewiss anders.

Die Erkennungsmelodie von Fronleichnam

Das „Pange lingua" des heiligen Thomas von Aquin

Mit den Festen verbinden sich Bräuche und Lieder. Was wäre Weihnachten ohne Christbaum und Krippe, ohne „Stille Nacht" und die anderen trauten Lieder? Was wäre Ostern ohne Osterkerze und Osterlamm, ohne das Osterhalleluja? Auch Fronleichnam hat ein festes Brauchtum. Was wäre Fronleichnam ohne Prozession mit dem Allerheiligsten in der Monstranz, ohne Altäre und ohne „Pange lingua"?

Das „Pange lingua" ist sozusagen die Erkennungsmelodie des Fronleichnamsfestes. Man weiß nicht genau, ob die Melodie vom Dichter des Liedes stammt, obwohl man es dem gelehrten Dominikaner Thomas von Aquin durchaus zutrauen könnte. Von ihm stammt eine Schrift über die Musik, aus der hervorgeht, dass er sich auch auf diesem Gebiet auskannte. Wer hätte ihm, dem nüchternen Denker, der ein tiefgründiges theologisches Werk nach dem anderen verfaßte, zugetraut, dass er seine Gedanken auf dichterische Weise auszudrücken vermag?

Thomas von Aquin († 1274) hat viel über das Vermächtnis Jesu, das er seinen Jüngern hinterlassen hat, nachgedacht. Brot und Wein, die zum Leib und Blut des Herrn werden, erfordern den Schritt des Glaubens. Der Verstand stößt an Grenzen, auch ein so überragender Verstand wie der Seine konnte nur das demütige Ja des Glaubens sprechen. Thomas kniete nieder und betete an.

Als Papst Clemens IV. ihn 1267 bat, für das Fronleichnamsfest ein Lied zu dichten, ließ er alle anderen Arbeiten liegen und suchte seine Gedanken in Worte zu fassen. Es entstand das „Pange lingua". Latein war die Sprache der Kirche. Es verband alle Christen, die mit dem Bischof von Rom in Einheit lebten. Von Norwegen bis nach Spanien, von Polen bis nach Frankreich, von Sizilien bis nach Irland hatte die Meßfeier die gleichen lateinischen Texte. Aber auch die Vorlesungen an der Sorbonne in Paris, an der Universität von Bologna und der Hohen Schule in Köln wurden auf Latein gehalten. Das römische Weltreich war längst untergegangen, aber seine Sprache lebte in der römischen Kirche fort. Mit einer Zunge, einer Sprache preisen katholische Christen in einer größer gewordenen Welt das Mysterium des Leibes und Blutes Christi am Fronleichnamsfest. Thomas von Aquin ist gewissermaßen seit 700 Jahren einer der Vorbeter, dem sich die Prozessionsteilnehmer anschließen. Während man sich bei den eucharistischen Andachten mit drei Strophen von den sechs Strophen des Liedes begnügt, werden am Fronleichnamsfest alle gesungen. Mit wenigen treffenden Worten beschreibt der große Theologe das Festgeheimnis:

In der ersten Strophe erinnert er daran, dass Jesus seinen Leib für alle hingegeben und sein Blut für alle vergossen hat. In der zweiten Strophe kommt er auf die Stellung Marias im Heilsgeschehen zu sprechen und die Sendung Jesu in die Welt. Jesus hat das Wort Gottes verkündet und den Jüngern verheißen, immer bei ihnen zu bleiben. Diese Verheißung hat er beim Letzten Abendmahl erfüllt, als er sich, wie es in der dritten Strophe heißt, den Zwölfen zur Speise gab. Anknüpfend an das Wort des Apostels und Evangelisten Johannes: „Und das Wort ist Fleisch geworden", spricht Thomas den Gedanken aus, dass das fleischgewordene Wort das Brot in seinen Leib und den Wein in sein Blut verwandelt. Den Sinnen verschließt sich das Wunder der Wandlung, das man nur mit dem Herzen zu erfassen vermag. Hier ist der Glaube gefordert und nicht der Verstand. Das zwingt, wie der tieffromme Ordensmann in der fünften Strophe meint, in die Knie. Der Neue Bund, den Jesus am Kreuz in seinem Blut geschlossen hat, löst den Alten Bund ab. Nochmals betont Thomas, dass dieses Mysterium nur dem Glauben zugänglich ist, denn die Augen stellen ja keine Veränderung fest. Mit einem Lobpreis auf den dreifaltigen Gott beschließt der gläubige Dichter sein Lied.

Thomas von Aquin, der bei seinen Studien immer dem Zweifel und Gegenargumenten breiten Raum gibt, wird nicht müde, seinen Glauben an Gott und seine Liebe zur Kirche zu bezeugen. Es verwundert deshalb nicht, wenn berichtet wird, dass er als Sterbender das Lager verlassen habe, auf das man ihn gebettet hatte, um kniend die heilige Kommunion zu empfangen. Er glaubte mit dem Herzen, was er mit dem Mund bekannte. Diesem Vorbeter kann man sich am Fronleichnamsfest getrost anvertrauen.

„Lauda Sion salvatorem – Lobe Sion, deinen Heiland"

Thomas von Aquin und Fronleichnam

Im Mittelalter gab es zahlreiche Hymnen, die bei feierlichen Gottesdiensten gesungen wurden. Oft besaßen sie eine Vielzahl von Strophen. Das Konzil von Trient im 16. Jahrhundert griff dann ordnend ein. Nur noch vier Sequenzen überlebten die Reform der Liturgie. Es waren die Sequenzen für Ostern, Pfingsten, Fronleichnam und das „Dies irae" beim Requiem. Gestattet wurde auch noch das „Stabat mater" für das Fest der Schmerzen Marias. Daran kann man schon sehen, welchen Stellenwert das Fronleichnamsfest besitzt.

Das Konzil von Trient hat nicht ohne Grund der Sequenz des Fronleichnamsfestes eine so große Bedeutung beigemessen, denn in diesem Hymnus hat einer der größten Theologen, der heilige Thomas von Aquin, es verstanden, in schlichten Worten das Geheimnis der Eucharistie zu erklären. Die Reformatoren Martin Luther, Ulrich Zwingli und Johannes Calvin bestritten auf sehr unterschiedliche Weise die Gegenwart Christi im Sakrament des Altares.

Thomas von Aquin hat in zwölf Strophen das Geheimnis in großartiger Katechese zu erschließen versucht. Nicht ohne Grund sind es zwölf Strophen. Zwölf ist die Zahl der Stämme Israels, zwölf ist die Zahl der Apostel. Der große Theologe beginnt den Hymnus mit den Worten „Lauda Sion Salvatorem". Der Jesuit Franz Xaver Riedel hat im 18. Jahrhundert den lateinischen Text ins Deutsche übertragen. Der österreichische Ordensmann unterrichtete an den Gymnasien in Graz und Linz, zuletzt an der Theresianischen Ritterakademie in Wien. Nach Auflösung des Jesuitenordens kam er in Gulans (Ungarn) unter. Dort starb er mit 45 Jahren.

Er war ein hervorragender Latinist und begabter Übersetzer mit dichterischen Qualitäten. Von all seinen Arbeiten hat nur die Sequenz zum Fronleichnamsfest überlebt und selbst sie nur bis zur Liturgiereform des Zweiten Vatikanischen Konzils. Sein Lied „Deinem Heiland, deinem Lehrer" sucht man bereits im Gotteslob von 1973 vergeblich, obwohl es von

Michael Haydn vertont wurde. Der lateinische Text zeichnet sich durch Kürze und Prägnanz aus. In der ersten Strophe lädt der Dichter ein, mit ihm den Heiland zu preisen. In der zweiten Strophe erinnert er an das Letzte Abendmahl, um in der dritten Strophe darauf hinzuweisen, dass Jesus in dieser Stunde den Auftrag gab: „Tut dies zu meinem Gedächtnis!" Diesen Gedanken greift er in der fünften Strophe nochmals auf, nachdem er in der vierten Strophe auf den Vorbildcharakter des Paschamahles hingewiesen hat. In der sechsten Strophe wird erklärt, was Eucharistie bedeutet: „Das Brot, das wir verehren, ist Christi Leib, sein Blut der Wein". Hier ist der Glaube erfordert, denn es übersteigt den Verstand. Die Gegenwart Christi im Sakrament betont Thomas in der siebten Strophe erneut. Ganz realistisch dichtet er „Fromme kommen, Böse kommen". Den einen wird der Empfang des Sakramentes zum Segen, den anderen zum Fluch. In der letzten Strophe bittet der heilige Thomas: „Guter Hirt, du wahre Speise, stärkst uns auf der Reise hin in deines Vaters Reich. Nähr uns hier im Jammertale, ruf uns dort zum Hochzeitsmahle, mach uns deinen Heilgen gleich."

Seinen Hymnus „Lauda Sion Salvatorem" haben große Komponisten vertont: Palestrina, Joseph Haydn, Buxtehude, Mozart, Mendelssohn-Bartholdy und andere. Da und dort haben Blasmusiken „Deinem Heiland, deinem Lehrer" noch im Repertoire für die Fronleichnamsprozession. Dabei wäre eine solch musikalische Katechese zum Thema Eucharistie und Kommunionempfang mehr als empfehlenswert.

Lob- und Danklieder

„Danke, für diesen guten Morgen"

Danken will gelernt sein

„Dankbarkeit und Weizen gedeihen nur auf einem guten Boden", so sagt ein russisches Sprichwort. Wir alle wissen, dass man mit Dankbarkeit nicht rechnen kann. Gott verdanken wir alles, wo aber bleibt unsere Dankbarkeit? Wenn es uns schlecht geht, wenn wir Sorgen haben, dann ist Gott durchaus eine erste Adresse für unsere Bitten. Wo aber bleibt der Dank, wenn wir erhört worden sind? Eine gute Mutter lehrt ihre Kinder, das Danken nicht zu vergessen. Es ist doch gar nicht so schwer „Danke" zu sagen.

Mutter Kirche nimmt uns auch an der Hand und lehrt uns zu danken. Jede heilige Messe ist Eucharistiefeier. Das Wort „Eucharistie" kommt aus dem Griechischen und heißt nichts anderes als „Danksagung". Wer die heilige Messe besucht und sie mitfeiert, der dankt Gott für alle seine Wohltaten. Wer der heiligen Messe fernbleibt, der bleibt Gott den Dank schuldig. Hat aber der ein Recht zu bitten, der sich als undankbar erweist? Sinkende Gottesdienstbesucherzahlen spiegeln nur die abnehmende Dankbarkeit in unserer Gesellschaft.

Die evangelische Akademie in Tutzing hat 1961 einen Wettbewerb für neue geistliche Lieder ausgeschrieben, an dem sich zahlreiche Komponisten beteiligten, darunter auch der Freiburger Organist Martin Gotthard Schneider. Sein Lied „Danke" gewann den ersten Preis. Die Jury war angetan von dem knappen Text und der ins Ohr gehenden Melodie. Bereits zwei Jahre später landete dieses fromme Lied auf dem ersten Platz der Hitliste und war damit bei allen Rundfunksendern zu hören. Das Lied hat sechs Strophen und jede Strophe hat nur drei Zeilen. Eine gewisse Kurzatmigkeit, die einen förmlich durch die Strophen hetzt, wird als besonders jugendgemäß empfunden.

„Danke", das sich sechs Wochen 1963 auf der Hitliste halten konnte und den Platz eins belegte, ist zwar nicht mehr auf den Hitlisten zu entdecken, aber das Lied ist längst Allgemeingut geworden. Ins Evangelische Gesangbuch wurde es aufgenommen. Den katholischen Gesangbuchmachern, die für das Gotteslob 2013 verantwortlich zeichnen, muss man bestätigen, dass sie sehr kritisch sind. Hat 1972 „Stille Nacht" und „Segne du, Maria" sowie die Schubert-Messe vor ihnen keine Gnade gefunden, hat diesmal „Danke" die Aufnahmeprüfung nicht geschafft. Dabei ist „Danke" inzwischen das bekannteste deutschsprachige geistliche Lied.

Die Kritiker haben den Text des Liedes seziert und dabei einige Mängel festgestellt. Es gefällt ihnen nicht, dass man die Sorgen auf Gott wirft. Wenn sie sich mehr mit der Bibel als mit Textanalysen beschäftigt hätten, würden sie wissen, dass es eine biblische Ausdrucksweise ist. Der heilige Paulus empfiehlt: „Werft eure Sorgen auf den Herrn!" Auch die Zeile „Danke, wenn auch dem größten Feinde ich verzeihen kann" wird mit einem Fragezeichen versehen. So geht es durch das ganze Lied, um dann mit der Note „mangelhaft" bewertet zu werden. Die Volksabstimmung kommt zu einem anderen Ergebnis als die Sprachwissenschaftler und die Musiksachverständigen, die es unter der Rubrik „frommer Kitsch" abservieren. Ist es nicht gut, dass in einer Zeit, in welcher der Dank oft vergessen wird, dieses Lied daran erinnert, dass es so viele Gründe zum Danken gibt? Bemerkenswert ist es, dass „Danke" in der Telefon-Warteschleife der Berliner Volksbühne mit der Strophe „Danke, wenn auch dem größten Feinde ich verzeihen kann" zu hören ist.

„Nun danket alle Gott"

Ein Lied zum Tag der Deutschen Einheit

Der bekannte Sänger und Fernsehmoderator Gunther Emmerlich wurde zum Tag der Deutschen Einheit befragt. Er erzählte daraufhin: „Im Jahre 1989 stand ich auf dem Theaterplatz in Dresden und wir sangen: Nun danket alle Gott!" Nein, damit hatte niemand gerechnet, dass das kommunistische Regime, das Jahrzehnte mit eiserner Faust regiert hatte, so völlig zusammenbrechen würde. Es war wie ein Wunder. Die SED-Kader, die jahrzehntelang gegen Gott und die Kirche gekämpft hatten, mussten mit eigenen Ohren hören, dass der Glaube an Gott nicht erloschen war. „Nun danket alle Gott" – in dieses Lied strömte der Dank für die Freiheit, der Dank für das Ende des Kommunismus, der Dank für den Frieden. Kein anderes Lied konnte tiefer ausdrücken, was man empfand als dieses Lied.

Wie oft war es im Lauf der Jahrhunderte gesungen worden. Die preußischen Soldaten sangen es nach der Schlacht von Leuthen am 5. Dezember 1757, als sie die Österreicher besiegt hatten. Dieses Lied stimmten die Kriegsheimkehrer 1955 im Lager Friedland an, nachdem es Konrad Adenauer gelungen war, sie aus russischer Kriegsgefangenschaft zu erlösen. Man sang es am Erntedankfest und am Jahresschluss, man sang es bei Jubiläen und allen möglichen Festen. Entstanden ist es in der Zeit des Dreißigjährigen Krieges. Es waren notvolle Zeiten. Der evangelische Pfarrer von Eilenburg in Sachsen, Martin Rinckart, hat es als „Danklied nach dem Essen" verfasst. Nun waren die Zeiten so, dass man oft gar nichts zu essen hatte. 1637 wüteten die schwedischen Besatzer so furchtbar, dass die Leute in die nahen Städte flohen. Man war außerstande, für alle Flüchtlinge zu sorgen. Man ernährte sich von Katzen und Hunden. In einem Bericht aus Eilenburg heißt es: Bis zu 40 Leute prügelten sich um eine tote Krähe. Von morgens bis abends hörte man das Jammern und Klagen der Hungernden, die in den Misthaufen nach etwas Essbarem wühlten". Die Pest brach aus und wurde von vielen als Erlösung aus dem Jammertal dieses Lebens empfunden.

Pfarrer Rinckart überlebte, aber zwei Jahre später tauchten die Schweden wieder auf. Es sollten 30 000 Taler bezahlt werden. Würde die Summe nicht zusammenkommen, drohte der Oberstleutnant, die Stadt zu plündern und niederzubrennen. Alles Flehen half nichts. Da versammelte der Pfarrer seine Gemeinde. Er ließ die Glocken läuten und sie sangen Bittlieder. Wider Erwarten gaben die Schweden nach. Schließlich waren sie mit 2000 Talern zufrieden. Als deshalb 1648 endlich Frieden im Land einkehrte und man weder Schweden noch Kaiserliche, weder Einquartierungen noch Rekrutierungen zu befürchten hatte, da sang man allenthalben von ganzem Herzen „Nun danket alle Gott". Das Lied hatte sich in kürzester Zeit über Eilenburg hinaus verbreitet, denn es hatte die Herzen der Menschen getroffen.

Die Idee zu dem Lied hatte Pfarrer Martin Rinckart, als er im Buch Jesus Sirach des Alten Testamentes las: „Ich rief: Herr, mein Gott. Verlass mich nicht am Tag der Not. Deinen Namen will ich allzeit loben. Da hörte der Herr meine Stimme. Er rettete mich am Tag der Not. Darum danke ich dem Herrn und will seinen Namen loben. Danket dem Herrn, denn er ist gut" (Sir 51,10-12). Waren es nicht notvolle Zeiten wie damals, als das Volk Israel in äußerster Bedrängnis war? Nur im Vertrauen auf Gott ließ sich die Gegenwart meistern. Nur im Vertrauen auf Gott konnte man in die Zukunft gehen. In einem Ring, den er seit Jugendtagen trug, stand eingraviert: MVSICA. Er wollte damit bekunden, dass er sich der Musik in besonderer Weise verbunden fühlte. In seinen alten Tagen gab er den Buchstaben einen neuen Sinn. Er deutete sie: Mein Vertrauen steht in Christus allein. Zu viele Enttäuschungen und Rückschläge hatte er erfahren, als dass er seine Hoffnung noch auf Fürsten, auf Menschen, selbst Nahestehenden, zu setzen wagte. Allein auf Christus baute er. Er sollte ihm Heiland sein und bleiben. Bereits ein Jahr, nachdem der Friede im Land eingekehrt war, starb Pfarrer Rinckart am 8. Dezember 1649. 32 Jahre hatte er in seinem Geburtsort als Pfarrer gewirkt. Mit seinem Lied „Nun danket alle Gott" aber predigt er bis zum heutigen Tag von der Liebe und vom Erbarmen Gottes. Er erinnert daran, dass alles Geschenk ist, das frohe Herz und der Friede in der Welt. Auf Gottes Gnade sind wir angewiesen ein Leben lang und schließlich in der Ewigkeit, deshalb darf man den dreieinen Gott nie vergessen. Ihm gilt es zu danken Tag für Tag.

Das Thannhauser „Laudate"

Christoph von Schmid und Anton Höfer wirken zusammen

Die Aufforderung des Psalmisten: „Singt dem Herrn ein neues Lied!" veranlasste Dichter und Komponisten durch alle Jahrhunderte hindurch neue Lieder anzustimmen. Bischof Ambrosius von Mailand dichtete Hymnen für den Gottesdienst und ebenso der Kirchenlehrer Thomas von Aquin. Im Zuge der Reformation und der kirchlichen Erneuerung gab es eine ganze Fülle neuer Lieder. Eine weitere Blütezeit begann Ende des 18. Jahrhunderts. Auslöser war der Hirtenbrief des Salzburger Erzbischofs Hieronymus Graf Colloredo, der 1782 den deutschen Volksgesang für den Gottesdienst vorschrieb.

Man war es gewohnt, dass in der Kirche beim Gottesdienst der Kirchenchor sang. Der Volksgesang hatte seinen Platz in den Andachten, bei den Prozessionen und Wallfahrten. Die Anordnung des Salzburger Erzbischofs wurde in den Gemeinden nicht gerade begeistert aufgenommen, aber es entstanden in den nächsten Jahren viele neue Lieder, die in den Gesangbüchern zusammengetragen wurden und nach und nach in den Gemeinden auch gesungen wurden. Der Erzbischof, der kein Freund langer Orchestermessen war, veranlasste seinen Hofkomponisten Michael Haydn eine deutsche Messe zu komponieren. Andere Bischöfe folgten dem Beispiel Colloredos.

Der Lehrer Christoph von Schmid und der Pastoraltheologe Johann Michael Sailer begrüßten diesen geistlichen Aufbruch und er regte wohl seinen Schüler und Freund an, in dieser Richtung tätig zu werden. Schon als Kaplan in Nassenbeuren und Seeg hatte er die Erfahrung gemacht, dass mit Geschichten und Liedern die Aufmerksamkeit der Schüler erhöht wird. Nachdem er Schulbenefiziat in Thannhausen geworden war, bestätigte sich dies erneut und regte ihn an, Lieder zu verfassen, die vor und nach dem Unterricht zu singen waren. Mit dem Lehrer Anton Höfer hatte er einen kongenialen Pädagogen und Komponisten an seiner Seite. Sie begannen mit den Schülern auch Lieder für den Gottesdienst zu lernen, denn jeden Morgen besuchten die Schüler vor Schulbeginn die heilige Messe.

Es gab bereits eine Reihe von Messgesängen, die in verschiedenen Gesangbüchern veröffentlicht waren, aber auch Lieder für die Vesper. Schmid sammelte alles, wählte aus und fügte schließlich hinzu.Die Lieder stießen auf große Zustimmung und in Thannhausen wurde immer wieder der Wunsch geäußert, man brauche die Texte, um mitsingen zu können. So kam es 1807 zur Veröffentlichung der „Sammlung christlicher Gesänge zur öffentlichen Gottesverehrung“. Die Pfarrgemeinde sang so begeistert mit, dass Durchreisende in Thannhausen Station machten, um den Gottesdienst in der Pfarrkirche zu besuchen. Die „Sammlung christlicher Gesänge“ aus Thannhausen, die ohne Verfassername gedruckt wurde, erfreute sich so großer Nachfrage, dass 1811 eine zweite erweiterte Auflage erschien.

Mehr als die Hälfte der Lieder stammen von Christoph von Schmid. Sie fanden weit über die Diözese Augsburg hinaus Verbreitung. Man sprach allgemein vom „Thannhauser Laudate“. Erst Mitte des 19. Jahrhunderts entstanden die Diözesangebet- und Gesangbücher. In der Diözese Augsburg war dies erst 1859 der Fall. Es sollte noch einmal mehr als ein Jahrhundert dauern, bis mit dem „Gotteslob“ ein Gebet- und Gesangbuch herauskam, das im ganzen deutschen Sprachraum Verwendung findet.

Christoph von Schmid, der begnadete Erzähler, hat in seinen Liedern die frohe Botschaft verkündet. Es war ihm ein Anliegen, dass die Lieder eine Antwort auf die Liebe Gottes zu uns Menschen zum Ausdruck bringen. Nicht alle seine Lieder haben die Zeiten überdauert, aber eines hat die Herzen der Menschen in der ganzen Welt erobert, das Lied „Ihr Kinderlein, kommet“. Man könnte jetzt die Lieder aufzählen, die bis heute gerne gesungen werden, und es sind gar nicht so wenige, man könnte auch darüber klagen, dass Lieder Christoph von Schmids in anderen Diözesen stärker im Diözesanteil vorhanden sind als in seiner Heimatdiözese, aber überlassen wir das den Historikern und hegen wir die Hoffnung, dass in der künftigen Ausgabe des „Gotteslob“ die beliebten Lieder des Christoph von Schmid nicht fehlen werden.Wer den Volksgesang pflegen will, muss dem Volk auch aufs Maul schauen.

„Schönster Herr Jesu"

Die Entdeckung des Dichters
Hoffmann von Fallersleben

Der Sohn des Bürgermeisters von Fallersleben sollte eigentlich evangelischer Pfarrer werden. So war es der Wunsch der Eltern. August Heinrich Hoffmann begann zwar das Studium der Theologie, aber er begeisterte sich zunehmend für alte Sprachen. Durch den Einfluss der Gebrüder Grimm wechselte er von der Altphilologie zur deutschen Literatur. 1821 entdeckte er Bruchstücke eines mittelalterlichen Bibelepos von Otfried. Bei der Veröffentlichung hat er erstmals den Namen Hoffmann von Fallersleben verwendet. Es entstanden in dieser Zeit eine Reihe von Liedern.

Sein Berufsziel war nun: Bibliothekar. Zunächst in Berlin tätig wechselte er 1823 an die Universitätsbibliothek nach Breslau. 1830 erhielt er dort eine Professur für Deutsche Sprache. Immer wieder veröffentlichte er Lieder und Gedichte. Seine Kinderlieder wurden zu Volksliedern. Das Deutschlandlied wurde sogar zur Nationalhymne. 1842 schickte man ihn wegen politischer Untragbarkeit in Pension allerdings ohne Pensionsansprüche. Ein Jahr später wurde er aus Preußen ausgewiesen. Unruhige Exiljahre folgten. Nach seiner Rehabilitierung 1849 konnte er zeitweilig in Weimar unterkommen. 1860 wurde er Schlossbibliothekar beim Herzog von Ratibor in Corvey. In dem einst so bedeutenden Kloster befand sich eine berühmte und umfangreiche Bibliothek.

Bereits 1840 entdeckte Hoffmann von Fallersleben in Breslau die handschriftliche Fassung eines Liedes, das nach dem Dreißigjährigen Krieg entstanden war und 1673 aufgeschrieben wurde. In einem katholischen Gesangbuch, das 1677 in Münster erschien, war es abgedruckt. Hoffmann von Fallersleben hat das Lied „Schönster Herr Jesu, Herrscher aller Herren" in seine Volksliedersammlung „Schlesische Volkslieder" aufgenommen, die 1842 in Breslau gedruckt wurde. So wurde das Lied einer breiten Öffentlichkeit bekannt und auch von evangelischen Christen gerne gesungen, allerdings ohne die letzte Strophe mit dem Lobpreis des Altarsakraments.

Es gibt auch zwei verschiedene Melodien. Die schlichtere wurde für die Ausgaben des „Gotteslob" von 1975 und 2013 gewählt, die reichere Melodie enthält das Liederbuch der Jugend- und Wanderbewegung „Wandervogel", die im 20. Jahrhundert eine bedeutende Rolle spielte.

Hoffmann von Fallersleben, dem wir so schöne Lieder verdanken wie „Alle Vögel sind schon da" oder „Ein Männlein steht im Walde", war vom Text dieses Jesus-Liedes begeistert. Es ist ein Bekenntnis zu Jesus, dem Herrscher aller Herren. Er ist der Schönste. Niemand kann schöner sein, denn so sagt es die zweite Strophe: „Alle die Schönheit Himmels und der Erden ist gefasst in dir allein", deshalb wendet sich ihm unsere Liebe zu. In der dritten Strophe blickt der Dichter auf die Schönheit der Schöpfung und wieder heißt es: „Jesus ist feiner, Jesus ist reiner als die Engel allzumal". Dann wendet sich der Dichter Blumen und Menschen zu. Sie sind schön, aber sie sind auch vergänglich „Jesus bleibt in Ewigkeit". In der letzten Strophe folgt ein Bekenntnis zu Jesus im Sakrament des Altares: „Schönster Herr Jesu, bei uns gegenwärtig", und das Lied schließt mit der Bitte: „Herr, sei uns gnädig jetzt und auch am letzten End." Das war auch die Bitte des Dichters August Heinrich Hoffmann von Fallersleben, der am 19. Januar 1874 in Corvey starb und dort an der Seite seiner Frau bestattet wurde.

Ein Loblied auf den Schöpfer

Kölns Erzbischof dichtete „Erde singe"

Zu den Liedern, die durch das „Kirchenlied" in den 30er-Jahren des 20. Jahrhunderts schnell Allgemeingut wurden, gehört das Lied „Erde singe". Der Text stammt von dem Kölner Erzbischof und Kardinal Johannes von Geissel. Er gehört zu den großen Gestalten des 19. Jahrhunderts.

Der 1796 geborene Winzersohn aus dem pfälzischen Gimmeldingen besuchte das Priesterseminar in Mainz. Er war Schüler der Professoren Colmar und Liebermann, die mit ihrer Haltung ganze Generationen von Priestern prägten. Sie waren Gegner der Aufklärung und Befürworter einer starken Bindung an den Papst. Dies wurde auch für Johannes Geissel bestimmend. Mit 22 Jahren zum Priester geweiht, ging er als Religionsprofessor an das Gymnasium in Speyer. Hier wurde man auf den klugen und auf Ausgleich bedachten Priester sehr rasch aufmerksam. Mit 26 Jahren hat ihn König Ludwig I. ins Speyrer Domkapitel berufen. Er erhielt das Schulreferat. Diese Aufgabe führte auch zu Kontakten mit dem Augsburger Schulreferenten und Domkapitular Christoph von Schmid. Johannes Geissel veröffentlichte gleichfalls Novellen und Erzählungen. Er griff gerne geschichtliche Themen auf und gilt als Begründer der pfälzischen Heimatgeschichte. In diese Zeit fällt der Text des Liedes „Erde singe".

Der Winzersohn geht über die Fluren seiner Heimat und stimmt ein Loblied auf den Schöpfer an:

> „Erde singe, dass es klinge, laut und stark ein Jubel-
> lied ... was er schuf, was er gebaut preis ihn laut."

In der zweiten Strophe lädt er alle Tiere ein, mit ihm Gott zu loben:

> „Kreaturen auf den Fluren ... ihr im Meere ... was in hohen
> Lüften schwebet, lob ihn! Er haucht ja allein Leben ein."

In der dritten Strophe wird das Lied zu einem großartigen Jubel auf den Schöpfer:

> *„Jauchzt und singet, dass es klinget ... Wesen alle singt zum Schalle dieses Liedes jubelnd mit. Singt ein Danklied eurem Meister."*

Mit 40 Jahren wird er zum Domdekan bestellt und 1837 folgt seine Berufung zum Bischof von Speyer. Der Bamberger Erzbischof und Metropolit der Kirchenprovinz, zu der Speyer gehört, weiht Johannes Geissel im Augsburger Dom zum Bischof. Mit starker Hand führt er seine Diözese. Er sorgt für die Priester, indem er sie finanziell besser stellt. Er strafft die Verwaltung, gründet ein Lehrerseminar und ebenso ein Knabenseminar. König Ludwig I. schätzt den Bischof und erhebt ihn in den persönlichen Adelsstand.

Als der König von Preußen in eine Auseinandersetzung mit dem Kölner Erzbischof von Droste-Vischering gerät, weil dieser sich gegen die preußische Mischehenregelung stellt, da empfiehlt der bayerische König den Speyrer Bischof als Nachfolger. 1842 wird von Geissel Koadjutor in Köln. Er verfolgt die gleiche Linie wie in Speyer. Er kümmert sich um das Schulwesen. Er verstärkt seinen Einfluss auf die Universität. Er legt Wert auf einen guten Religionsunterricht. Ein Knabenseminar wird errichtet. Vor allem fördert er die katholischen Vereine. Immer stärker übernimmt er die Führung der deutschen Bischöfe. 1848 lässt er sich ins Berliner Parlament wählen. Im gleichen Jahr bringt er die erste deutsche Bischofskonferenz in Würzburg zustande. Er möchte eine Einheit der Bischöfe in wichtigen Fragen erreichen, deshalb strebt er ein Nationalkonzil an. In Rom wird dies mit Skepsis gesehen und verboten. Zusammen mit dem Erzbischof von Breslau, Melchior Diepenbrock, einem Freund Christoph von Schmids, wird Johannes von Geissel 1850 Kardinal. Er ist damit zur höchsten Würde in der Kirche aufgestiegen. Das stärkt auch seine Verhandlungsposition gegenüber staatlichen Stellen. Es gelingt ihm, die Kirche von zahlreichen Fesseln preußischer Bürokratie zu befreien. An Durchsetzungsvermögen hat es dem Kölner Erzbischof nie gefehlt. Hart in der Sache und freundlich im Ton, kam er meistens an sein Ziel. Er war der festen Überzeugung, dass nur eine enge Bindung an Rom die kirchliche Unabhängigkeit garantiert.

Dies wurde auch im Provinzialkonzil 1860 deutlich betont. Nach längerem Leiden starb der Kölner Oberhirte am 8. September 1864. Nur die Historiker wissen seine Lebensleistung zu würdigen, die nachhaltige Spuren hinterlassen hat. Dank einer herzerfrischenden Melodie sind aber seine Verse „Erde singe, dass es klinge" zu einem bleibenden Vermächtnis des Kölner Erzbischofs aus der Pfalz geworden.

Von der Schöpfung zum Schöpfer

Paul Gerhardts Lied „Die güldene Sonne"

Düstere Tage drücken auf das Gemüt. Wenn morgens bereits die Sonne lacht, hebt sich jedermanns Stimmung. Man kann verstehen, dass heidnische Völker die Sonne als Gottheit verehrt haben. Der Schöpfungsbericht der Bibel macht deutlich, dass Gott der Schöpfer von Sonne, Mond und Sternen ist. Ihn gilt es zu preisen. Der Dichter Paul Gerhardt lädt uns dazu ein.

In seinem von Johann Georg Ebeling vertonten Lied „Die güldene Sonne" fasst er sein Erleben am frühen Morgen in Worte. Freude und Glück spürt er, wenn die Sonne ihn aufweckt. Die Sonnenstrahlen holen ihn aus seinen Träumen. Er ist glücklich, dass ein neuer Tag angebrochen ist. Keine Spur von Verschlafenheit ist ihm anzumerken. Ihm graut nicht vor den Aufgaben, die vor ihm liegen, „munter und fröhlich" schaut er auf den Himmel und auf all das, was auf ihn wartet.

Der evangelische Pfarrer Paul Gerhardt wäre kein guter Seelsorger gewesen, wenn er nur den Sonnenschein besungen hätte. In der zweiten Strophe kommt er darauf zu sprechen, dass sein „Auge schauet, was Gott gebauet zu seinen Ehren und uns zu lehren, wie sein Vermögen sei mächtig und groß". Die Schönheit der Schöpfung entdeckt das Auge, der Verstand erkennt Gottes Allmacht und Größe, die wie von selbst zum Lobpreis Gottes und seiner Anbetung führen. Wenn Paul Gerhardt zum Himmel hinaufschaut und dabei an Gottes Größe denkt, gehen seine Gedanken noch weiter: „Und wo die Frommen dann sollen hinkommen, wann sie mit Frieden von hinnen geschieden." Damit ist unsere christliche Berufung angesprochen, unsere Berufung zu ewigem Leben. Der Himmel muss unser Ziel sein. Der Himmel, den wir über uns sehen, sollte uns tagtäglich daran erinnern, dass die Erde nicht alles ist. Jesus spricht davon: „Sammelt euch nicht Schätze, die Rost und Motten verzehren, sondern sammelt euch Schätze, die bleiben für das ewige Leben." Wir müssen es lernen, den Blick aus dem grauen Alltag zu erheben, damit wir erkennen, was wirklich zählt, was bleibt für das ewige Leben. Deshalb ist der Sonntag für den Menschen so wichtig.

Heraus aus dem Trott des Alltags hin zu Christus! Er ist die wahre Sonne, die unser Leben erleuchtet. Er richtet die Ermüdeten auf. Er macht die Traurigen froh.

Sprach die zweite Strophe von Gottes Größe und Macht, so ist es Paul Gerhardt in der folgenden Strophe ein Anliegen, uns Gottes Allgegenwart nahezubringen. Wir sind ihm nicht gleichgültig. Seine Sorge ist es, dass wir das ewige Ziel erreichen, deshalb begleitet er uns mit seinem Segen und mit seiner Gnade. Das schlimmste Unglück, das den Menschen treffen kann, ist die Sünde. Jedoch selbst wenn wir fallen, wenn wir Gottes Gnade verlieren sollten, „so lässt er aufgehen über uns seiner Barmherzigkeit Schein". Schließlich wendet sich der Dichter Gottes Ewigkeit zu. Gott ist nicht nur mächtig, allgegenwärtig und barmherzig, er ist auch ewig. „Alles vergehet, Gott aber stehet ohn alles Wanken." Auf ihn gilt es zu bauen, ihm gilt es zu vertrauen, denn „sein Heil und Gnaden, die nehmen nicht Schaden ... sie halten uns zeitlich und ewig gesund".

Paul Gerhardt lässt sich von der Sonne den Tag verklären. Sie ist ihm ein Gleichnis für Gott und sein Wirken in der Welt. Jesus, die wahre Sonne, hat das Leben bis in die tiefste Dunkelheit hinein erlitten. Leid und Kreuz bleiben auch dem nicht erspart, der an Gott glaubt, aber er weiß, alles hat einmal ein Ende: „Kreuz und Elende, das nimmt ein Ende", dann aber erwartet den, der an Jesus glaubt und seine Hoffnung auf ihn setzt: „Freude in Fülle und selige Stille im himmlischen Garten". Er gesteht ein: „Dahin sind meine Gedanken gericht." Dahin sollen auch wir unsere Gedanken richten, denn kurz ist unser Leben und lang ist Gottes Ewigkeit. Wie kurz unser Leben sein kann, hat Paul Gerhardt mehr als einmal erfahren müssen, so, als vier seiner fünf Kinder noch im Kindesalter starben und seine Frau allzufrüh abberufen wurde. Ihm selbst waren 69 Jahre geschenkt, von denen er trotz aller Sorgen und Entbehrungen den Eindruck hatte, sie seien ihm wie im Fluge vergangen. Gerade ältere Menschen werden diese Erfahrung bestätigen können.

„Stern, auf den ich schaue"

Pfarrer Krummachers Jesusbekenntnis

Im Zeitalter der Aufklärung stellten die Gebildeten alles in Frage. Der Verstand bildete die letzte Instanz. In Notre Dame von Paris setzte man die „Göttin Vernunft" auf den Altar, ein leichtbekleidetes Mädchen, das den Anbruch einer neuen Zeit und das Ende des christlichen Glaubens dokumentieren sollte. Die Aufklärung löste eine Gegenbewegung aus, in der Glaube und Gefühl, Herz und Verstand zusammenfanden. Johann Michael Sailer zählt zu den herausragenden Gestalten dieser Bewegung im katholischen Raum. Matthias Claudius hat mit seinem „Wandsbeker Boten" Ähnliches bewirkt. Sie waren nicht die Einzigen, wie man an Cornelius Friedrich Adolph Krummacher sehen kann.

Der Sohn des Bürgermeisters von Tecklenburg wurde 1767 geboren, studierte in Lingen und Halle Philosophie und Theologie. Zunächst trat er in den Schuldienst und leitete schon in jungen Jahren das Gymnasium in Moers. Nach seiner Promotion in Theologie 1801 wurde er Professor in Duisburg. In dieser Zeit entstanden seine Parabeln, die weite Verbreitung fanden. Mit seiner Berufung als General-Superintendent von Anhalt-Bernburg kam es auch zu einem vertieften Glauben, der in einer ganzen Reihe von Gedichten seinen Ausdruck fand. Einige von ihnen hat Franz Schubert vertont. Am bekanntesten aber wurde „Stern, auf den ich schaue", das allerdings erst 50 Jahre später von einer Pfarrersfrau, Minna Koch, vertont wurde. Hier haben Text und Melodie zu einer großartigen Einheit gefunden.

In der ersten Strophe macht Krummacher deutlich, was Jesus für den Christen ist: Er ist der Stern, der Orientierung gibt. Er ist der Fels, der festen Stand verleiht. Er ist der Führer, dem man sich anvertrauen kann. Er ist der Stab, auf den man sich in Gefahren stützt. Jesus ist aber auch das Brot des Lebens und der Spender lebendigen Wassers. Er ist das Ziel unseres Lebens. Die erste Strophe gipfelt in der Aussage: „Alles, Herr, bist du."

In der zweiten Strophe lässt uns Krummacher nachdenken, was wäre ohne Jesus. Ohne ihn wären wir kraft- und mutlos. Ohne ihn würden wir unter der Last des täglichen Lebens zerbrechen. Ohne ihn verschwänden Glaube, Hoffnung und Liebe aus unserem Leben. Deshalb gibt es nur eine Antwort: „Alles, Herr, bist du." Ohne dich kann nichts gelingen, und mit dir lassen sich alle Schwierigkeiten bewältigen.

In der dritten Strophe kommt deshalb Krummacher zu dem Schluss: Mit Jesus wollen wir unseren Pilgerweg gehen, bis uns das Totenglöcklein läutet und wir aus dieser Welt scheiden müssen. Dann werden wir bei ihm daheim sein und voll Freude singen: „Alles, Herr, bist du."

Der Pilgerweg führte Pfarrer Krummacher noch von Bernburg weiter nach Bremen an die St. Ansgarkirche. Hier schrieb er auch ein Buch über den heiligen Ansgar, den Erzbischof von Bremen und Apostel des Nordens, den Patron seiner Kirche. Die letzten Jahre seines Lebens waren von Krankheit gezeichnet und am 4. April 1845 läutete ihm das Sterbeglöcklein. Auf dem Friedhof von Wernigerode im Harz fand er seine letzte irdische Ruhestätte. Auf dem Grabdenkmal steht: „Der Inhalt seines Lebens: Ich weiß nichts denn allein Jesum Christ, der für mich gestorben ist."

„Die Macht der Liebe"

Gerhard Tersteegen (1697-1769)

Niemand wird bestreiten, dass die Liebe eine Himmelsmacht ist. Sie überwindet die Feindschaft zwischen Völkern. Feindschaften zwischen Familien werden von ihr besiegt. Die Liebe, alle Liebe hat ihren Ursprung in Gott. Von Gott sagt der Apostel und Evangelist Johannes: „Er ist die Liebe." Alle Liebe findet sich in Gott. Wem dies einmal aufgegangen ist, der kann Gott für seine Liebe nie genug danken.

Als der 17-jährige evangelische Christ Gerhard Tersteegen 1714 auf einer Reise nach Duisburg urplötzlich von so furchtbaren Schmerzen heimgesucht wurde, dass er glaubte, sein letztes Stündlein sei gekommen, betete er inständig, Gott möge Erbarmen mit ihm haben, denn er sei noch nicht auf den Tod vorbereitet. Augenblicklich verschwanden die Schmerzen und der Kaufmannsgehilfe sah fortan sein Leben als ein Geschenk Gottes an. Nicht noch einmal sollte ihn der Tod unvorbereitet antreffen. Das tägliche Gebet und das Lesen der Bibel prägten sein weiteres Leben. Gerne hätte er Theologie studiert, aber der frühe Tod des Vaters hatte die große Familie in finanzielle Schwierigkeiten gebracht. Kaufmann war der Vater gewesen, Kaufmann sollte auch er werden. Er besaß wenig Neigung zu dem Beruf und wohl auch keine besondere Eignung. Auf der Suche nach einer anderen Art des Gelderwerbs stieß er auf den Beruf des Leinwebers. Dieser Beruf zeigte sich als zu anstrengend für ihn. Schließlich verdiente er sich sein Brot als Seidenbandwirker. Er benötigte nicht viel zum Leben: Wasser, Mehl und Milch. Vor allem aber benötigte er Stille.

Gerne griff er nach religiösen Büchern. Er wollte in die Schule des Gebetes und der Betrachtung gehen. Franz von Assisi mit seiner gelebten Jesusnachfolge sprach ihn an. Teresa von Avila mit ihrer Beschreibung des inneren Weges wurde ihm zur Lehrerin. Die Schriften Jakob Böhmes zogen ihn in ihren Bann. Im Leben der Heiligen sah er die Liebe zu Gott verwirklicht, die er selber erstrebte. Gott gefallen wollte er und litt unter seiner Unzulänglichkeit. Am Gründonnerstag 1724 drängte es ihn, sein

Leben ganz an Jesus zu binden. Mit dem eigenen Blut schrieb er ein feierliches Gelöbnis nieder: „Meinem Jesu! Ich verschreibe mich dir." Nach all dem Ringen und Zweifeln der letzten Jahre war dies ein Schlussstrich. Seine Seele schwingt sich dazu auf, Gott in Liedern zu loben. Er schrieb sie nieder und veröffentlichte sie unter dem Titel „Geistliches Blumengärtlein inniger Seelen". Nahezu 2'000 Lieder sind im Lauf der Jahre entstanden. Aus dem Seidenbandwirker wurde ein geistlicher Schriftsteller, aus dem Einsiedler ein Seelenführer, zu dem immer mehr Leute kamen. Die Nöte der Menschen brachten ihn dazu, sein Handwerk ganz aufzugeben und Heilkräuter zu sammeln, um seinen Besuchern in den verschiedensten Leiden helfen zu können. Zu seinen geistlichen Vorträgen fanden sich Leute aus nah und fern ein. Bei seinem Tod am 3. April 1769 sagten die Leute von Mülheim: „Ein Heiliger ist gestorben." Er war weder Arzt noch Apotheker, weder Theologe noch Pfarrer und trotzdem hat er Menschen sowohl in körperlichen wie seelischen Leiden helfen können. Das haben sie ihm nicht vergessen. Manches seiner Lieder wird bis heute gesungen. Am bekanntesten ist wohl „Ich bete an die Macht der Liebe", das beim Zapfenstreich der Bundeswehr gespielt wird. Die Melodie stammt von dem russischen Komponisten Demetrius Bortnianski (1751-1825) und wurde für eine Messe des unierten Ritus geschaffen.

Der Text des Liedes ist ein tiefempfundenes Gebet, das sich zu Jesus bekennt, in dem Gottes Liebe sichtbar geworden ist. Wenn der Mensch bedenkt, wer er ist und wer Gott ist, dann kann er für diese Liebe nur danken. Der Name Jesus, mehr noch seine Liebe, muss dem Glaubenden nicht nur kostbar sein, sie muss sein Denken und Fühlen bestimmen, sie muss im Reden und Denken spürbar sein. Auf die Liebe kommt es an!

Ich bete an die Macht der Liebe, die sich in Jesus offenbart.

Mit diesen Zeilen beginnt der Text und er endet mit den Versen:

Möcht deine süße Jesusliebe in Herz und Sinn gepräget sein.
In Wort und Werk, in allem Wesen
sei Jesus und sonst nichts zu lesen.

„Jesu, meine Freude"

Ein Lied voller Gottvertrauen

Mit dem Großen Zapfenstreich wurde Bundespräsident Dr. Johannes Rau aus seinem Amt verabschiedet. Das Zeremoniell, das auf den Soldatenkönig Friedrich Wilhelm I. von Preußen zurückgeht, gipfelt in dem Befehl: „Helm ab zum Gebet!" und dann spielt die Militärblasmusik einen Choral.

Johannes Rau wünschte sich als Choral „Jesu, meine Freude". Der Sohn eines evangelischen Predigers aus Wuppertal, der nie seine religiösen Wurzeln verleugnet hat und sich deutlich zum christlichen Glauben in seiner protestantischen Prägung bekannte, wollte mit seiner Wahl ein Zeichen setzen. Bei aller Wehmut des Abschieds vom höchsten Amt im Staat, das Johannes Rau gerne ausgeübt hat, wollte er seine Dankbarkeit und gläubige Zuversicht zum Ausdruck bringen. „Jesu, meine Freude" hebt sich wohltuend ab von all der Schwarzmalerei und dem Pessimismus, der sich breitgemacht hat. Alles jammert, wenn auch auf sehr hohem Niveau, wie ein Journalist bissig anmerkte. „Jesu, meine Freude", daraus spricht Zuversicht und Gottvertrauen.

Entstanden ist der Choral in der Zeit des Dreißigjährigen Krieges oder kurz danach. Johann Franck aus Guben in der Niederlausitz ist 1618 im Jahr des Kriegsausbruchs geboren. Er hat all die Schrecken nicht unmittelbar erlebt, als Schweden und Kaiserliche durchs Land zogen, plünderten, brandschatzten, mordeten und vergewaltigten. Er, der als Fünfjähriger den Vater verloren hatte, besuchte die Schule im ostpreußischen Königsberg. Das war ein sicheres Fleckchen Erde. Hier studierte er nach Abschluss des Gymnasiums die Rechte. Hier lernte er den Dichter Simon Dach kennen, der ihn förderte und ihm Mut machte. Schon bald dichtete der Jurastudent Franck selbst und erntete viel Lob. Als er seine Studien abgeschlossen hatte, kehrte er auf Drängen seiner Mutter nach Guben zurück. Im Lauf der Jahre sind 110 Lieder entstanden. Um sein dichterisches Können unter Beweis zu stellen, hat er das „Vater unser" in 333 verschiedenen Versmaßen gedichtet. Ohne Zweifel war er ein Meister der Dichtkunst und machte seinem Lehrer

Simon Dach alle Ehre. Mit dem Choral „Jesu, meine Freude" greift er das 8. Kapitel des Römerbriefs auf. Paulus lenkt hier den Blick der Römer über das irdische Leben hinaus auf das ewige Leben.

„Jesu, meine Freude ... ach wie lang, ach lange ist dem Herzen bange und verlangt nach dir." Wenn Jesus bei einem Menschen ist, dann braucht er nicht zu zittern. Papst Johannes XXIII. hat es genauso empfunden. Von ihm stammt das Wort: „Wer glaubt, der zittert nicht." Johannes Franck dichtet: „Lass den Satan wettern, lass die Welt erzittern, mir steht Jesus bei." Natürlich bleibt der gläubige Mensch nicht von Leid und Krankheit, von Unglück und Gefahr, von Versuchung und Sünde verschont, aber „denen, die Gott lieben, muss auch ihr Betrüben lauter Freude sein". Da mögen andere einen auslachen und verspotten, weil man an Jesus glaubt, dennoch bleibt „auch im Leide Jesu meine Freude". Das ist ein gewaltiges Trotzdem, das Johannes Franck als gläubiger Mensch hier ausspricht. Er hat vielen Menschen im Lauf der Jahrhunderte Mut gemacht und sie getröstet.

Johann Sebastian Bach hat den Text aufgegriffen und ihn anlässlich einer Beerdigung musikalisch bearbeitet. Die Motette „Jesu, meine Freude" hat die Herzen der Trauernden angerührt. In allem Leid weiß sich der Christ bei Jesus geborgen. Bei aller Trauer weiß der gläubige Mensch, dass Jesus uns am Kreuz erlöst hat und dass der Tod seit der Auferstehung Jesu nicht das letzte Wort hat. „Weicht ihr Trauergeister, denn mein Freudenmeister Jesu tritt herein", so hat es Johannes Franck gedichtet und Johann Sebastian Bach hat mit einer Innigkeit ohnegleichen den Text in die Sprache der Musik übersetzt. Wie sehr Text und Musik den Menschen auch unserer Zeit anspricht und bewegt, zeigt nicht nur, dass der scheidende Bundespräsident „Jesu, meine Freude" als Choral für den Großen Zapfenstreich gewählt hat, die Motette erklang auch bei der Hochzeit des spanischen Thronfolgers. Man könnte es als ein Lied für alle Lebenslagen bezeichnen, denn Gottvertrauen benötigt der trauernde Mensch ebenso wie der, der einen neuen Lebensabschnitt beginnt. „Jesu, meine Freude" ist ein Lied, das jeder Christ täglich neu anstimmen müsste, denn welch größeres Glück gibt es, als dass Jesus bei uns ist und unseren Weg mit uns geht.

Anleitung zum rechten Beten

Paul Gerhardts Lied „Lobet den Herren"

Wir Menschen neigen eher zu Tadel und Kritik als zu Lob und Anerkennung. Das gilt auch für unser Verhältnis zu Gott. Wie schnell klagen wir darüber, wenn wir Krankheit und Leid, einen Schicksalsschlag oder einen Todesfall erleiden müssen. Wir hadern mit Gott und klagen ihm unser Leid. Mit tausendfachem Warum liegen wir ihm in den Ohren. Nicht umsonst sagt man: Not lehrt beten. Der begnadete Dichter und Seelsorger Paul Gerhardt möchte uns ein wenig beim rechten Beten helfen. Er hat ein Lied geschrieben, weil er mit dem heiligen Augustinus der Meinung war: Wer singt, der betet doppelt. Der Berliner Cantor Johann Crüger hat die Melodie dafür gefunden. Gerhardt hat dem Lied die Überschrift gegeben: „Morgengesang".

Es kommt schon darauf an, wie man seinen Tag beginnt. Paul Gerhardt empfiehlt uns, den Tag mit Gott zu beginnen. Auch wenn man mit dem linken Fuß aufgestanden ist, sollte das kein Grund sein, Trübsal zu blasen. „Lobet den Herren alle, die ihn ehren." In diesen wenigen Worten schwingt Freude mit und diese Freude steckt an. Vielleicht muss man soviel durchgemacht haben wie der Dichter, um die kleinen Dinge zu schätzen. Der Dreißigjährige Krieg lag erst wenige Jahre zurück. 1648 hat ihn der Friede von Münster und Osnabrück beendet. Pest und Hunger, Feuersbrünste und Plünderungen hatten das Land heimgesucht. Der Vorgänger von Pfarrer Gerhardt als Propst von Mittenwalde war während des Gottesdienstes von schwedischen Soldaten umgebracht worden. Wer einem solchen Inferno entronnen ist, der weiß das Leben zu schätzen und der hat gelernt, sich an kleinen Dingen zu freuen.

Paul Gerhardt gibt mit seinen Versen, die 1653 entstanden sind, eine Anleitung, wie und wofür wir Gott loben sollen und ihm danken können. Zunächst lädt er alle ein, die an Gott glauben, sich um den Altar zu versammeln. Mit Jesus und der ganzen Kirche treten wir vor Gott. Auf dem Altar geschieht das Wunder aller Wunder: Jesus wird gegenwärtig. Jesus bringt sich im heiligen Opfer dem Vater dar. Mit den Engeln und Heiligen stimmen wir in den Lobpreis Gottes ein. An einem neuen Tag gilt es, zunächst für unser Leben zu danken. Bei allen Sorgen, die uns quälen, bei allen Nöten, die uns verfolgen, müssen wir uns sagen, dass keine Schwierigkeit so groß sein könnte, dass sie nicht mit der Hilfe Gottes zu bewältigen wäre. Jeder Tag ist nicht zuerst Last, sondern zuallererst eine Chance. Wer so denkt, der muss sich nicht allzusehr anstrengen, um für den neuen Tag zu danken. Wer gut geschlafen hat, sollte es nicht versäumen für dieses Geschenk zu danken. So viele Menschen leiden unter Schlafstörungen. So viele Menschen müssen nachts immer wieder aufstehen, weil sie für einen Kranken zu sorgen haben. Wer gut schlafen kann, sollte das schätzen. Wer gut geschlafen hat, der hat Kraft geschöpft, um mit neuem Mut an sein Tagwerk zu gehen. Langschläfer sollten freilich auch bedenken, dass man dem lieben Gott die Zeit stiehlt, wenn man allzuviel Zeit im Bett verbringt.

Paul Gerhardt hat es als Pfarrer wohl mehr als einmal erlebt, dass Pfarrangehörige von einem Schlaganfall heimgesucht wurden. Als sie morgens aufstehen wollten, mussten sie feststellen: Hand und Fuß versagen ihren Dienst, das Sprechen fällt schwer. Die Worte kommen nicht so, wie man sie sagen möchte. Aus diesem Grund meint er mit Recht, man soll in gesunden Tagen nicht vergessen, dafür zu danken, dass wir „unsere Sinnen noch brauchen können". Wenn wir nicht krank sind, denken wir nur allzu selten daran, dass alles Geschenk ist und es von einem Augenblick zum anderen ganz anders sein kann.

Das Lied hat eigentlich zehn Strophen. Drei Strophen wurden von den Herausgebern des „Gotteslob" gestrichen. Im Evangelischen Gesangbuch kann man sie finden. Da ist die Rede von „Feuerflammen, die unsere Häuser nicht gefressen" von „Dieb und Räubern, die unser Gut und Leiber nicht versehrt". Vor Katastrophen sind wir zu keiner Stunde sicher und ebensowenig vor bösen Menschen. Nach dieser Anleitung zum Dank blickt Paul Gerhardt auf den neuen Tag und was alles vor einem liegt. Er wünscht sich und uns, dass wir Gottes Beistand erfahren dürfen und in seiner Gnade bleiben. Gottes Wort möge uns begleiten und uns helfen, in allem das Gute zu tun. Weil wir Menschen schwach sind, setzen wir unsere Hoffnung auf Gottes Kraft, die der menschlichen Schwachheit zu Hilfe kommt. Paul Gerhardt schließt sein Lied mit dem Blick auf Gottes Ewigkeit, die wir nicht aus den Augen verlieren dürfen. „Herr, du wirst kommen ... und uns dahin bringen, da alle Engel ewig singen: Lobet den Herren." Das Lied ist gleichsam eine Einstimmung für den Gesang im Himmel, eine Art Chorprobe. Ist aber nicht jede heilige Messe bereits Teilnahme an der himmlischen Liturgie? Leider denken wir nur allzu selten daran.

Eine Liebeserklärung

Angelus Silesius' „Ich will dich lieben, meine Stärke"

Durch seinen Freund Abraham von Franckenberg kam der junge Arzt Johannes Scheffler in Berührung mit dem Mystiker Jakob Böhme, vor allem aber mit den Mystikern des Mittelalters. Ihre Schriften, die Gott und die Seele zum steten Thema haben, bewegten ihn tief. Jesus war für sie nicht fern, sondern ganz nahe. Sie waren mit ihm auf Du und Du. Sie ließen sich hineinnehmen in das Weihnachtsgeschehen und sie gingen seinen Kreuzweg mit.

Nach dem Tod des Freundes 1652 erbte Scheffler dessen umfangreiche Bibliothek. Neben seiner ärztlichen Tätigkeit ließ er sich von den Mystikern zu Dichtungen anregen. Den nüchternen lutherischen Pfarrern von Breslau gefielen die Herzensergüsse des Herrn Doktor nicht besonders. Sie hatten nichts übrig für fromme Seelen, die in mittelalterlichen Klöstern ihre Zwiesprache mit Gott und seinem menschgewordenen Sohn niederschrieben. Die Dichtungen stießen auf völlige Ablehnung. Das sei Schwärmerei und habe nichts mit der gesunden Lehre des Evangeliums zu tun. Ganz anderer Meinung waren die Jesuiten. Sie erkannten nicht nur das poetische Talent des Arztes, sondern auch die geistliche Tiefe seiner Texte. Als Johannes Scheffler für seine Patienten ein Gebetbüchlein drucken lassen wollte, in das er auch Gebete der vorreformatorischen Zeit aufnahm, erhielt er keine Druckerlaubnis. Das traf ihn tief und führte zu einer Annäherung an die katholische Kirche.

In langen Gesprächen, die er mit gelehrten Jesuiten führte, fiel schließlich die Entscheidung, die lutherische Kirche zu verlassen und katholisch zu werden. Dieser Schritt hat damals weit über Breslau hinaus Aufsehen erregt. Welche Bedeutung man dem Entschluss Schefflers beimaß, kann man daraus ersehen, dass er zum Hofmedicus von Kaiser Friedrich III. ernannt wurde. Es folgten sehr fruchtbare und schöpferische Jahre. 1657 konnte er gleich zwei Bücher veröffentlichen.. In seinem „Cherubinischen Wandersmann" erschienen Sinnsprüche, bei denen man den Einfluss der mittelalterlichen Mystiker auf sein Denken sehr deutlich wahrnehmen kann, aber auch die 122 Lieder, die von dem Breslauer Domkapellmeister Georg Joseph vertont wurden und unter dem Titel „Heilige Seelenlust oder Geistliche Hirtenlieder der in ihren Jesus verliebten Psyche" sind von der Mystik geprägt. Von Jakob Böhme, der im nahegelegenen Görlitz lebte, sagte er: „Seine Schriften waren die Hauptursache, dass ich zur Wahrheit kam." Er veröffentlichte die beiden Bücher unter dem Pseudonym „Angelus Silesius" – „Schlesischer Engel". Als Bote Gottes aus Schlesien, so hat er sich verstanden.

Das Lied „Ich will dich lieben, meine Stärke" stammt aus dem Buch von 1657, das mehrfach und erweitert neu aufgelegt wurde. Dr. Johannes Scheffler hat es überschrieben „Geheimnis der Liebe". Die Seele hat erkannt, wer Gott ist. Er ist der Urgrund meines Seins. Ohne ihn bin ich nicht. Ohne seine Liebe könnte ich nicht leben. Darauf muss die Seele eine Antwort geben. Sie tut es mit einem unzweideutigen „Ich will". Auf den Willen, auf den guten Willen kommt es an. Auf Gottes Liebe will sie antworten mit ihrer Gegenliebe. „Ich will dich lieben, meine Stärke, ich will dich lieben, meine Zier." Kraft und Schönheit, beides fließt in Gott zusammen und beides findet sich in der christlichen Seele wieder, weil sie Abbild Gottes ist. Das „Ich will" der Liebe muss zum „Ich will" der Tat werden. Die Liebe muss zum Handeln führen. Das darf nicht als „Werkerei" abgetan, sondern muss als Gestalt gewordene Liebe verstanden werden. Die Sehnsucht nach Gott, das ist die „immerwährende Begier". Sie wird erst erfüllt, wenn man im Licht Gottes sein darf. Das wird geschehen, wenn das Herz bricht. Dann wird die Liebe des Lebens in die ewige Liebe übergehen. Das ist Mystik, die uns Angelus Silesius vermittelt, sie nachbeten und nachsingen lässt.

Sobald man begriffen hat, wer Gott ist und wer ich bin, erfüllt einen Trauer darüber, dass dies nicht früher der Fall gewesen ist. „Ach, dass ich dich so spät erkannte –, dass ich so spät geliebt." Scheffler spricht aus, was alle Gottsucher bestätigen: „Ich lief verirrt und war geblendet." Die Sünde ließ einen falsche Wege gehen, Wege, die nicht zu Gott führen konnten. Das Streben nach Erfolg und Anerkennung ließ Gott in den Hintergrund treten. Gott selber muss eingreifen, damit wir erkennen, dass nichts erstrebenswerter ist als ein Leben in der Gegenwart Gottes. „Nun aber ist's durch dich geschehn, dass ich dich hab ersehn." Wer dies erfasst hat, der kann nur danken: „Ich danke dir, du Himmelswonne, dass du mich froh und frei gemacht." Freilich darf man sich nie zu sicher fühlen, deshalb bittet Angelus Silesius: „Erhalte mich auf deinen Stegen und lass mich nicht mehr irre gehn." An den Schluss seines Liedes setzt er eine klare Liebeserklärung an Gott: „Ich will dich lieben, schönstes Licht, bis mir das Herze bricht." Das ist mehr als Schwärmerei und Gefühlsseligkeit, das ist tiefster Ausdruck einer lebenslangen Hingabe an Gott.

Johannes Scheffler hat solche Verse nicht nur niedergeschrieben, sondern sie kennzeichnen auch seinen weiteren Lebensweg. 1661 empfing er die Priesterweihe. Seinen ganzen Besitz verschenkte er. 1662 fand auf sein Betreiben hin in Breslau eine Fronleichnamsprozession statt. Seit 1525 hatte es keine mehr gegeben. Dies rief nicht nur Begeisterung hervor, sondern er sah sich auch starken Angriffen der Lutheraner ausgesetzt. Er verteidigte sich mit der Feder. Darin war er ein Meister. Zwölf Jahre lang gingen Schriften hin und her. Mit seinem letzten Buch zog er einen Schlussstrich. Es trägt den Titel „Sinnliche Beschreibung der Vier Letzten Dinge". Am 9. Juli 1677 starb Dr. Johannes Scheffler, genannt Angelus Silesius, nach langem Leiden. Von den 204 Liedern die 1668 in der erweiterten Ausgabe von 1657 erschienen sind, haben nur wenige den Wandel der Zeiten überlebt, eines davon ist: „Ich will dich lieben, meine Stärke." Es befindet sich sowohl im katholischen „Gotteslob" wie im evangelischen Gesangbuch. Nichts könnte den Wandel der Zeiten deutlicher machen.

Marienlieder

Trost bei der Mutter des Herrn

Der Komponist Antonin Dvorak (1841-1904)

Als dem Gastwirt Franticek Dvorak am 8. September 1841 ein Sohn geboren wurde, war für ihn klar, dass er einmal Metzger werden würde, denn die Dvoraks waren seit Generationen Gastwirte und Metzger. Allerdings fanden sich in der Familie auch Musiker, die bei festlichen Gelegenheiten zum Tanz aufspielen konnten oder den Kirchenchor in einem Hochamt begleiteten. Sohn Antonin Leopold, das erste von neun Kindern, zeigte schon früh ein musikalisches Talent. Während das Geigenspiel des Buben begeisterte, war er selten ungeschickt im Umgang mit dem Vieh. Der Vater musste seine Hoffnung begraben, im Ältesten eine Hilfe zu bekommen. Er ließ sich davon überzeugen, das musikalische Talent zu fördern. Mit zwölf Jahren kam Antonin zu einem musikalischen Multitalent namens Antonin Liebmann. Auch wenn dieser Lehrer, der ihn an verschiedenen Instrumenten unterrichtete, sehr jähzornig war, lernte er sehr viel bei ihm. Häufig durfte er in der Kirche die Orgel spielen. Auch seine Deutschkenntnisse verbesserten sich in dieser Zeit. Als der Lehrer das Empfinden hatte, Antonin nichts mehr beibringen zu können, empfahl er dem Vater, den Sohn nach Prag zu schicken, damit er am Konservatorium weiterstudieren könne. Antonin war gerade sechzehn Jahre alt.

Es folgten schwierige Jahre. Die Eltern konnten ihn nicht länger unterstützen. Er verdiente sich sein Geld als Bratschist am Prager Theater. Er gab Klavierunterricht, übernahm Organistenvertretungen und spielte bei Tanzveranstaltungen. Seit seinem 19. Lebensjahr komponierte er, aber er war mit sich nicht zufrieden. Es sollte noch Jahre dauern, bis ihm der Durchbruch gelang. Mit 32 Jahren gründete er eine Familie. Ein Kind war bereits unterwegs. Seine Frau trug ebenfalls zu den Finanzen bei, weil sie als Sängerin bei Hochzeiten und Beerdigungen sowie festlichen Messen gefragt war. Nach Sohn Otakar kamen die Töchter Ruzena und Josefa zur Welt. Josefa wurde nur zwei Tage alt. Kurz darauf starb durch einen tragischen Unfall Ruzena und noch im gleichen Jahr 1877 wurde Sohn Otakar ein Opfer der Pocken. Der Tod seiner drei Kinder erschütterte Dvorak so sehr, dass er über längere Zeit nicht mehr komponieren wollte und konnte.

Die Starre löste sich erst, als er ein „Stabat mater – Christi Mutter stand mit Schmerzen" hörte, das ihn zu einer Komposition inspirierte und ihm ermöglichte bei der Betrachtung der Schmerzensmutter sich seinen Schmerz von der Seele zu schreiben. Zunächst nur am Klavier entstanden, fügte er eine Orchesterfassung hinzu. Dieses „Stabat mater" wurde zu seinem künstlerischen Durchbruch. Sein Bemühen um ein Stipendium war von Erfolg gekrönt. Er erhielt 400 Gulden. Das ließ ihn und seine Frau freier atmen. Johannes Brahms war auf ihn aufmerksam geworden. Er vermittelte ihn für seine Kompositionen an einen deutschen Musikverleger. Das machte Dvorak bekannt. 1880 wurde er nach London eingeladen. Für das Festival in Leeds komponierte er ein Oratorium „Sankt Ludmila". Es entstand auch ein Requiem für das Festival in Birmingham.

Sechs Kinder wuchsen im Hause Dvorak auf. Äußerst fruchtbare Jahre folgten. Die Sommermonate verbrachte die Familie meistens in Vysoka, einem Landsitz des Grafen Kaunitz, seinem Schwager. 1892 reiste Dvorak nach Amerika. Zweieinhalb Jahre hielt er sich dort auf. Seine Kompositionen wurden begeistert aufgenommen. Inzwischen hatte sich Dvorak auch als Opernkomponist einen Namen gemacht. Eine Fülle von Werken hat Dvorak geschrieben, nicht zuletzt Messen und biblische Lieder. Sein Tod mit erst 63 Jahren kam völlig überraschend. Eine Nierenkolik fesselte ihn ans Bett. Der Tod am 1. Mai 1904 wurde wohl durch eine Lungenembolie ausgelöst. Welche Wertschätzung Antonin Dvorak sich erworben hatte, konnte man an der Anteilnahme der ganzen Bevölkerung Prags ablesen. Beim Requiem erklang noch einmal das „Stabat mater". Es sollte seine Angehörigen trösten, wie es einst auch ihn getröstet hatte.

Das Lieblingsgebet des Thronfolgers

„Alle Tage sing und sage"

Als 1484 der polnische Thronfolger Prinz Kasimir mit 26 Jahren an Tuberkulose starb, fand man bei ihm ein Gebet, das ihm so sehr ans Herz gewachsen war, dass er es ständig bei sich trug. Es ist ein Lobpreis auf die Gottesmutter in seiner lateinischen Fassung: „Omni die dic Mariae – Alle Tage sing und sage."

Der Verfasser dieses Marienhymnus war Bernhard von Morlas (+ 1140), ein Dichter von hohem Rang. Berühmt wurde er durch seine eindringliche Schilderung des Jüngsten Gerichtes, aber die Zeiten überdauert hat sein Loblied auf Maria. Dies ist auch ein Verdienst des westfälischen Gymnasiallehrers Heinrich Bone (+ 1893), der es in das 1847 erschienene Gesangbuch „Cantate" aufgenommen hat und es zu diesem Zweck aus dem Lateinischen übersetzte. In dieser Fassung wurde es auch unter die Marienlieder im „Gotteslob" aufgenommen.

Unwillkürlich fragt man sich: Was hat den polnischen Thronfolger an dem Mariengebet so angesprochen, dass er es ständig bei sich trug und täglich betete? Von Prinz Kasimir wissen wir, dass er als 13-Jähriger für den ungarischen Thron ausersehen war, aber sich nicht durchsetzen konnte. Später übertrug ihm der Vater die Staatsgeschäfte in Polen, während er selber in Litauen Krieg führte. Dies könnte darauf schließen lassen, dass Kasimir kein so großes Durchsetzungsvermögen besaß. Dies war jedoch nicht der Fall. Es gelang ihm, die Sicherheit im Land zu gewährleisten, indem er mit Härte gegen Räuber und Verbrecher vorging. Sein Sinn für Gerechtigkeit machte ihn bei den Untertanen beliebt. Der königliche Vater bestellte ihn, nachdem er Litauen bezwungen hatte, als Statthalter. Auch diese Aufgabe bewältigte er. Man kann ihn als einen tatkräftigen und umsichtigen Fürsten bezeichnen, der sich bei seinen Entscheidungen immer auch darüber klar war, dass er einmal vor dem Richterstuhl Gottes stehen wird.

Da läge es nahe, Maria als besondere Fürsprecherin für die Stunde des Todes anzurufen, wie wir es im „Gegrüßet seist du, Maria" tun. Aber wenn wir uns den Text anschauen, dann ist hier weder vom Tod noch vom Gericht die Rede. Es ist ganz einfach ein Lobpreis auf die Himmelskönigin.

Alle Tage sing und sage Lob der Himmelskönigin,
ihre Gnaden, ihre Taten ehr, o Christ, mit Herz und Stimm.

Wer jeden Tag auf Maria schaut, auf ihre Erwählung, auf ihre Demut, auf ihre Ergebung in Gottes Willen, der fühlt sich gerufen, von Maria zu lernen. Wo Gott einen hingestellt hat, muß man seine Aufgabe erfüllen. Nichts vermögen wir aus eigener Kraft, alles ist Geschenk. Auch Mißerfolg und Verkennung können Wege zu Gott sein.

Auserkoren ist ihr Wesen, Mutter sie und Jungfrau war,
Preis sie selig, überselig, groß ist sie und wunderbar.

Wen Gott zur Mutter seines Sohnes ausersehen hat, der hebt sich ab von allen anderen. Er ist voll der Gnade. Er ist ohne jeden Makel der Sünde. Das Lied spricht es nicht aus, aber es klingt an, dass Maria ohne Erbschuld empfangen ist. Diese Glaubenswahrheit wird erst Jahrhunderte später verbindlich ausgesprochen. Berufen zur Mutterschaft bleibt Maria Jungfrau, weil bei Gott kein Ding unmöglich ist, wie der Engel Gabriel in der Stunde der Verkündigung sagt. Dies alles zusammen macht die Größe Marias aus, so dass sie von allen Geschlechtern selig gepriesen wird.

Gotterkoren hat geboren sie den Heiland aller Welt,
der gegeben Licht und Leben und den Himmel offen hält.

Wer zu Maria geht, der wird von ihr zu Jesus geführt. Jesus ist der Heiland. Jesus ist das Licht der Welt. Jesus ist das Leben der Welt. Wo man sich für Jesus entscheidet, hat das Dunkel des Bösen keine Gewalt mehr. Es muß dem Licht Christi weichen. Wo man sich für Jesus entscheidet, da hat der Tod seine Macht verloren, denn wer mit Jesus stirbt, der darf mit ihm auferstehen zu ewigem Leben. Wie ein Stephanus darf er den Himmel offen sehen und den Menschensohn zur Rechten des Vaters.

Ihre Ehren zu vermehren, sei von Herzen stets bereit.
Benedeie sie und freue dich ob ihrer Herrlichkeit.

Wer Maria ehrt, der schließt sich Gott an, denn Gott hat Maria über alle Geschöpfe erhöht. Sie ist die Königin des Himmels. Die Königin aller Engel. Die Königin aller Heiligen. Sie ist gebenedeit unter den Frauen, so hat es die Base Elisabeth ausgesprochen. Die Freude Elisabeths steckt an. Sie schwingt durch die Zeiten. Maria ehren, Maria preisen lenkt den Blick auf den Himmel, auf den himmlischen Vater, auf Jesus, auf den Heiligen Geist, auf den einen Gott in drei Personen und auf den Himmel, zu dem wir berufen sind.

Kasimir hat in seiner herausragenden Stellung sich von einem Gebet angesprochen gefühlt, das den Stolz in ihm gar nicht hochkommen ließ, das ihn die Zeitlichkeit von Ruhm und Ehren deutlich machte, das ihn zum Himmel aufschauen ließ, ohne den Boden unter den Füßen zu verlieren. Kasimir wurde ein Heiliger. Das Pergament mit dem Gebet wurde ihm ins Grab mitgegeben.

Lieder für die Maiandacht

Der Marienverehrer Guido Görres (1805-1852)

Im 19. Jahrhundert eroberten die Maiandachten die Herzen der Menschen geradezu im Flug. Ihren Ursprung hat diese Marienandacht in Italien. Sie kam über Spanien und Frankreich nach Deutschland. In München wurde sie 1843 eingeführt. Für die Maiandacht, die aus einem Wechsel von Liedern und Gebeten bestand, benötigte man entsprechende Texte und Lieder. Es gab altüberlieferte deutsche Marienlieder, die von jeher bei Prozessionen und Wallfahrten gesungen wurden, aber sie reichten nicht aus, um für einen ganzen Monat die Andachten zu bestreiten. Da setzte sich in München ein Gelehrter an den Schreibtisch und verfasste eine ganze Fülle von Liedern. Er veröffentlichte die 40 Lieder, die er getextet hatte, und zu denen ein Freund der Familie die meisten Melodien schuf. Es handelt sich bei dem Verfasser um den 1805 geborenen Guido Görres.

Guido Görres hatte an der Universität Bonn Geschichte und Philosophie studiert. 1830 gewann er einen von der Pariser Universität ausgeschriebenen Preis. Sein Vater der berühmte Joseph von Görres war Professor für Geschichte in München und Herausgeber der „Historischen Blätter". Joseph von Görres hatte nach turbulenten Jugendjahren 1814 die Zeitung „Rheinischer Merkur" gegründet, die sich dem Kampf gegen Kaiser Napoleon verschrieben hatte. Man sagte, der „Rheinische Merkur" sei neben England, Russland und Preußen die 4. Allianzmacht gegen Napoleon und habe seinen Sturz eingeleitet. In späteren Jahren bekämpfte Joseph von Görres mit allen ihm zur Verfügung stehenden Mitteln die antikatholische Politik der preußischen Monarchie. Höhepunkt bildete die Streitschrift „Athanasius", in der er den Kölner Erzbischof Clemens August von Droste zu Vischering vehement verteidigte. Man hatte den Erzbischof verhaftet und auf die Festung Minden gebracht, weil er für die Rechte der katholischen Kirche eingetreten war und jede staatliche Einmischung in innerkirchliche Angelegenheiten zurückgewiesen hatte. Joseph von Görres hätte sich in jungen Jahren nicht träumen lassen, dass er einmal seine ganze Kraft für die Kirche einsetzen würde.

Damals war er ein glühender Verfechter der Französischen Revolution. Er hatte sich von der Kirche abgewandt, sich nicht kirchlich trauen und seine Kinder nicht taufen lassen. Seine Begegnung mit den Romantikern und seine Erfahrungen mit den Folgen der Revolution führten zu seiner Bekehrung. Er wurde zum glühenden Verteidiger der Kirche. Guido Görres war vom Vater geprägt und sein engster Mitarbeiter. Im Hause Görres verkehrte die katholische Prominenz der Gelehrtenwelt. Im Hause Görres verbrachte auch Johann Evangelist Wagner sein Münchner Studienjahr. Auf Anhieb verstand er sich mit Guido Görres. Sie blieben zeitlebens freundschaftlich verbunden. Wagner wurde in jungen Jahren bereits Professor in Dillingen, später Regens und Gründer der Taubstummenanstalt. Eine solche Karriere blieb Guido Görres, der den Vater nur um wenige Jahre überlebte, versagt.

Es mag Guido Görres das Durchsetzungsvermögen des Vaters gefehlt haben. Er war ein Mensch von sensibler Natur, wie seine Dichtungen zeigen. Von den 40 Liedern, die er geschrieben hat, und die in dem Liederbuch „Marienlieder zur Feier der Maiandacht" veröffentlicht wurden, haben nur wenige überlebt und selbst diese wenigen wurden textlich überarbeitet, weil sich nach Ansicht der Herausgeber des Gebetbuches der Geschmack gewandelt hat. Gefühl und Herz überlässt man lieber der Schlagerindustrie, als dass man ihnen Raum bei Gottesdiensten und Andachten geben möchte. Im allgemeinen Teil des „Gotteslob", des Gebet- und Gesangbuches der katholischen Bistümer im deutschsprachigen Raum von 1975, findet sich deshalb kein einziges Lied von Guido Görres und in dem diözesanen Sonderteil konnte man außer „Maria, Maienkönigin" kein weiteres entdecken. Der Name Görres taucht nicht auf. Unter dem Lied heißt es in der Regel „Text unbekannt".

Da und dort kann man das Lied „Es blüht der Blumen eine" von einem Kirchenchor gesungen hören. Der Komponist ist Pater Anselm Schubiger. Ein Marienlied zur Patronin Bayerns, das in manchen Pfarreien noch heute gerne gesungen wird, ist das Lied „O blicke mild hernieder". Zu den bekannten drei Strophen, in denen der Dichter das Vaterland dem Schutz der Gottesmutter anvertraut, um Segen für „die Auen und die Herden" fleht, um schließlich zu bitten: „Hilf uns zur Seligkeit", hat Guido Görres 1850 drei weitere Strophen eigens für die Füssener gedichtet, weil er beim Besuch von Kalvarienberg und Mangfall so begeistert war.

Viele seiner Lieder hat der Komponist Kaspar Aiblinger vertont, der als Kapellmeister am Königlichen Hof- und Nationaltheater, später auch an der Allerheiligen-Hofkirche wirkte. Die Frau von Guido Görres, die bekannte Sängerin Maria Vespermann, hat es verstanden, die Lieder hervorragend zu interpretieren. Mehrere Lieder ihres Mannes wurden von ihr selbst vertont. Bereits im Alter von 47 Jahren starb Guido Görres. Er hat seinen berühmten Vater, den Mittelpunkt des „Görres-Kreises" nur um vier Jahre überlebt. Dass die Maiandachten die Herzen der Gläubigen erobern konnten, ist Idealisten wie Guido Görres zu danken, die das Lob Mariens auf so bewegende Weise gesungen haben.

„Ave Maria"

Schubert war über den Erfolg selbst überrascht

Das „Ave Maria" hat zahlreiche Komponisten angeregt, es zu vertonen, und dies bis zur Gegenwart. Eine der jüngsten Kompositionen stammt von Johannes Xaver Schachtner, der es am Tag des Todes von Papst Johannes Paul II., diesem großen Marienverehrer, niedergeschrieben hat. Anton Bruckner, einem tiefreligiösen Komponisten verdanken wir ebenso ein „Ave Maria" wie dem weniger frommen Guiseppe Verdi. Franz Liszt müsste genannt werden, Antonin Dvorak und Georges Bizet. Aber die Herzen erobert hat neben dem „Ave Maria" von Bach-Gounod das „Ave Maria" von Franz Schubert.

Franz Schubert hat das „Ave Maria" 1825 komponiert. Sein Freund Müller hat Gedichte des englischen Dichters Walter Scott ins Deutsche übertragen, die den Komponisten anregten, die Texte zu vertonen. Darunter war auch „Ellens Gesang" mit der „Hymne an die Jungfrau". Es ist ein Bittgebet, das sich in drei Strophen an die Muttergottes um Hilfe in höchster Not wendet. Franz Schubert ist eine sehr innige, zu Herzen gehende Komposition geglückt. Der Text gehört in das Gedichtepos von Walter Scott „Lady of the lake" – „Das Fräulein vom See" – und kann ohne den Zusammenhang nicht gut erklärt werden. Deshalb ging man schon sehr früh daran, die Melodie mit dem lateinischen Text des Ave Maria zu kombinieren. Dies konnte ohne große Schwierigkeiten gemacht werden.

Der Vater von Franz Schubert, ein altgedienter Lehrer, der das Musiktalent seines Sohnes von Kindheit an gefördert hat, war vom „Ave Maria" seines Sohnes sehr angetan und schrieb ihm das auch. Die religiöse Entwicklung des Sohnes verfolgte der tiefgläubige Vater mit einiger Sorge. Das „Ave Maria" schien ihm ein Hoffnungszeichen, dass sich nun alles zum Besseren wenden wird. In seiner Antwort auf den Brief des Vaters schreibt Sohn Franz: „Auch wundert man sich sehr über meine Frömmigkeit, die ich in einer Hymne an die heilige Jungfrau ausgedrückt habe und wie es scheint alle Gemüter ergreift und zur Andacht stimmt. Ich glaube das kommt daher, weil ich mich zur Andacht nie forciere." Der Seitenhieb in Richtung Vater ist nicht zu übersehen.

Die „Hymne an die Jungfrau" aus „Ellens Gesang" trat als „Ave Maria" ihren Siegeszug an. Maria Callas, dieser großartigen Sopranistin, ist wohl eine der schönsten Interpretationen des Liedes gelungen. In mehreren Filmen wurde Schuberts „Ave Maria" verwendet, so in dem rührenden Film „Das Tor zum Frieden" oder der Verfilmung von Arthur Schnitzlers „Liebelei" unter dem Titel „Christine" mit Romy Schneider in der Hauptrolle. Neben dem „Ave Maria" von Bach-Gounod steht Schuberts „Ave Maria" häufig auf der Wunschliste von Brautpaaren bei ihrer Hochzeit. Es ist freilich empfehlenswert, nicht den Text zu verwenden, den Schubert vertont hat, denn er ist aus trostloser Lage ein einziges Flehen um Hilfe und Schutz. Das wäre wohl kein geeigneter Text für eine Vermählung. Ähnliches ließe sich von Händels Largo „Ombra Mai Fu" sagen aus der Oper „Xerxes", das ebenfalls bei Hochzeiten von Solisten gesungen wird.

„Salve Regina"

Das Mariengebet eines Behinderten

Es war ein Mönch des Klosters auf der Reichenau im Bodensee, der das „Salve Regina" niedergeschrieben hat. Er hieß Hermann der Lahme († 1054). Wie schon der Beiname sagt, hatte er kein leichtes Schicksal. Von Kindheit an körperbehindert, fand er seine Freude am Lesen und Beten, am Studieren und Dichten. In der klösterlichen Gemeinschaft fühlte er sich geborgen. Hier fand er seine Aufgabe. Er hatte viele Begabungen, und das Kloster bot ihm die Möglichkeit, sie zu entfalten. Er selbst nannte sich den „Letzten der Armen Christi". Die anderen sprachen von ihm als einem wahren Wunder, denn er arbeitete als Theologe und Mathematiker. Er beschäftigte sich mit Geschichte und Astronomie. Er komponierte und dichtete. Ein Mann mit vielen Talenten. Dass es an schweren Stunden in seinem Leben nicht gefehlt hat, kann man sich gut vorstellen. Immer auf Hilfe angewiesen, hat er sich selbst oft als Last für die Mitbrüder empfunden, obwohl sie ihn schätzten und achteten. In einer solchen schweren Stunde entstand das Salve Regina.

Gegrüßet seist du, Königin

Der Mönch Hermann betete täglich das Ave Maria. Mit den Worten des Engels Gabriel sprach er da die Mutter des Herrn an, die von sich selbst sagte: „Siehe, ich bin die Magd des Herrn." Aber ist Maria nicht auch die Königin? Jesus hat vor Pontius Pilatus bekannt: „Ja, ich bin ein König." Und am Kreuz war zu lesen: „Jesus von Nazareth, der König der Juden." Die Mutter Jesu ist demnach eine Königin. Sie ist es noch weit mehr dadurch, dass ihr Sohn sie in den Himmel aufgenommen hat. Der Mönch möchte schon in seiner Anrede ausdrücken, dass Maria hoch über ihm steht. „Gegrüßet seist du, Königin." Es ist kein Engel, kein Bote Gottes, der zu ihr spricht. Es ist der gelähmte Mönch Hermann, der sich an Maria wendet.

Einzig diese Anrede scheint ihm den Abstand zu markieren, der zwischen ihnen beiden besteht.

Mutter der Barmherzigkeit

Trotzdem ist er sich seiner Anrede nicht ganz sicher. Ob Maria nicht vielleicht lieber mit „Mutter" angesprochen werden möchte? „Mutter" allein ist ihm zu wenig. Es gibt ja auch Mütter, die kein Herz für ihr Kind haben, Mütter, die ihre Kinder im Stich lassen, Mütter, die den Tod ihres Kindes wollen. Maria ist anders. Maria ist eine Mutter, die diesen Namen verdient, eine Mutter mit Herz. „Mutter der Barmherzigkeit" nennt er sie und fügt noch hinzu: „unser Leben, unsere Süßigkeit, unsere Hoffnung." Nicht Tod, sondern Leben vermittelt und wünscht Maria. Nicht die Bitterkeit der Ablehnung, sondern die beglückende Erfahrung, „die Süßigkeit" des Angenommenseins und des Geliebtwerdens, findet der Beter bei Maria. Nicht nur für dieses kurze und beschwerliche Leben ist Maria eine sichere Begleiterin, sie gibt Hoffnung über dieses Leben hinaus, denn an ihr hat Gott gezeigt, was er mit uns allen vorhat. Maria ist mit Leib und Seele in den Himmel aufgenommen worden. Das ist auch unser Ziel, einmal für immer bei Gott sein zu dürfen.

Noch aber sind wir auf dieser Erde mit all ihren Mühseligkeiten. Wir alle tragen mit an dem Erbe von Adam und Eva. Ihre Schuld hat das Paradies zum dornentragenden Acker gemacht. Krankheit und Leid begleiten seitdem den Menschen durch sein Leben. Für viele ist die Erde ein Tal der Tränen. Der kranke und behinderte Mönch Hermann ist einer von ihnen. Er sehnt sich nach einem besseren Leben, nach dem ewigen Leben. Er setzt seine Hoffnung auf Maria. Sie soll ihm Anwältin bei Jesus sein. Er bezeichnet sie als unsere „Advocata", als diejenige, die unsere Sache vor Gottes Thron vertritt. Der Beter wünscht nichts sehnlicher, als einmal bei Jesus sein zu dürfen.

Manche waren der Meinung, Hermann habe ein zu düsteres Bild von der Erde und unserem Leben gezeichnet. Sind wir wirklich so arm dran, dass man von uns als „elenden Kindern Evas" sprechen kann? Bringen wir unsere Tage tatsächlich mit ständigem Jammern dahin? Ist die Welt ein einziges Tränental, oder finden sich in ihr nicht auch Freude und Glück? Hermann hat das Gebet in lateinischer Sprache verfasst und er bezeichnet mit „elenden Kindern Evas" unseren Zustand der Sehnsucht nach der Heimat im Himmel.

Die Erde ein Tränental?

Wieviele Menschen aber empfinden wie der Mönch Hermann ihr Leben als Tränental. Menschen mit einer schweren Krankheit. Menschen, die großes Leid getroffen hat. Menschen, die weder aus noch ein wissen. Ihnen sind diese Worte aus dem Herzen gesprochen. Der Mönch Hermann hat formuliert, was sie fühlen, anders ist es auch gar nicht zu erklären, dass ein Gebet, das er in der stillen Klosterzelle auf der abgelegenen Reichenau niedergeschrieben hat, von Kloster zu Kloster weitergegeben wurde und das gemeinsame Abendgebet der Mönche, die Komplet, beschließt. Von den Klöstern nahm es seinen Weg zu den frommen Betern und gehörte schon bald zum Gebetsschatz der Kirche.

Bernhard von Clairvaux (†1153) hat am Ende seiner großen Kreuzzugspredigt 1146 im Dom zu Speyer das Salve Regina gebetet und dabei die Worte hinzugefügt: „O gütige, o milde, o süße Jungfrau Maria". Seit diesem denkwürdigen Tag, an dem Kaiser Konrad III. und mit ihm viele Fürsten des Reiches das Kreuz nahmen, endet das Gebet des Hermann von der Reichenau mit dem Lobpreis des heiligen Bernhard an die Gottesmutter.

Mit Maria auf Pilgerschaft

Wie tief das Salve Regina zu bewegen vermag, lässt sich in den „Erinnerungen" Christoph von Schmids (1768-1854) nachlesen. 1778 wurde er von seinem Vater auf eine Wallfahrt zum Schönen Berg bei Ellwangen mitgenommen. Der Schriftsteller und Pädagoge schreibt als greiser Augsburger Domkapitular: „Ich erinnere mich sehr lebhaft, wie mir in diesem Gebet besonders die Worte an Maria zu Herzen gingen: ‚Zu dir seufzen wir weinend und flehend in diesem Tal der Tränen. Sei du unsere Fürsprecherin, wende deine barmherzigen Augen zu uns, und nach diesem Elend zeige uns Jesum, die gebenedeite Frucht deines Leibes.' Es ergriff mich, die vielen betenden Menschen, von denen viele recht bedrängt schienen, zu sehen, und ich fühlte es mehr als je, dass wir hier auf Erden nur Wanderer und in der Fremde sind, und uns auf der Reise in ein besseres Land, unser eigentliches Vaterland befinden." Genau darum ging es Hermann dem Gelähmten und nicht anders Bernhard von Clairvaux: mit Maria hinzupilgern zum himmlischen Jerusalem.

„Milde Königin, gedenke"

Ein vergessenes Marienlied

Seit Mitte des 19.Jahrhunderts treten die Maiandachten ihren Siegeszug durch die katholischen Pfarrgemeinden an. Da man für eine Maiandacht, wie für jede andere Andacht, keinen Priester benötigt, konnte in jeder noch so abgelegenen Kapelle eine solche Andacht abgehalten werden. Es genügte ein Vorbeter und jemand, der die Lieder anstimmte. Dass die Maiandachten so beliebt waren, lag nicht zuletzt an gefühlvollen Marienliedern, die besonders nach dem II.Vatikanischen Konzil keine Gnade vor dem strengen Urteil der Musikexperten fanden. Man sprach sehr abwertend von „geistlichen Schnulzen" und mancher Pfarrer bedeutete seinem Kirchenchor, dass er diese Lieder nicht mehr hören wolle. Man brauchte sich deshalb nicht zu wundern, dass die Beliebtheit der Maiandachten nach und nach abnahm. Man kann den Gottesdienstanzeigern entnehmen, dass sie den Abendmessen weichen mussten und inzwischen Seltenheitswert besitzen. Dabei könnten sie überall gehalten werden, wo ein Priester keine heilige Messe feiern kann. Eines der Lieder, das aus dem Repertoire der Kirchenchöre und dem Liedschatz der Pfarreien verschwunden ist, lautet:

Milde Königin, gedenke, wie's auf Erden unerhört,
dass zu dir ein Pilger lenke, der verlassen wiederkehrt.
Nein, o Mutter, weit und breit schallt's durch deiner Kinder Mitte,
dass Maria eine Bitte nicht gewährt ist unerhört, unerhört in Ewigkeit.

Der Text des fünfstrophigen Liedes endet jeweils: „dass Maria eine Bitte nicht gewährt ist unerhört, unerhört in Ewigkeit". Verfasser des Liedes ist der 1782 in Augsburg geborene Josef Anton Pilat. Er ging bei den Jesuiten von St. Salvator in die Schule, studierte Rechtswissenschaften in Göttingen und fand eine Anstellung in der freien Reichsabtei Ochsenhausen. Durch die Säkularisation verlor er seinen Arbeitsplatz wie so viele, die im Dienst der Klöster standen. Durch eine glückliche Fügung wurde er kurz darauf

Sekretär des österreichischen Botschafters Metternich in Berlin. Er begleitete den Botschafter 1808 auch nach Paris. Als Metternich 1809 Außenminister in Wien wurde, war Pilat für ihn bereits unentbehrlich geworden. Damals begegnete Pilat dem Apostel von Wien Klemens Maria Hofbauer. Der Redemptorist war wie sein Ordensgründer Alphons Maria von Liguori ein großer Marienverehrer.

Pater Hofbauer regte Pilat an, zusammen mit seiner Familie eine Wallfahrt nach Mariazell zu unternehmen. Damals wurde die Idee geboren, Freunde von Pilat zu geistlichen Gesprächen einzuladen. Dichter und Schriftsteller, die verschiedensten Intellektuellen kamen im Hause Pilat zusammen. Es entstand der „Hofbauer-Kreis", von dem für Wien eine geistliche Erneuerung ausging, die über Wien hinausreichte, denn Pilat, der geadelt wurde, hat neben seiner Tätigkeit für Metternich auch den „Österreichischen Beobachter" redigiert und damit Metternich publizistisch unterstützt. Von Pilat war außerordentlich fleißig. Er dichtete, er übersetzte. Er schrieb auch in der „Augsburger Allgemeinen" Artikel. Zwei seiner Töchter gingen ins Kloster. Seine Söhne machten alle Karriere.

Nach dem Sturz Metternichs 1848 begab sich auch von Pilat in den Ruhestand. Ausgezeichnet mit den höchsten Orden starb Josef Anton Edler von Pilat am 2. Mai 1865 in Mödling bei Wien. Im Lauf seines Lebens hat von Pilat ein umfangreiches Werk geschaffen, aber überlebt haben nur seine Verse „Milde Königin, gedenke". Das in der Vertonung des Schweizer Zisterziensers Pater Alberich Zwyssig die Herzen der Menschen angerührt hat und sie einlädt bei der Mutter von der Immerwährenden Hilfe Zuflucht zu suchen. Übrigens hat Pater Zwyssig auch die Melodie der Schweizer Nationalhymne komponiert. Das ist jedoch eine andere Geschichte.

Die Madonna mit dem weiten Mantel

Der Schutzmantel der Gottesmutter

„Maria, breit den Mantel aus!" gehört zu den beliebtesten Marienliedern. In ihm stellen wir uns unter den besonderen Schutz der Gottesmutter. Schon seit dem 13. Jahrhundert gibt es Marienbilder, auf denen Maria mit weitausgebreitetem Mantel zu sehen ist. Unter dem Mantel haben Menschen aller Stände ihren Platz. Nun muss man wissesn, dass im Mittelalter das Asylrecht eine große Rolle spielte. Wer sich etwa in eine Kirche flüchtete, durfte nicht verhaftet oder getötet werden. Wenn jemand den Mantel um einen legte, genoss der Zufluchtsuchende Schutz. Daran knüpft das Bild der Schutzmantelmadonna an.

In der Ostkirche ist das Bild der Schutzmantelmadonna noch älter. Im 10. Jahrhundert hatte der heiligmäßige Mönch Andreas Salos eine Vision vor einer Marienikone in Konstantinopel. Er sah, wie sich der Schleier der Gottesmutter hob und sie ihn über alle Menschen ausbreitete, die bei ihr Zuflucht suchten. Die Orthodoxie begeht am 2. Oktober das Fest der Schutzmantelmadonna, um alle Gläubigen darauf aufmerksam zu machen, welche Helferin sie in all ihren Anliegen bei der Gottesmutter haben. Es liegt nahe, dass die Verehrung der Schutzmantelmadonna über Konstantinopel in die Westkirche kam. Die Kreuzfahrer mögen dabei eine Rolle gespielt haben. Es waren dann die Dominikaner und die Zisterzienser, die in ihren Predigten Maria als Zuflucht der Sünder geschildert haben und dies mit zahlreichen Beispielen belegten. Frühe Darstellungen der Schutzmantelmadonna befinden sich in den Kirchen dieser Orden.

Unter dem weiten Mantel Marias haben die Maler und Bildhauer auf der einen Seite die Geistlichkeit dargestellt – an der Spitze den Papst, gefolgt von Bischöfen und Kardinälen – und auf der anderen Seite die weltliche Obrigkeit – an der Spitze der Kaiser, gefolgt von den Kurfürsten, den Herzögen und Grafen. Sie alle, so mächtig sie sind, suchen ihre Zuflucht bei Maria. Sie tragen Verantwortung für Kirche und Staat. Sie sind Vorbilder für die ganze Gesellschaft. Indem die Künstler geistliche und weltliche Prominenz vornehin malen, wollen sie diesen Persönlichkeiten eine Stellvertreterrolle geben. So gibt es auch Darstellungen aus der Gotik, in denen Maria den Mantel über Männer und Frauen, Jung und Alt ausbreitet. Es könnte sich dabei um Mitglieder des Dritten Ordens handeln oder um vermögende Bürger einer Reichsstadt, die eine Schutzmantelmadonna gestiftet haben.

Papst Pius VII. hat 1814 das Fest „Maria, Hilfe der Christen" eingeführt und es auf den 24. Mai gelegt. An diesem Tag durfte er aus der napoleonischen Gefangenschaft nach Rom zurückkehren. Im Volksmund heißt es „Schutzmantelfest". Ursprünglich trug es den Titel „Fest Maria, Hilfe der Christen als Dank für die Befreiumg aus der napoleonischen Gefangenschaft und Rückkehr nach Rom". Die Anrufung der Lauretanischen Litanei „Maria, Hilfe der Christen" hat bereits Papst Pius V. nach der siegreichen Schlacht von Lepanto eingeführt zum Dank, dass die türkische Flotte besiegt werden konnte, die damals das Mittelmeer weitgehend beherrschte und den christlichen Seeleuten das Leben schwer machte.

Es kommt nicht von ungefähr, dass eines der ältesten Mariengebete lautet: „Unter deinen Schutz und Schirm". Es geht bis ins 3. Jahrhundert zurück. Es zeigt, dass gläubige Menschen den Schutz der Gottesmutter von jeher erflehten. Übrigens hat Papst Franziskus bei einem Gespräch mit Theologiestudenten 2014 ihnen empfohlen, sich dem Schutz der Gottesmutter anzuvertrauen. Nichts anderes tun wir, wenn wir beten „Unter deinen Schutz und Schirm" oder singen „Maria breit den Mantel aus!"

„Sagt an, wer ist doch diese"

Ein Loblied auf die Muttergottes

Seit zwanzig Jahren herrschte in Deutschland Krieg. Längst war es ein europäischer Krieg geworden. Schweden und Franzosen, Spanier und Italiener beteiligten sich an den Auseinandersetzungen. Kurfürst Maximilian von Bayern hatte zwar 1620 in der Schlacht am Weißen Berg einen entscheidenden Sieg errungen, aber als die Schweden unter König Gustav Adolf die Sache der Protestanten in die Hand nahmen, wendete sich das Kriegsglück. Sie drangen bis nach Bayern vor. Erst in der Schlacht von Nördlingen 1634 konnte ihr Vormarsch gestoppt werden.

Zum Dank für die Errettung ließ Kurfürst Maximilian die Mariensäule in der Mitte Münchens, ja ganz Bayerns errichten. Das war im Jahr 1638. Der Kurfürst hatte sich und sein Land unter den besonderen Schutz der Gottesmutter gestellt und sie zur Patronin Bayerns erklärt. Unweit des Marienplatzes in München lebte damals ein junger Geistlicher mit einem dichterischen Talent. Es ist nicht auszuschließen, dass der Text an der Mariensäule aus seiner Feder stammt, denn er verfasste mit einigem Geschick sowohl deutsche wie lateinische Gedichte. Die Inschrift lautet: „Rem, regem, regionem, religionem conservare Bavariis, Regina, Patrona tuis" – „Hab und Fürst, Land und Religion, bewahre deinen Bayern, Königin und Patronin!"

Es handelt sich bei dem jungen Geistlichen um den 1606 in Moosach geborenen Johannes Khuen. Seinem Pfarrer ist es zu verdanken, dass er nach München zu den Jesuiten in die Schule geschickt wurde. Viele Jesuitenschüler haben sich zu dieser Zeit dem Orden angeschlossen, nicht so Johannes Khuen. Er wurde Priester des Bistums Freising. 1630 empfing er die Priesterweihe und erhielt eine Kaplanstelle in München, St. Peter. Schon 1634 wurde ihm ein Benefizium bei St. Peter verliehen, so dass er eine Lebensgrundlage hatte. Sein dichterisches Talent konnte er nun frei entfalten. Es entstanden deutsche und lateinische Gedichte sowie volkstümliche deutsche Kirchenlieder. Einige seiner Dichtungen wurden von Clemens Brentano in seine Sammlung „Des Knaben Wunderhorn" aufgenommen.

Auch Abraham a Santa Clara schätzte die Texte des Benefiziaten von St. Peter. Johannes Khuen, der mehrere Sammelbände seiner Dichtungen herausgab, hat nach dem Dreißigjährigen Krieg in seinem Heimatort Mooshausen eine wunderschöne Kapelle zur heiligen Mutter Anna gestiftet. In ihr ist eine Barockfigur, bei der die heilige Anna Maria das Lesen beibringt. Daraus können wir schließen, dass er sich mit seinen Dichtungen einen gewissen Wohlstand erarbeitet hat, denn allzuviel hat die Pfründe bei St. Peter gewiss nicht eingetragen.

Ob Benefiziat Khuen die Inschrift an der Mariensäule auf Anregung des Kurfürsten verfasst hat, wissen wir nicht, wohl aber, dass er im gleichen Jahr 1638 das Marienlied gedichtet hat: „Sagt an, wer ist doch diese". Es gehört bis heute zum Liedschatz des gläubigen Volkes. Der Dichter richtet unseren Blick auf den Himmel, wo Maria als Morgenröte erscheint, die Mond und Sterne schmücken. Er sieht die Mutter des Herrn als die „Makellose, die reinste Rose, die schönste aller Frauen, die Freude aller Welt". Maria überstrahlt alle Engel. Ihr Schmuck ist ihre Tugend, ihre Reinheit und ihre Demut. Sie ist die Königin des Himmels, die Königin aller Heiligen und die „Trösterin der Menschen, die Zuflucht der Sünder, die Hilfe ihrer Kinder, die beste Mittlerin". Ganz gewiss hat sich Benefiziat Khuen vom Bild der Patrona Bavariae für sein Lied inspirieren lassen. Es ist ein einziges Loblied auf die Gottesmutter, die er als „die beste Mittlerin" preist.

Das Lied an die Madonna

Friedrich von Flotow und seine Oper „Alessandro Stradella"

Der Sohn eines Gutsbesitzers aus Mecklenburg-Vorpommern, Friedrich von Flotow, kam 1812 zur Welt. Seine Eltern, die beide Musikliebhaber waren, entdeckten schon früh die musikalische Begabung ihres Sohnes. Zunächst übernahm die Mutter den Klavierunterricht. Die Eltern entschlossen sich aber dann, den Sohn nach Paris zu schicken. Hier war er der Schüler bedeutender Pianisten. Er freundete sich mit den Komponisten Charles Gounod und Jacques Offenbach an. Schon mit 18 Jahren trat er mit Opernkompositionen in Paris an die Öffentlichkeit und erfuhr viel Beifall.

Für kurze Zeit kehrte er nach Deutschland zurück, aber er hatte in Paris schon so stark Wurzel geschlagen, dass es ihn wieder in die Kunstmetropole zog. Es sollte noch einige Jahre dauern, bis er auch auf deutschen Bühnen gefragt war. Mit seiner Oper „Alessandro Stradella", für die Friedrich Wilhelm Riese das Libretto verfasst hat, feierte er 1844 in Hamburg einen großen Erfolg. Die Handlung spielt in Venedig. Ein älterer Herr namens Bassi möchte am folgenden Tag sein Mündel Leonore heiraten, die allerdings den Sänger Alessandro Stradella liebt, der diese Liebe erwidert. Es kommt beim Karnevalstreiben zur Flucht aus der Villa. Leonore und Alessandro tauchen unter, aber Bassi kann sie aufspüren. Er gibt den Mord an Alessandro in Auftrag. Zwei Verbrecher wollen die Tat ausführen. Sie kommen zu den Hochzeitsfeierlichkeiten von Leonore und Alessandro. Da hören sie Alessandro singen. Sie sehen sich daraufhin außerstande, den begnadeten Sänger zu töten.

Bassi taucht auf. Erneut besticht er die beiden Ganoven, damit sie den Mord ausführen. Alessandro bereitet sich auf das Marienfest vor, das am folgenden Tag gefeiert wird. Nun kommt das Lied auf die Bühne, dessen Melodie von Flotow im Verlauf der Handlung bereits mehrfach anklingen ließ, jetzt aber ausführt. Der Text wie die Melodie sind von großer Innigkeit. Es heißt da: „Jungfrau Maria, himmlisch Verklärte, hohe Madonna, Mutter des Herrn. O blicke hernieder, gläubig Verehrte, freundlich und mild vom hohen Stern!" Die beiden Auftragsmörder sind so ergriffen, dass sie in die Knie sinken und Alessandro um Verzeihung bitten. Zu guter Letzt ist auch Bassi bewegt. Es kommt zur Versöhnung.

Von Flotows Lied von der Jungfrau Maria haben zahlreiche bedeutende Sänger für ihre Liederabende ausgewählt. In Wunschkonzerten kann man es immer wieder hören. Friedrich von Flotow, von Hause aus Protestant, hat bei seinem langen Aufenthalt in Paris katholische Marienverehrung erlebt und sich von dem Gefühl ansprechen lassen. Er kehrt später auf das elterliche Landgut zurück, das er zeitweise bewirtschaftet hat, aber seine Leidenschaft blieb nach wie vor die Oper. Noch eine weitere Oper war erfolgreich: „Martha oder Markt von Richmond". Der Herzog von Mecklenburg berief ihn als Operndirektor nach Schwerin. Später lebte er in Wien, einer anderen musikalischen Metropole, um sich schließlich nach Darmstadt zurückzuziehen, wo seine Schwester lebte. Fast erblindet starb er mit 71 Jahren am 24. Januar 1883 und wurde in Darmstadt begraben.

An der Hand Marias

Eichendorffs Mariengebet

Man nennt Joseph Freiherr von Eichendorff den „letzten Ritter der Romantik". Der 1788 geborene Schlesier besuchte das katholische Gymnasium in Breslau, studierte in Halle und Heidelberg, später in Wien. Hier lernte er den Redemptoristenpater Klemens Maria Hofbauer, einen begnadeten Seelsorger, kennen. Durch Friedrich und Dorothea Schlegel erfuhr er Ermutigung für sein dichterisches Schaffen. Gerne wäre er nach Abschluss seiner Studien in österreichische Dienste getreten, aber es bot sich keine Möglichkeit. Nach Ende der Napoleonischen Kriege, an denen er von 1813 bis 1815 teilgenommen hat, trat er in preußische Dienste. Zeitweise fungierte er als katholischer Schulrat von Danzig. Später wurde er nach Berlin berufen und war in verschiedenen Ministerien tätig. Mit 56 Jahren ging der Geheime Regierungsrat in den Ruhestand und starb am 26. November 1857 im schlesischen Neisse.

Freiherr von Eichendorff hat die deutsche Literatur durch seine Novellen und Gedichte bereichert. Einige Gedichte sind dank ihrer Vertonungen zu Volksliedern geworden. Der gläubige Dichter, der nie einen Hehl daraus machte, dass er ein überzeugter katholischer Christ ist, verfasste auch eine ganze Reihe religiöser Gedichte. Eines davon hat er der Gottesmutter gewidmet:

> *O Maria, meine Liebe,*
> *denk ich recht im Herzen Dein,*
> *schwindet alles Schwer' und Trübe,*
> *und wie heller Morgenschein*
> *dringt's durch Lust und ird'schen Schmerz*
> *leuchtend mir durchs ganze Herz.*

Wenn die Menschen mich verlassen
in der letzten stillen Stund',
lass mich fest das Kreuz umfassen.
Aus dem dunklen Erdengrund
leite liebreich mich hinaus,
Mutter, in des Vaters Haus!

Wenn Eichendorff an Maria denkt, dann wird es für ihn leichter, die Welt zu ertragen. Eichendorff war ja nicht der geborene Beamte, seine Liebe galt der freien Natur. Wie sehnte er sich nach dem Schloss Lubowitz, in dem er seine Kindheit verbracht hat, nach den Wäldern und Seen der schlesischen Heimat. Vor ihm aber türmten sich Aktenberge, die er zu bearbeiten hatte. Ein Blick auf die Mutter lässt das Schwere und Trübe verblassen. Das Herz wird leicht. Die Arbeit lässt sich bewältigen. Diese Erfahrung hat Eichendorff seit seiner Zeit als Referendar in Breslau machen können. Sie hat ihn begleitet auf allen Posten, auf die man ihn berufen hat, ob als Kirchen- und Schulrat in Danzig, als Oberpräsidialrat in Königsberg, ob als Ministerialbeamter in Berlin.

Auf die Gottesmutter setzt der Dichter sein Vertrauen und dies nicht nur im grauen Arbeitsalltag seines Büros, sondern auch in seiner Sterbestunde. Wenn es gilt, Abschied von den Seinen zu nehmen, da möchte er das Sterbekreuz in Händen halten und die Gottesmutter in seiner Nähe wissen, damit sie ihn aus dem „dunklen Erdengrund" hinausgeleite. An ihrer Hand möchte er hinübergehen „in des Vaters Haus". Eichendorff sieht in Maria nicht nur eine Wegbegleiterin im Leben, sondern auch eine Wegbegleiterin im Sterben. Im „Gegrüßet seist du, Maria" hat er dies von Kindheit an gebetet: „Bitte für uns Sünder, jetzt und in der Stunde unseres Todes". In seinem Gedicht macht er deutlich, dass er das „Gegrüßet seist du, Maria" verinnerlicht hat. Mit Maria durchs Leben, mit Maria durchs Sterben, mit Maria in den Himmel, so könnte man das Mariengebet des Dichters Eichendorff kurz skizzieren. Es ist ein Zeugnis des Glaubens, das es verdient, weitergegeben zu werden.

Ein ökumenischer Hit

Das „Ave Maria" von Bach-Gounod

Zahlreiche Komponisten haben das Lob der Gottesmutter gesungen. Viele Marienlieder konnten die Herzen der Menschen berühren. Es sind nicht selten schlichte Volksweisen, aber daneben auch ausgesprochene Kunstlieder, die das Können eines Solisten erfordern wie das „Ave Maria" von Bach-Gounod. Manche Hochzeit, manch festlicher Gottesdienst erfährt mit diesem Lied einen besonderen Glanzpunkt. Weil Maria aber auch die Schmerzensmutter ist, eignet sich das „Ave Maria" genauso bei einem Requiem.

Wer war dieser Bach-Gounod? Doppelnamen sind heute gar nicht so selten, in diesem Fall handelt es sich jedoch um zwei Komponisten, die an dem „Ave Maria" beteiligt sind. Johann Sebastian Bach, ein frommer protestantischer Christ, hat bei der Komposition seines „Wohltemperierten Klaviers" ganz gewiss nicht an ein Marienlob gedacht, auch wenn man den Schöpfer zahlloser Kantaten und bedeutender Oratorien als den fünften Evangelisten bezeichnet. Johann Sebastian Bach, dessen Werk nach seinem Tod in Vergessenheit geraten war, wurde im 19. Jahrhundert vor allem durch den Komponisten Felix Mendelssohn Bartholdy wieder entdeckt.

Der Franzose Charles Gounod war ebenfalls vom Werk Johann Sebastian Bachs fasziniert. Es ist ihm bei seiner Studienreise, die ihn von Paris nach Rom, Wien, Leipzig und Berlin führte, begegnet. 1846 trat er, der auch ein Theologiestudium absolviert hatte, die Stelle eines Organisten an der Kirche Saint-Sulpice in Paris an. Er komponierte eine Oper, die allerdings kein Erfolg wurde. 1852 heiratete er und im gleichen Jahr komponierte er die „Meditation zum Praeludium Nr. 1 in C-Dur von Bach". Gounod übernahm den Satz weitgehend unverändert und schuf dazu eine eigene Melodie. Erst 1859 fügte er einen Text hinzu: das „Ave Maria". Damit hat der katholische Komponist zusammen mit dem Protestanten Bach eine Komposition geschaffen, wo Text und Melodie so großartig zusammenspielen, dass sie auch 150 Jahre später einen Spitzenplatz in der Beliebtheit weltweit einnimmt. Selbst Popmusiker haben sie bearbeitet und in ihr Repertoire aufgenommen.

Gounod hat zahlreiche Opern komponiert. Nur eine Oper wird noch aufgeführt „Margarethe". In ihr bearbeitete er den Faust-Stoff. Ein großes Echo hatten seine Oratorien. So erfolgreich sie zu seinen Lebzeiten waren, heute ruhen sie in den Archiven. Bei der Suche nach einer Erkennungsmelodie für eine Fernsehserie von Alfred Hitchcock wurde man bei Gounod fündig. Die Melodie stammt aus dem „Trauermarsch für eine Marionette". Diese Serie samt Melodie ging gleichfalls durch die ganze Welt. Noch eine Komposition Gounods ist weltweit bekannt. Wenn an Ostern und Weihnachten der Papst in Rom den Segen „Urbi et orbi" erteilt, erklingt immer die Papsthymne. Es ist eine Komposition des frommen Katholiken Charles Gounod, der am 18. Oktober 1893 in Saint-Cloud starb. Seine letzte Komposition war wie bei Wolfgang Amadeus Mozart, ein Requiem, das er nicht mehr vollenden konnte.

„Meerstern, ich dich grüße"

Dem Freiherrn August Franz von Haxthausen zum Gedenken

Würde man eine Hitliste der religiösen Lieder aufstellen, dann dürfte das Marienlied „Meerstern, ich dich grüße" einen der vorderen Plätze einnehmen. Der lateinische Text „Ave maris stella" stammt aus dem 8. Jahrhundert. Die deutsche Textfassung ist jüngeren Datums wie auch die dazu passende Melodie. Übersetzt wurde der lateinische Hymnus von August Franz von Haxthausen, einem westfälischen Adeligen.

Geboren 1792 auf Schloss Böhendorf im Fürstbistum Paderborn erhielt er bei der heiligen Taufe die Namen August Franz Ludwig Maria. Es waren unruhige Jahre, in die der Freiherr hineingeboren wurde: Der Zusammenbruch des Heiligen Römischen Reiches Deutscher Nation, die Säkularisation mit dem Ende der geistlichen Fürstentümer, der Reichsabteien und der Klosterlandschaft. Es ist erstaunlich, mit welcher Zielstrebigkeit sich August Franz ein großes Wissen aneignete. Ganz selbstverständlich nahm er an den Befreiungskriegen gegen Napoleon teil. Mit seinen agrarwissenschaftlichen Untersuchungen erwarb er sich die Gunst des preußischen Königs, der ihn zum Regierungsrat ernannte. Freiherr von Haxthausen bereiste ganz Preußen und schrieb detaillierte Agrarberichte.

Als der überzeugte Katholik in der Auseinandersetzung des preußischen Königs mit dem Erzbischof von Köln Clemens August von Droste-Vischering Partei für den Erzbischof ergriff, erfolgte seine Entlassung aus dem preußischen Staatsdienst. Er zog sich auf die elterlichen Güter zurück und beschäftigte sich mit landwirtschaftlichen Problemen. In dieser Zeit begann er Volkslieder zu sammeln. Er tauschte sich dabei auch mit Annette von Droste-Hülshoff aus, mit der er verwandt war. Damals hat er wohl den Hymnus „Ave maris stella" – „Meerstern, ich dich grüße, o Maria hilf" übersetzt. Seit 1837 saß der Erzbischof von Köln im Gefängnis, aus dem er erst 1839 entlassen wurde, aber nicht mehr nach Köln zurückkehren konnte. In diese Zeit passt der Hilfeschrei an die Gottesmutter.

Inzwischen war man in Russland auf den westfälischen Agrarwissenschaftler aufmerksam geworden. Zar Nikolaus holte ihn nach Russland mit dem Auftrag, die Agrarstrukturen des Landes zu untersuchen. Daraus erwuchsen eine ganze Reihe von Veröffentlichungen, die für eine Modernisierung der Landwirtschaft in Russland nicht ohne Folgen blieben. Wieder in die Heimat zurückgekehrt, erwarb er sich ein Schloss und widmete sich einem neuen Projekt. Schon seit Kindheitstagen träumten er und sein älterer Bruder Werner davon, den Malteserorden, der während der Säkularisation in Deutschland untergegangen war, wieder zu beleben. Als 1851 der preußische König die protestantische Ballei des Johanniterordens wieder belebte, sah August Franz von Haxthausen die Stunde für gekommen, auch den katholischen Zweig der Malteser in Deutschland wieder zu errichten. Sein Bruder Werner hatte Kontakte zu König Ludwig I. von Bayern und auch nach Rom, während August Franz westfälische Adelige für die Idee zu gewinnen suchte. Er selbst ließ sich als Professritter in den Malteserorden aufnehmen. Von Rom kam auch die Anerkennung eines deutschen Zweiges des Ordens, aber dass der preußische Staat die Malteser gleichberechtigt neben den Johannitern zuließ, sollte der Freiherr nicht mehr erleben. Am 31. Dezember 1866 starb er in Hannover, wo er zuletzt bei seiner Schwester lebte.

Mit der Übersetzung des Hymnus „Ave maris stella" – „Meerstern, ich dich grüße" hat der Marienverehrer sich ein bleibendes Denkmal geschaffen. Man darf hinzufügen, ohne den westfälischen Freiherrn hätte es wohl noch länger gedauert, dass die Malteser in Deutschland wieder eine Rolle spielten.

Seine erste Komposition

Carl Zellers Marienlied

Dem Operettenkomponisten Carl Zeller verdanken wir zahlreiche Lieder, die sich die Herzen der Menschen erobert haben, wie etwa „Schenkt man sich Rosen in Tirol" oder „Ich bin die Christl von der Post". Am bekanntesten wurde seine Operette „Der Vogelhändler", die seit ihrer Uraufführung 1891 bis heute immer wieder aufgeführt wird.

Das musikalische Talent war dem am 19. Juni 1842 geborenen Arztsohn aus St. Peter in der Au in die Wiege gelegt. Carl Adam Johann Nepomuk Zeller soll bereits als Fünfjähriger auf der Orgel gespielt haben. Als er mit elf Jahren wegen seines herrlichen Soprans zu den Wiener Sängerknaben kam, beherrschte er bereits mehrere Instrumente. Im Stift Melk erhielt er seine schulische Ausbildung. Bereits als Dreizehnjähriger komponierte er. Eine seiner ersten Kompositionen war ein „Ave Maria" und ein Marienlied. Der Text des Marienliedes, den er selbst verfasst hat, besitzt einen traurigen Grundton, der aber dann beschwingteren Tönen weichen muss, die Hoffnung und Vertrauen ausdrücken. Man kann sich vorstellen, dass die im Oktober 1855 entstandene Komposition für gemischten Chor zum Rosenkranzfest oder für den 8. Dezember, dem Fest der „Unbefleckten Empfängnis Mariens", entstanden ist. Der 8. Dezember wird in Österreich auch heute noch als Festtag begangen.

„O Maria, Trost der Erde, Süße, Reine, Unversehrte; o Maria sei gegrüßet". In der zweiten Strophe betont Zeller die Schuldbeladenheit der Menschen. Dagegen steht die Sündenlosigkeit Marias. Sie ist die „Immaculata". Sie ist voll der Gnade, wie es schon der Engel Gabriel bei der Verkündigung betont. In der dritten Strophe greift er alle Gedanken nochmals auf. „Maria, Trost der Erde" und „voll der Gnade", um mit einem innigen Gruß an die Gottesmutter zu schließen. Man könnte sagen: ein Lied voll von kindlichem Vertrauen.

Carl Zeller machte ein hervorragendes Abitur, studierte jedoch nicht Musik, sondern Rechtswissenschaften, die er mit einem Diplom und sogar einer Promotion abschließt. Kurze Zeit als Jurist tätig, wurde er schon bald ins Kultusministerium in Wien berufen. Man hat ihm das Kunstreferat anvertraut. Nebenbei, sozusagen zur Entspannung, komponierte er. Seit 1880 entstanden immer wieder Operetten. Nicht alle waren erfolgreich, aber auch bei den weniger erfolgreichen waren Melodien dabei, die beliebt wurden. Der bescheidene Komponist, der nie auf der Bühne einen Applaus entgegennahm, sondern immer aus der Loge heraus seine Werke ansah und anhörte, erkrankte schon sehr früh an Muskelschwund.

Die Krankheit zwang ihn, vorzeitig als Ministerialrat in den Ruhestand zu gehen. An den Rollstuhl gefesselt war er auf die Pflege seiner Frau angewiesen. Mit dem Muskelschwund einhergehend ließen auch seine geistigen Fähigkeiten nach, so dass seine letzten Lebensjahre von viel Leid erfüllt waren. Den Tod am 19. September 1898 dürfte der 56-Jährige als Erlösung empfunden und sich mit seinem Marienlied der Fürsprache der Gottesmutter anempfohlen haben.

Das Marienlob des Kapuziners

Das Lied „Wunderschön prächtige" und sein Verfasser

In der zweiten Hälfte des 18. Jahrhunderts erlebte der Volksgesang einen ungeheuren Aufschwung. Gesangbücher wurden gedruckt, denn die Bischöfe wünschten statt kunstvoller lateinischer Messen der Kirchenchöre den Gesang der Gemeinde. Die Gemeinden, vielfach des Singens entwöhnt, konnten sich nicht so rasch für die bischöflichen Verordnungen begeistern. Wallfahrtsorte haben ihre eigenen Gesetzmäßigkeiten. Da gibt es vertraute Gebete, den Rosenkranz, Litaneien, Anrufungen, die von Generation zu Generation weitergegeben werden. Da gibt es vertraute Lieder, die auf dem langen Wallfahrtsweg gesungen werden und in die man am Wallfahrtsort einstimmt.

Die Schwaben und Alemannen pilgerten vor allem nach Maria Einsiedeln in der Schweiz. Als im Jahre 1773 ein Gebetbuch des Wallfahrtsortes gedruckt wurde, da fehlte ein besonders beliebtes Marienlied natürlich nicht, das der Kapuzinerpater Laurentius von Schnüffis (+1702) 1682 gedichtet hat. „Wunderschön prächtige, hohe und mächtige, liebreich holdselige himmlische Frau". Mit barocker Überschwänglichkeit preist er Maria. Ein ganzes Buch mit lauter Liedern und Gedichten hat der aus Vorarlberg stammende Volksprediger zusammengestellt. In Dillingen, dem schwäbischen Rom, wurde das Buch gedruckt. Es hat den wahrhaft barocken Titel: „Mirantische Mayen-Pfeiff oder Marianische Lob=Verfassung in welcher Clorus ein Hirt der Großmächtigsten Himmels=Königin und MutterGottes Mariae unvergleichlich Schön=, Hoch= und Vermögenheit anmüthig besingt. Geist= und Weltlichen auch Predigern sehr nützlich und annehmlich zu lesen. Mit schönen Kupffern und ganz neuen Melodeyen geziehrt durch Laurentium von Schnüffis vorderösterreichischen Provinz Capuzinern und Predigern". Pater Laurentius, der 1633 das Licht der Welt in Schnüffis (Vorarlberg) erblickte, hatte, wenn man dem autobiographischen Roman „Philotheus" Glauben schenken darf, ein recht unruhiges Wander- und Musikantenleben hinter sich, als ihn 1662 eine schwere Krankheit an den Rand des Todes brachte. Diese Grenzerfahrung ließ ihn sein Leben überdenken. Es kam zu einer radikalen Wende. Laurentius verließ die Welt und klopfte bei den Kapuzinern in Konstanz an. Ihre Armut und ihre Volksverbundenheit zogen ihn an. Seine Genesung schrieb er der Fürbitte der Gottesmutter zu, die ihm im Traum erschienen ist und ihm Mut gemacht hat. Maria wollte er deshalb mit seinen Liedern und Gedichten preisen und rühmen. Das ist ihm auch bestens gelungen.

Alles möchte er Maria schenken: „Gut, Blut und Leben, alles, was immer ich hab, was ich bin, geb ich mit Freuden, Maria, dir hin". Diese völlige Hingabe an Maria, wir sprechen auch von einer Weihe an die Gottesmutter, ist nicht neu. Zahlreiche Heilige haben sie vollzogen und sich als „Kinder Mariens" verstanden.In der zweiten Strophe lenkt er den Blick auf die Himmelskönigin, wie sie in der Offenbarung des Johannes aufleuchtet: „Sonnenumglänzete, Sternenbekränzete, Leuchte und Trost auf der nächtlichen Fahrt". Maria ist die Unbefleckte, die Immaculata, daran erinnert er mit den Worten: „Vor dem verderblichen Makel der Sterblichen hat dich die Allmacht des Vaters bewahrt". Die Sündenlosigkeit Marias macht sie zur „seligen Pforte", durch die das Wort Fleisch wurde „als es vom Throne der ewigen Macht Gnade und Rettung den Menschen gebracht".

Die einzigartige Erwählung Marias lässt Pater Laurentius in der dritten Strophe nochmals aufleuchten: „Schuldlos Geborene, einzig Erkorene, du Gottes Tochter und Mutter und Braut, die aus der Reinen Schar Reinste wie keine war, die selbst der Herr sich zum Tempel gebaut! Du Makellose, himmlische Rose, Krone der Erde, der Himmlischen Zier, Himmel und Erde, sie huldigen dir". Pater Laurentius hat mit seiner Huldigung an die Gottesmutter den Glauben der Kirche in Worte gefasst, die auch 300 Jahre später unsere Gefühle ausdrücken können. Noch heute erklingt das Lied bei Wallfahrten, bei Lichterprozessionen und Marienfeiern. In der Barockzeit haben es die Prediger auf der Kanzel angestimmt und alle sangen es mit, denn dazu brauchte man kein Gesangbuch, dieses Lied konnte jeder auswendig.

Ein Marienlied zum Trost

Wie das Lied „Segne du, Maria" entstand

An Wallfahrtsorten kann man das Lied „Segne du, Maria" hören. In vielen Pfarreien gehört es zu den Liedern, die besonders gerne gesungen werden. Es ist ein Lied, das zu Herzen geht. Es spricht das Gemüt an. Auf dieses Lied trifft das Wort des heiligen Franziskus von Assisi zu: „Ein kleines Lied kann viel Dunkel erhellen".

Wie bei vielen Liedern, die zu Volksweisen geworden sind, treten Verfasser und Komponist völlig in den Hintergrund. Der Text spricht für sich und die Melodie rührt an. Dann und wann kann man lesen: „Text von Cordula Wöhler". Wer war diese Frau und was bewegte sie, Maria um ihren Segen zu bitten? Die Dichterin stammt aus einem protestantischen Pfarrhaus. 1845 erblickte sie als Tochter des Pastors Dr. Johann Wilhelm Wöhler das Licht der Welt im mecklenburgischen Malchin. In Lichtenhagen bei Rostock wuchs sie auf. Von früher Kindheit an hielt sie sich gerne in der Kirche auf, schmückte den Altar und freute sich an den Kirchenliedern. Sie fühlte sich von einer spätgotischen Pietà besonders angezogen. Sie brachte Blumen zu der Madonna mit dem toten Heiland und begann dort zu beten. Freilich hatte sie dabei ein schlechtes Gewissen, denn sie hatte gelernt, dass nur Katholiken Maria verehren. Als die Eltern die Zuneigung ihrer Tochter zu der Pietà bemerkten, entfernten sie stillschweigend die Statue und stellten sie auf den Speicher.

Cordula Wöhler war äußerst wissbegierig und las alles, was ihr unter die Finger kam. Mit besonderer Freude las sie die Bücher Christoph von Schmids und begegnete in ihnen der Welt des Katholischen. Schließlich stieß sie auf Veröffentlichungen des Priesterschriftstellers Alban Stolz. Mit Begeisterung las sie seine Bücher. Seit ihrer Konfirmation beschäftigte sie die Frage, ob Jesus beim Abendmahl wirklich gegenwärtig ist. Obwohl der Vater dies bejahte, fand sie den Umgang mit dem Leib und dem Blut Christi als nicht ehrfürchtig genug. Sie konnte nicht begreifen, dass übriggebliebene Hostien in den Küchenschrank kamen und der restliche Wein zum Kochen verwendet wurde. Auf Reisen mit ihren Eltern lernte sie die katholische Kirche noch näher kennen. Sie besuchte Kirchen. Sie nahm an der heiligen Messe teil. Sie fasste nach langem Ringen den Entschluss, katholisch zu werden. Kurz bevor sie ihren Eltern dies mitteilte, denen die Veränderung ihrer Tochter nicht verborgen geblieben war, vertraute sie sich am letzten Tag des Marienmonates Mai 1870 in einem Gedicht der Gottesmutter an.

Sie schrieb sich in den fünf Strophen des Gedichtes alles vom Herzen, was sie bewegte. Sie suchte den Frieden. Sie wollte nicht im Streit von ihren Eltern und Geschwistern scheiden. Vor allem aber wollte sie den Himmel finden. All ihr Denken und Handeln vertraute sie Maria an. In ihre Schule wollte sie gehen. Gottes Gedanken wollte sie denken wie Maria. Gottes Willen wollte sie erfüllen wie Maria. Das alles hat sie in den Versen der ersten Strophe ausgedrückt: „Segne du, Maria, segne mich dein Kind, dass ich hier den Frieden, dort den Himmel find! Segne all mein Denken, segne all mein Tun, lass in deinem Segen Tag und Nacht mich ruhn!" Obwohl ihre Eltern, ihre Schwestern mit Maria nichts anfangen können, erfleht sie ihnen den Segen der Gottesmutter: „Segne du, Maria, alle, die mir lieb, deinen Muttersegen ihnen täglich gib!" Sie macht ihr Herz dann aber weit: Nicht nur Eltern und Geschwister, Verwandte und Freunde sollen den Segen der Gottesmuter erhalten: „Deine Mutterhände breit auf alle aus, segne alle Herzen, segne jedes Haus!" Sich und all die anderen, deren Herz verwundet ist und die nicht wissen, wie es weitergehen soll, empfiehlt sie der Gottesmutter: „Segne du, Maria, alle, die voll Schmerz! Gieße Trost und Frieden in ihr wundes Herz! Sei mit deiner Hilfe nimmer ihnen fern! Sei durch Nacht und Dunkel stets ein lichter Stern!"

Cordula Wöhler war ein ringender Mensch. Sie fühlte sich zur katholischen Kirche hingezogen und scheute doch vor dem letzten Schritt zurück. Wie würde ihre Zukunft ohne den Beistand ihrer Eltern aussehen? Sie hatte bestimmte Vorstellungen, die sie in einem Briefwechsel mit Alban Stolz aussprach. Der Priesterschriftsteller, der ihr so viel bedeutete, warnte sie vor einer vorschnellen Entscheidung. Er wollte ihr bittere Enttäuschungen ersparen. Vor diesem Hintergrund ist die vierte Strophe zu sehen: „Segne du, Maria, jeden, der da ringt, der in Angst und Schmerzen dir ein Ave bringt. Reich ihm deine Hände, dass er nicht erliegt – dass er mutig streite, dass er endlich siegt." Cordula Wöhler, inzwischen 25 Jahre alt, war sich sehr stark bewusst, dass es in diesem Leben um eine Ewigkeit geht. Der Himmel war das Ziel ihres Lebens. An der Hand Mariens wollte sie dieses Ziel erreichen, deshalb bittet sie in der letzten Strophe: „Segne du, Maria, unsre letzte Stund! Süße Trostesworte flüstre dann dein Mund! Deine Hand, die linde, drück das Aug uns zu, bleib im Tod und Leben unser Segen du!" Noch 45 Jahre waren ihr geschenkt. Im Dezember 1915 starb sie in Schwaz in Tirol.

Wenige Monate, nachdem sie sich im „Segne du, Maria" ganz der Gottesmutter anvertraut hatte, wagte sie den Schritt und wurde in Freiburg katholisch. Dies führte zum Bruch mit der Familie. In Tirol fand sie eine neue Bleibe. Die vielseitig begabte junge Frau verdingte sich als Magd. Später heiratete sie und das kinderlose Ehepaar nahm zwei Waisenkinder auf, um ihnen ein Elternhaus zu geben. Besonders glücklich war Cordula Wöhler, dass Eltern und Geschwister immer wieder zu Besuch kamen. Ihre Gedichte und Bücher, die sie veröffentlichte, fanden eine gute Aufnahme, aber kein Gedicht hat so viele Menschen angesprochen wie ihr „Segne du, Maria", für das der Komponist Karl Kindsmüller eine zu Herzen gehende Melodie gefunden hat.

Messen

Der Komponist der Adventmesse

Pfarrer Johann Ulrich Mayerhofer (1810-1857)

„Tauet, ihr Himmel von oben, die Wolken mögen regnen den Gerechten" so singen viele Kirchenchöre im Advent. Es sind Worte der Heiligen Schrift, die hier vertont wurden. Dichter und Komponist der „Adventmesse" war der 1810 in Pfaffenhofen an der Zusam geborene Lehrersohn Johann Ulrich Mayerhofer.

Als Johann Ulrich Mayerhofer 1835 zum Priester geweiht wurde, begann sich in der Diözese Augsburg bereits ein Priestermangel als Folge der Säkularisation bemerkbar zu machen, denn die Klöster waren 1803 aufgehoben worden. Damit hatten auch die Klosterschulen ihr Ende gefunden. Höhere Schulbildung war der wohlhabenden Schicht vorbehalten. Der Weg zum Priestertum war für das 13. Kind einer Lehrerfamilie mit vielen Opfern verbunden. Beim Vater hatte er das Klavier- und Orgelspiel erlernt. Er beherrschte beides meisterhaft. Nach kurzen Aushilfstellen in Biburg und Oberndorf wurde er Kaplan in Augsburg, St. Georg. Das war eine sehr glückliche Fügung, denn Stadtpfarrer Albert Höfer aus Thannhausen, ein Schüler Christoph von Schmids, hat gedichtet und komponiert. Zahlreiche Lieder werden noch heute gerne gesungen. Sie haben sämtliche Reformen überstanden, weil sie von den Gläubigen geschätzt werden wie etwa das Osterlied „Jesus lebt" oder „Am Pfingstfest um die dritte Stunde". Das sind Kompositionen Albert Höfers.

Der musikalische Kaplan Mayerhofer hat sich bei Krankenbesuchen im Militärhospital mit den Blattern angesteckt. Der Krankheitsverlauf ließ mit seinem Tod rechnen. Stadtpfarrer Höfer spendete ihm die Sakramente. Wider alles Erwarten erholte sich Kaplan Mayerhofer. Es dauerte freilich lange, bis er wieder voll einsatzfähig war. Sein Stadtpfarrer setzte sich beim Ordinariat für eine Unterstützung ein, da der Kaplan seine betagten Eltern unterstützen müsse und außerdem zwei kranke Schwestern habe. Albert Höfer betonte den Fleiß und die Begabung des jungen Mitbruders. Das mag dazu beigetragen haben, dass er 1840 Pfarrer in Pfersee, St. Michael wurde. Immer wieder schrieb er Kirchenlieder, deutsche Messgesänge, auch lateinische Antiphonen. Sie sind freilich nie gedruckt worden. Auch sein bekanntestes Werk „Die Adventmesse" wurde nur durch Abschreiben weiterverbreitet, aber sie ging gewissermaßen von Pfarrei zu Pfarrei und dies bis hinunter nach Passau. 1849 wechselte er nach Waldstetten bei Günzburg und wurde Nachfolger von Pfarrer Joseph Alois Singer, einem vielseitig begabten Priester. Bei dem Wechsel nach Waldstetten mag Stadtpfarrer Albert Höfer eine Rolle gespielt haben, denn er war inzwischen als Stadtpfarrer in Günzburg tätig.

Als Pfarrer Mayerhofer nach Waldstetten kam, warteten auf ihn schwierige Aufgaben. Die Gutmütigkeit von Pfarrer Singer hat einer sektenähnlichen Bewegung Zugang zur Pfarrei ermöglicht. Ihr galt es entgegenzuwirken. Kurz nach seinem Amtsantritt wurde die Pfarrkirche wegen Einsturzgefahr geschlossen. Sie war noch keine 100 Jahre alt. Im Pfarrstadel mussten die Gottesdienste gefeiert werden. 1851 begann man mit dem Bau einer neuen Kirche. Nach zweijähriger Bauzeit konnte man in die neue Kirche einziehen, die durch Dekan Albert Höfer benediziert wurde, der auch die Festpredigt hielt. Von Musizieren konnte in diesen Jahren ohne Orgel nur wenig die Rede sein. Pfarrer Mayerhofer widmete sich ganz dem Bau der Kirche und der geistlichen Erneuerung seiner Pfarrei. Der Augsburger Bischof hätte ihn gerne zum Domkapellmeister berufen, aber Pfarrer Mayerhofer, kränklich seit seiner Kaplanzeit, fühlte sich gesundheitlich einer solchen Aufgabe nicht gewachsen. 1857 am 21. April starb der Seelsorger, Bauherr und Komponist im Alter von nur 47 Jahren. Der Dekan des Kapitels Geistlicher Rat Albert Höfer konnte die Beerdigung seines Freundes nicht halten, denn auch er lag im Sterben. Die Adventmesse, die Jahr für Jahr erklingt, hält den Namen Mayerhofer lebendig, eines bescheidenen Priesters mit hohen Gaben und Talenten.

Deutsches Requiem

Johannes Brahms (1833-1897)

Johannes Brahms, der als Siebenjähriger mit dem Klavierspielen begann und es zu einer wahren Meisterschaft brachte, stammte aus einer musikalischen Familie in Hamburg, wo er 1833 am 7. Mai das Licht der Welt erblickte. Es war das Anliegen der Eltern, dass der begabte Sohn eine gute Ausbildung erhielt. Deshalb überrascht es nicht, dass er schon früh zu komponieren begann. Es lag nahe, dass er sich von bedeutenden Komponisten zu eigenen Werken anregen ließ. So hat er als 25-Jähriger ein „Ave Maria" komponiert. In diesem Alter entstanden auch geistliche Gesänge. Darunter befand sich ein Begräbnisgesang. Bei den katholischen Komponisten konnte er eine Fülle an Messkompositionen entdecken, besonders sprachen ihn die Requien an. Er tat sich schwer mit den lateinischen Texten, die mit den Kompositionen verbunden waren. Die Texte waren immer die gleichen aus der Totenliturgie, aber jeder Komponist schuf daraus ein eigenes Kunstwerk, das Brahms mit Bewunderung erfüllte.

Dem Protestanten Brahms schwebte ein evangelisches Requiem vor, das mit biblischen deutschen Texten eine Liturgie gestalten konnte. Zunächst stellte er biblische Texte zusammen und begann 1861 sein „Deutsches Requiem" zu komponieren. „Selig, die Leid tragen. Die mit Tränen säen, werden Freuden ernten." Damit begann er. Es folgen noch: „Denn alles Fleisch, es ist wie Gras. So seid nun geduldig, denn alles Fleisch ist wie Gras. Aber des Herren Wort bleibt in Ewigkeit." Die Idee des „Deutschen Requiem" nimmt Gestalt an, aber Brahms verliert das Interesse. Er lässt die Komposition liegen. Erst vier Jahre später drängt es ihn weiterzuschreiben. Es war der Tod der Mutter, der ihn nötigte sich mit Tod und Sterben auseinanderzusetzen. Der Tod seines Freundes Robert Schumann bildete einen weiteren Impuls, an dem „Deutschen Requiem" weiterzuarbeiten.

Er ließ sich erneut von biblischen Texten ansprechen, die er vertonte: „Ich hoffe auf dich. Der Gerechten Seelen sind in Gottes Hand." Diese Worte trösten ihn. Damit möchte er auch andere trösten wie etwa Clara Schumann, die Witwe von Robert Schumann. Er findet noch weitere Trosttexte: „Ihr habt nun Traurigkeit. Ich will euch trösten…“. Sie gipfeln in den Worten: „Der Tod ist verschlungen in den Sieg. Selig sind die Toten.“ Bei aller Trauer gilt es festzuhalten, dass der Tod nicht das Letzte ist. Der gläubige Mensch stirbt in den Tod Jesu hinein, deshalb darf er auch mit ihm auferstehen. „Wir haben hier keine bleibende Statt“, aber wir sind berufen zu ewigem Leben.

In seinem „Deutschen Requiem“ hat Brahms als 30-Jähriger ein gläubiges Bekenntnis seines christlichen Glaubens abgelegt. Es wurde 1867 in Wien erstmals aufgeführt. Die Kritik war etwas gespalten. Manche sahen darin einen großen Wurf und ein Zeugnis der Genialität des jungen Komponisten. Sie reihten ihn ein in die Nachfolge Ludwig van Beethovens, andere meinten, man könne nicht von einem „Deutschen Requiem“ sprechen, denn es sei eher ein Oratorium und für liturgische Zwecke ungeeignet. Aber man kann nicht bestreiten, dass Johannes Brahms mit seinem „Deutschen Requiem“ ein Stück biblischer Verkündigung und christlichen Trostes gelungen ist, das seinesgleichen sucht.

In Freud und Leid

Die Schubert-Messe

Die Schubert-Messe wird immer wieder gerne gehört, sie wird immer wieder gerne gesungen, weil es dem Komponisten gelungen ist, das menschliche Fühlen in die Sprache der Musik zu übertragen. Den Text, den Franz Schubert ein Jahr vor seinem frühen Tod vertonte, stammt von dem Wiener Physikprofessor Philipp Neumann.

Der Text ist ein Kind seiner Zeit. Man trat für ein aufgeklärtes Christentum ein. In Jesus sieht man den Lehrer wahrer Menschlichkeit und weniger den Erlöser. Die Kirche hat dafür zu sorgen, dass die Menschen anständig leben und dem Staat treu dienen. Ihr Auftrag, für das ewige Heil der Seelen zu wirken, rückt dabei in den Hintergrund. Man muss sich deshalb nicht wundern, dass die Schubert-Messe nicht das Wohlgefallen des Erzbischöflichen Ordinariates in Wien gefunden hat. Es dauerte fast 20 Jahre, bis die kirchliche Druckerlaubnis erteilt wurde, aber inzwischen hatten die „Gesänge zur Feyer des heiligen Opfers der Messe" schon längst die Herzen der Gläubigen erobert. Obwohl „nicht zum ordentlichen Kirchengebrauch" zugelassen, wanderten die Notenblätter von Pfarrei zu Pfarrei, so dass der bischöflichen Behörde schließlich gar nichts anderes übrig blieb, als ihren Widerstand, der sich allerdings gegen die Texte und nicht gegen die Musik richtete, aufzugeben.

Man hatte freilich auch gegen Schubert einige Einwendungen. Seine Anhänglichkeit an die Kirche war nicht besonders ausgeprägt. Es ist geradezu auffallend, dass er im „Credo" seiner Messkompositionen jeweils den Glaubensartikel weggelassen hat, in dem wir unseren Glauben „an die eine, heilige, katholische und apostolische Kirche" bekennen. Auch fehlt mehrfach das Bekenntnis: „Ich erwarte die Auferstehung der Toten." In seinem Freundeskreis begeisterte man sich für Philosophie und Humanismus, trotzdem arbeitete Schubert immer wieder an religiösen Kompositionen. So schuf er noch in seinem Todesjahr die gewaltige Es-Dur Messe und schrieb in seinen letzten Lebenstagen einen Hymnus an den Heiligen Geist. Man kann von Schubert sagen: Er war ein fragender, ein suchender Mensch und dies war ihm mit vielen gebildeten Zeitgenossen gemeinsam. Er brachte musikalisch zum Ausdruck, was andere in Dichtung und Malerei auszudrücken versuchten. Man spricht von der Romantik.

Ist dieses Gefühl nicht zeitlos? Text und Melodie der Schubert-Messe bestätigen es. Bereits das Eingangslied trifft die Stimmung jeden Gottesdienstbesuchers. „Wohin soll ich mich wenden, wenn Gram und Schmerz mich drücken? Wem künd ich mein Entzücken, wenn freudig pocht mein Herz? Zu dir, zu dir, o Vater, komm ich in Freud und Leiden, du sendest ja die Freuden, du heilest jeden Schmerz." Die Schubert-Messe ist so zur beliebten Hochzeitsmesse geworden, aber auch zur Trostmesse für Menschen, die ein schweres Leid getroffen hat. Im „Ehre, Ehre sei Gott in der Höhe" schwingt sich die Stimme und das Herz zu Gott empor, um dann im Zwischengesang den Schöpfer zu preisen, der die formlose Schöpfung durch sein Wort zum Leben erweckte, so dass „allüberall Preis und Dank" emportönt.

Innig werden die Weisen bei der Opferung. Alles verdanken wir Gott, deshalb bleibt nichts anderes als zu danken: „Nur danken kann ich, mehr doch nicht." Eine seiner schönsten Melodien ist Franz Schubert in seinem „Heilig" gelungen. Man fühlt sich geradezu in den Chor der Engel hineinversetzt, die Gott ihr Dreimal-Heilig zurufen. Das „Lied nach der Wandlung" erinnert uns daran, dass der Priester früher das Hochgebet leise verrichtete. Die Gläubigen schlossen sich seinen Gebeten an, indem sie still verweilten, eine Messandacht beteten oder ein Lied sangen. Beim Amt erklang das „Benedictus" des Kirchenchores. Für die deutsche Messe benötigte man ein Lied. Das Lied der Schubert-Messe führt uns in den Abendmahlsaal und spricht vom Opfer, das sich auf dem Altar vollzieht. Das beglückende Wort Jesu: „Der Friede sei mit euch!" lässt das Herz des Komponisten höher schlagen. Er findet Geborgenheit bei seinem Heiland und jeder Gottesdienstbesucher darf es in gleicher Weise verspüren, bevor er schließlich seine Sendung in die Welt erfährt. Diese Sendung braucht den Segen Gottes: „Segne, Herr, mich und die Meinen, segne unsern Lebensgang!" Das ist auch unser Wunsch und unsere Bitte.

Wer sich wundert, dass Schubert kein Lied zur Kommunion geschrieben hat, der muss wissen, dass es zur damaligen Zeit nicht üblich war, während der heiligen Messe die Kommunion auszuteilen. Die Schubert-Messe ist also durchaus ein Spiegel der Zeit um 1830, aber gleichzeitig hat sie etwas von der Zeitlosigkeit der Liturgie und deshalb kann sie bis heute gesungen werden und wird noch immer zum „frommen Lobgesang".

Karl Kempter und seine „Pastoralmesse"

... und Friede den Menschen auf Erden

Im Frankreich des 18. Jahrhunderts war es üblich, dass die Komponisten Improvisationen auf der Orgel spielten, die bekannte Weihnachtslieder als Hintergrund hatten. Eine Reihe von Weihnachtsmessen dieser Zeit sind nichts anderes als beliebte und bekannte Weihnachtslieder, denen man die Texte der Liturgie wie Kyrie, Gloria, Credo, Sanctus und Agnus Dei unterlegt hatte. Obwohl diese Messen leicht ins Ohr gingen, haben sie sich dennoch nicht behaupten können. Der musikalische Geschmack ist einem ständigen Wandel unterworfen. Da ist es umso verwunderlicher, dass sich eine Komposition Karl Kempters, des Organisten der St. Ulrich-Basilika in Augsburg, behaupten konnte. Sie wird in der Heiligen Nacht von den Regensburger Domspatzen ebenso gesungen wie von unzähligen Kirchenchören landauf und landab.

In manchen Pfarreien gab es zwar in der Zeit nach dem Zweiten Vatikanischen Konzil (1962-1965) eine kurze Unterbrechung, denn Seelsorger und Organisten bevorzugten zeitgemäße deutsche Messen, die in Fülle entstanden. Da und dort wurde der Kirchenchor sogar in die Wüste geschickt, denn unter aktiver Teilnahme der Gläubigen verstand man den Volksgesang. Aber es dauerte gar nicht lange und auf dem Umweg über Kirchenkonzerte entdeckten Pfarrer und Organisten, Pfarrgemeinderäte und Gläubige, welchen Schatz man mit den lateinischen Messen besitzt. An Weihnachten sehnte man sich nach der „Pastoralmesse" von Karl Kempter. Sie war den meisten seit Kindheitstagen vertraut und wenn gar ein kleines Orchester mitwirkt, dann lässt sich nichts Innigeres und Froheres denken als die Melodien dieser weihnachtlichen Messe.

Beim Kyrie gibt der Komponist den Hirten das Wort. Sie bitten um Erbarmen. Sie sehnen sich nach dem Messias. Sie hoffen auf den Retter der Welt. Die „Pastoralmesse" war eigentlich nicht für die Christmette gedacht, sondern für die zweite Messe. Das war die Messe am frühen Morgen, die „Missa in aurora", auch „Hirtenamt" genannt. Der Priester durfte früher nur zweimal im Jahr an einem Tag dreimal die heilige Messe feiern, ansonsten brauchte er bereits für eine zweite heilige Messe am gleichen Tag eine bischöfliche Erlaubnis, um die er beim Generalvikar nachsuchen musste. An Allerseelen trat der Priester, jeder Priester, dreimal an den Altar, um auf diese Weise möglichst vielen Verstorbenen zu helfen. Wenn der Priester an Weihnachten dreimal die heilige Messe feierte – um Mitternacht, am frühen Morgen und dann am Vormittag des Weihnachtsfestes –, sollte damit das Geschenk der Menschwerdung Gottes gebührend gefeiert werden. Vielfach war die heilige Messe am frühen Morgen nicht so gut besucht wie die Christmette und das Hochamt. Es ist deshalb nicht verwunderlich, dass die Uraufführung der Pastoralmesse im Hohen Dom von Augsburg 1851 nicht am frühen Morgen, sondern bei der Christmette stattfand.

Im Gloria suchte er den ganzen Jubel der Engel auszudrücken. Gott die Ehre und Friede den Menschen auf Erden. Das ist die frohe Botschaft, die es immer wieder zu verkündigen gilt. Das ist auch das Anliegen des Komponisten. Wie sehr dies Kempter am Herzen liegt, macht der Schluss deutlich, denn entgegen dem liturgischen Text greift er nochmals auf den Anfang zurück, und erneut singt der Chor vom „Frieden den Menschen auf Erden". Es ist, als ob man das den Menschen nicht oft genug ins Gedächtnis zurückrufen könnte. Das Credo findet seinen Höhepunkt, wenn der Text von der Menschwerdung Gottes spricht. „Et incarnatus est", um dann in einem Pianissimo zu verkünden: „et homo factus est" – und das Wort ist Fleisch geworden und hat unter uns gewohnt. Gottes eingeborener Sohn ist Mensch geworden. Die ganze Bedeutungsschwere dieses Geschehens hat Karl Kempter einfach und überzeugend in eine ergreifende Melodie übersetzt.

Mehr als 120 Werke hat der 1819 in Limbach bei Günzburg geborene Lehrersohn geschaffen, darunter Oratorien, Messen, Vespern und Litaneien. Ein Marsch von ihm kommt alljährlich in der „Alten Kapelle", einer Wallfahrtskirche in Regensburg, zur Aufführung. Er wird gespielt, wenn das Jesuskind an Weihnachten in die Krippe gelegt wird. Sein Vater, der Lehrer und Organist in Limbach war, hat sehr früh das musikalische Talent seines Sohnes entdeckt und ihn dem Augsburger Domkapellmeister Michael Keller anvertraut. Er förderte den jungen Musiker nach Kräften. Bereits mit zwölf Jahren erhielt er die Stelle des Organisten an der Basilika St. Ulrich und Afra in Augsburg. Unentwegt komponierte er. Seine Oratorien „Johannes der Täufer", „Maria" oder „Die Hirten von Betlehem" fanden großen Anklang. Sogar König Ludwig II. von Bayern, der für Richard Wagner schwärmte und gute Musik zu schätzen wusste, sprach ihm seine Anerkennung aus.

Als die Stelle des Domkapellmeisters frei wurde, bewarb sich Kempter. Mit 43 Jahren war er am Ziel seiner Wünsche angelangt. Nur fünf Jahre waren ihm noch gegönnt. Sie waren überschattet von einem Nervenleiden, das er sich auf Grund jahrzehntelangen Raubbaus an seiner Gesundheit zugezogen hatte. Am 12. März 1871 starb Domkapellmeister Karl Kempter. Seine Werke gerieten schon bald in Vergessenheit. Mancherorts erklingt noch an Fronleichnam sein „Adoro te", aber die „Pastoralmesse" wurde zur beliebtesten Weihnachtsmesse und verkündet die Freude der Heiligen Nacht, die der Engel den Hirten verkündet hat: „Seht, ich verkünde euch eine große Freude. Heute ist euch in der Stadt Davids der Heiland geboren. Es ist Christus, der Herr." Diese Freude wird schließlich von vielen Engeln verkündet: „Ehre sei Gott in der Höhe und Friede auf Erden den Menschen seiner Gnade." Karl Kempter machte sich mit den Hirten auf den Weg, um Gott zu loben und zu preisen. Dafür müssen wir ihm genauso dankbar sein wie dem Evangelisten Lukas, der uns das Geschehen der Heiligen Nacht überliefert hat.

Lieder
mit verschiedenen Themen

Das letzte Lied

„Näher, mein Gott, zu dir"

Meine Allgäuer Großmutter konnte, während sie am Herd hantierte, um das Mittagessen vorzubereiten, nebenzu Geschichten von früher erzählen. Besonders beeindruckt hat mich ihre Erzählung vom Untergang der „Titanic" in der Nacht vom 14. zum 15. April 1912. Dieses gewaltige Schiff wollte zeigen, wozu moderne Technik fähig ist. Voller Übermut sollen Werftarbeiter auf den Schiffsbug geschrieben haben: „No God. No Pope – Dieses Schiff benötigt keinen Gott und keinen Papst." Die reichsten Leute bevölkerten die Luxusklasse. Sie wollten dabei sein, wenn das schnellste Schiff der Welt den Atlantik überquert und das „Blaue Band" erobert. Alles war in Feierlaune und Festtagsstimmung. Sie schlug um in Angst und Entsetzen, als das Schiff einen Eisberg rammte und zu sinken begann. Mit allem hatte man gerechnet, nur nicht damit, dass das Schiff sinken könnte. Die Panik verhinderte einen geordneten Ablauf der Rettungsmaßnahmen. 1520 Passagiere riss der Ozeanriese in den Tod. Die Bordkapelle blieb bis zuletzt auf dem Schiff und spielte. Das letzte Lied, bevor auch sie in den Tod gerissen wurde, war der Choral „Näher, mein Gott, zu dir". Damit endete die dramatische Erzählung meiner Großmutter. Es war die Geschichte von menschlicher Überheblichkeit und Gottvergessenheit, aber auch die Geschichte von dem Wissen um Gottes Nähe in äußerster Not.

Das Lied „Näher, mein Gott, zu dir" hatte ich bis dahin noch nie gehört, es ist mir erst wieder begegnet im Missionsseminar der Mariannhiller in Reimlingen bei Nördlingen. Neben dem Gebet- und Gesangbuch „Laudate" der Diözese Augsburg gab es noch ein „Mariannhiller Liederbuch" mit Choral-Messen und Liedern, die zum Liedschatz der aus ganz Deutschland stammenden Ordensleute gehörten. Darunter das Lied „Näher, mein Gott, zu dir", das aus England stammt. In England hatten die Mariannhiller damals nicht nur eine Niederlassung, sondern sogar ihr Generalat. Inzwischen hat das Lied, Eingang in das Repertoire der Kirchenchöre gefunden, denn nicht selten wünschen sich die Angehörigen bei einem Begräbnisgottesdienst dieses Lied vom Kirchenchor. In der englischsprachigen Welt gehört es nahezu zu jeder Beerdigung. Der Text stammt von der Dichterin Sarah Flower Adams, die es 1841 veröffentlichte. Während ihre anderen Gedichte längst vergessen sind, hat dieses Gedicht in der Vertonung des amerikanischen Kirchenmusikers Lowell Mason die Herzen erobert.

Der Text ist denkbar einfach, aber er trifft die Stimmung von Trauer und Schmerz:

> *„Näher, mein Gott, zu dir, näher zu dir!*
> *Drückt mich auch Kummer hier, drohet man mir.*
> *Soll doch trotz Kreuz und Pein,*
> *dies meine Losung sein:*
> *Näher, mein Gott, zu dir, näher zu dir!"*

In der zweiten und dritten Strophe, die in der Regel ausgelassen werden, hat Adams die Situation des Stammvaters Jakob auf der Flucht vor seinem Bruder Esau geschildert und seinen Traum von der Himmelsleiter. Daran soll sich der gläubige Mensch ein Beispiel nehmen:

> *„Geht auch die schmale Bahn, aufwärts ganz steil, führt sie doch himmelan zu meinem Heil. Engel, so licht und schön, winken aus sel'gen Höhn: Näher, mein Gott, zu dir, näher zu dir!"*

Die letzte Strophe hat Edward Henry Bickersteth jr. hinzugefügt:

> *„Ist mir auch ganz verhüllt dein Weg allhier: wird nur mein Wunsch erfüllt: näher zu dir! Schließt dann mein Pilgerlauf, schwing ich mich selig auf: Näher, mein Gott, zu dir, näher zu dir!"*

Dieses Lied erscheint im neuen „Gotteslob", obwohl es gewiss nicht den hohen Ansprüchen, die kritische Fachleute an Text und Melodie haben, entspricht, aber es drückt einen Wunsch aus, den wir alle haben: Näher, mein Gott, zu dir!

Ein Lied gegen den Ungeist

„Sonne der Gerechtigkeit"

Nicht nur Bücher haben ihre Geschichte, auch von Liedern kann man das sagen. Mancher Dichter hat eine Fülle von Versen geschrieben, die einen Komponisten gefunden haben, der sie vertonte, wie etwa Paul Gerhardt. Aber der Geschmack wandelt sich. Lieder, die vor einigen Jahren noch gerne gesungen wurden, passen nicht mehr in die Landschaft und sind nicht selten von einem Tag zum anderen nicht mehr gefragt. Andere längst vergessene Lieder werden wieder neu entdeckt. So ging es auch dem Lied „Sonne der Gerechtigkeit".

Von dem Mitglied der Herrnhuter Gemeine, die sich um den sächsischen Grafen Zinzendorf scharte, Christian David, stammen die erste, sechste und siebte Strophe. Die dritte Strophe hat Johann Christian Nehring beigesteuert und im 19. Jahrhundert hat Christian Gottlob Barth die zweite, vierte und fünfte Strophe gedichtet. Drei Dichter ein Lied. Die Melodie stammt aus dem Böhmischen, der Heimat von Christian David, und wurde von den Böhmischen Brüdern als religiöses Kampflied gesungen. 1932 hat sich Otto Riethmüller daran gemacht, dem alten Text ein neues Gewand zu geben. Er hat die Texte überarbeitet und so gelangten sie ins „Kirchenlied", einem Liederbuch der deutschen katholischen Jugend. Melodie und Text entsprachen der Aufbruchstimmung der damaligen Zeit. Dem Ungeist, der sich in der Hitlerjugend breit machte, wollte man ein klares Bekenntnis zu Christus entgegensetzen.

„Sonne der Gerechtigkeit, gehe auf zu unsrer Zeit, brich in deiner Kirche an, dass die Welt es sehen kann." Jesus Christus wurde von Christen immer als die wahre Sonne verstanden, deren Licht die Welt erleuchtet. Wo diese Sonne strahlt, hat das Dunkel keinen Platz. Das Böse muss verschwinden. Die Ungerechtigkeit muss der Gerechtigkeit weichen. Die Kirche muss der Ort, die Gemeinschaft sein, die von Christus das Licht empfängt und hineinträgt in die Welt. So hat dies auch Christian David gesehen. Er machte sich von Herrnhut auf den Weg, um das Evangelium nach Grönland zu bringen. Später ging er nach Livland. Was Christian Gottlob Barth dichtete, das war David ein Anliegen: „Weck die tote Christenheit aus dem Schlaf der Sicherheit, dass sie deine Stimme hört, sich zu deinem Wort bekehrt." Dies traf sich auch mit dem Anliegen der gläubigen Jugendlichen der dreißiger Jahre des 20. Jahrhunderts. Christen sollten sich mutiger zu ihrem Glauben bekennen. Sie sollten sich nicht in einer falschen Heilssicherheit wiegen, sondern auf Gottes Wort hören und ihr Leben christusförmiger gestalten. Die Spaltung der Christenheit kann nur durch den Herrn der Kirche überwunden werden. An ihn richtet sich deshalb die Bitte: „Sammle, großer Menschenhirt, alles, was sich hat verirrt."

Wie eine Vorahnung der kommenden Jahre sind die Verse: „Schaffe Licht in dunkler Nacht!" Sie brach 1933 über Deutschland herein. Mit List und Tücke hat das Hitlerregime die christliche Jugend ins Ghetto verbannt. Noch dunkler wurde die Nacht, als 1939 der Zweite Weltkrieg ausbrach. Im Krieg haben viele von ihnen das Leben verloren. Aber Christen müssen immer und überall Boten des Evangeliums sein. Sie haben immer, auch in der dunklen Nacht, als Zeugen gewirkt. Sie haben sich bemüht, ihren Beitrag zum Frieden zu leisten. Daraus ist später vieles gewachsen wie die deutsch-französische Freundschaft, wie die enge Verbindung zu den Völkern, die im Krieg gegen Deutschland standen, nachdem das Hitlerregime in seinem Größenwahnsinn die ganze Welt herausgefordert hat. Die Einheit der Christen bleibt die Sehnsucht, eine Einheit, die ihr Vorbild im dreieinen Gott hat. „Erbarm dich, Herr!", so endet jede Strophe. In die Hände des Herrn gilt es, alles zu legen und dabei die Hände zu falten. Wer dies tut, ist nicht untätig, und wer singt, der betet doppelt, sagt schon der heilige Augustinus.

„Singt dem Herrn ein neues Lied"

Entstanden in schwerer Zeit

Die Zeit zwischen dem Ende des Ersten Weltkrieges und der Macht-übernahme Hitlers war eine Blütezeit der katholischen Jugend. Der letzte Sonntag im Oktober wurde alljährlich zu einer machtvollen Demonstration der Jugend mit ihrem Bekenntnis zum katholischen Glauben. Die wöchent-lichen Gruppenstunden, die Gemeinschaftsmessen am frühen Morgen, die Zeltlager und die großen Fahrten schweißten die Gemeinschaft zusammen. In dieser Zeit entstanden zahlreiche Lieder, die schließlich Volksgut wurden. Sie haben auch das Verbot der Katholischen Jugend 1934 überlebt und die völlig Auflösung durch Himmler 1937.

Aus der katholischen Jugend gingen Priester- und Ordensberufungen in großer Zahl hervor, nicht zuletzt Leute, die Widerstand gegen das Hitler-regime leisteten und ins KZ kamen, sogar ihr Leben lassen mussten. Vieles geschah im Untergrund unter größter Geheimhaltung. Begleitet von der ständigen Angst, verraten zu werden. In dieser Zeit, nämlich 1941, schrieb Georg Alfred Kempf die Zeilen nieder: „Singt dem Herrn ein neues Lied, niemand soll's euch wehren; dass das Trauern ferne flieht, singet Gott zu Ehren. Preist den Herrn, der niemals ruht, der auch heut noch Wunder tut, seinen Ruhm zu mehren!"

Wenn die Hitlerjugend ihre Appelle abhielt, am liebsten in der Zeit des sonntäglichen Gottesdienstes, dann grölten sie ihre Lieder, wie „Die Fahne hoch". Was ließ sich dagegen setzen? Es entstanden gleichfalls Kampflieder, die sich auf die Seite Christi und seiner Kirche stellten. Man musste zwi-schen den Zeilen lesen. Von niemandem lässt man es sich verbieten, Gott zu ehren. Man darf darauf vertrauen, dass Gott Wunder zu wirken vermag. Wenn es dann in der zweiten Strophe heißt: „Führt auch unser Weg durch Nacht, bleibt doch seines Armes Macht über unserm Wallen."

Inzwischen ist der Zweite Weltkrieg ausgebrochen. Auch wenn die deutschen Truppen an allen Fronten siegen, so kann man doch die Augen nicht davor verschließen, mit welcher Brutalität gegen Andersdenkende vorgegangen wird, allen voran die Juden, aber auch die Polen. Die katholische Jugend hat sich in den Untergrund zurückgezogen. Es war ein kleines Häuflein Getreuer, die nicht zu Mitläufern des Naziregimes wurden. Dazu gehörte viel Mut. „Seine Schar verlässt er nicht und in dieser Zuversicht, darf sie's fröhlich wagen." Habt keine Angst! Das ruft Jahrzehnte später Papst Johannes Paul II. den Gläubigen zu. Man hat es erlebt, wie schließlich Diktaturen zusammengebrochen sind, weil die Menschen ihre Angst überwunden haben und sich gegen die Gewaltherrschaft stellten. Mauern und Stacheldraht wurden beseitigt.

Doch davon konnte 1941 nicht die Rede sein. Das Schlimmste sollte erst noch kommen. Dem Größenwahnsinn Adolf Hitlers fielen Millionen junger Menschen zum Opfer. Flucht und Vertreibung gehörten zu den Folgen dieses verbrecherischen Krieges, an dessen Ende für Deutschland der totale Zusammenbruch stand. Welche Verbrechen die Fanatiker des Regimes begangen hatten, wurde nach Kriegsende erst in seinem ganzen Ausmaß offenbar. Trotz allem Elend konnte man auch nach dem Krieg singen: „Darum lasst uns Lob und Preis vor sein Antlitz bringen!" Das mag damals schwerer gefallen sein als heute. Umso mehr gilt es, dankbar zu sein, dass wir in Frieden und Freiheit leben dürfen. Wir brauchen keine Angst zu haben. „Allsoweit die Sonne sieht, singt dem Herrn ein neues Lied, lasst es hell erklingen!"

Es singe, wem Gesang gegeben

Wer singt, der betet doppelt

Wenn wir den Sonntagsgottesdienst feiern, beginnen wir in der Regel mit einem Lied. Im Singen drückt sich Freude aus. Der Psalmist formuliert es so: „Singt dem Herrn ein neues Lied, denn er hat wunderbare Taten vollbracht" (Ps 98,1). Haben wir nicht allen Grund, Gott zu danken? Wir denken an die Schöpfung, an die Schönheit der Natur. Wir denken an die Menschen, die uns lieb sind. Wir denken daran, dass Gott seinen Sohn in die Welt gesandt hat, um uns zu erlösen. Wir denken an das Geschenk der heiligen Taufe und unsere Berufung zum ewigen Leben. Das alles erfüllt uns mit tiefer Dankbarkeit und großer Freude. Das lässt uns singen und Gott preisen.

Nicht immer ist einem freilich zum Singen zumute. In solchen Stunden gleichen wir eher den trauernden Juden von Babylon, von denen der Psalmist im Psalm 137 sagt: „An den Strömen von Babel, da saßen wir und weinten, wenn wir an Zion dachten. Wir hängten unsere Harfen an die Weiden in jenem Land. Dort verlangte man von uns: Singt uns Lieder vom Zion." Sie aber vermochten ihre vertrauten Lieder nicht mehr zu singen. Ihre Stimmen waren verstummt vor Leid und Heimweh. Allerdings können vertraute Lieder einem auch ein Stück Heimat sein. Sie machen die Kindheit lebendig. Sie erinnern an die Heimatkirche. Es ist ein Schatz, den einem niemand nehmen kann. Auch wenn das Leid den Menschen zeitweise zum Verstummen bringen kann, durch ein Lied, das man hört, wird die Seele angerührt und erneut zum Schwingen gebracht. Martin Luther hat schon recht, wenn er sagt: „Die Musik ist die beste Gottesgabe. Durch sie werden viele und große Anfechtungen verjagt. Musik ist der beste Trost für einen verstörten Menschen, auch wenn er nur ein wenig zu singen vermag. Sie ist eine Lehrmeisterin, die die Leute gelinder, sanftmütiger und vernünftiger macht." Martin Luther gehörte in jungen Jahren dem Orden des heiligen Augustinus an, von dem das Wort stammt: „Wer singt, der betet doppelt", allerdings gibt es auch das Prophetenwort, mit dem Gott sagt: „Verschont mich mit dem Geplärr eurer Lieder!" (Am 5,23). Gott möchte, dass wir mit dem Herzen dabei sind.

Eine Legende erzählt von ein paar Klosterfrauen, die Tag für Tag mehr recht als schlecht ihr Chorgebet sangen. Jedesmal, wenn sie zu beten und zu singen anfingen, begann auch ein Vögelchen zu zwitschern, als ob es den Gesang der Schwestern unterstützen wollte. Darüber freuten sich die alten Schwestern. Noch mehr freuten sie sich, als ein Mädchen sich ihrer Gemeinschaft anschloss. Die junge Schwester konnte vorzüglich singen. Das Chorgebet bekam wieder neuen Glanz, aber das Vögelchen kam nicht mehr. Es war, als wollte Gott den Schwestern sagen, euer bescheidener Gesang hat mir besser gefallen, als dies jetzt der Fall ist, denn die junge Schwester bildete sich allzu viel auf ihre schöne Stimme ein und fühlte sich erhaben über ihre alten Mitschwestern, die mir ihren verbrauchten Stimmen das Lob Gottes sangen.

Wem Gott eine schöne Stimme geschenkt hat, der sollte sie freilich auch zum Lob Gottes erklingen lassen. „Es singe, wem Gesang gegeben." Jeder Kirchenchor braucht die Bereitschaft von Pfarrangehörigen, die sich in den Dienst Gottes und seiner Kirche stellen. Aber es gibt nicht nur Festzeiten, es gibt auch den Alltag des Kirchenjahres, und da sind alle eingeladen mitzusingen: alt und jung, die guten Sänger und auch die weniger guten, denn Gott schaut bekanntlich nicht aufs Maul, sondern aufs Herz. Dass Singen außerdem gesund ist, dürfte sich inzwischen herumgesprochen haben, ebenso die Tatsache, dass Kirchgänger älter werden (nicht die Sportler!) als ihre Zeitgenossen. Man soll sich nicht nur Gesundheit wünschen, sondern auch etwas für die Gesundheit tun – für die leibliche und die seelische.

Für jeden Tag ein Lied

Die fromme Gräfin von Schwarzburg-Rudolstadt

Geburtstage sind Tage, die dankbar zurückschauen lassen, vertrauensvoll vorwärts und gläubig aufwärts. So hielt es auch die am 19. August 1637 geborene Gräfin Ämilie Juliane von Schwarzburg-Rudolstadt. Die Tochter des Grafen Albert Friedrich von Barby und Mühlingen hatte schon sehr früh ihre Eltern verloren. Ein neuer Lebensabschnitt begann für sie, als Graf Albert Anton von Schwarzburg-Rudolstadt 1665 um ihre Hand anhielt.

Gräfin Ämilie Juliane hatte einen großen Haushalt zu führen. 152 Leute waren im Schloss beschäftigt. Aus der glücklichen Ehe gingen zwei Kinder hervor. Sie fühlte sich nicht nur für die Erziehung ihrer Kinder verantwortlich, sondern auch für das Wohl ihrer Bediensteten. Das religiöse Leben lag ihr sehr am Herzen. Dreimal täglich versammelte sie das ganze Schloss zu einer Andacht. Man betete und sang, man hörte die Worte der Heiligen Schrift und eine kurze Betrachtung, erst dann begab man sich zu Tisch. Die Gräfin legte Wert auf Abwechslung bei den Liedern. Schon früh begann sie eigene Texte zu schreiben, denen sie bekannte Melodien unterlegte. Es entstanden Lieder für jeden Tag der Woche. Es entstanden Lieder zu Weihnachten, Ostern und Pfingsten. Im Lauf der Jahre entstanden nahezu 600 Lieder.

Erschüttert vom plötzlichen Tod des Herzogs Johann Georg von Eisenach, der an einem Sonntag – es war der 17. September 1686 – statt zur Kirche zu gehen, auf die Jagd ging und vom Schlag getroffen wurde, als er auf einen Hirsch anlegte, schrieb sie die Verse: „Wer weiß, wie nahe mir mein Ende. Hin geht die Zeit, her kommt der Tod." Die fromme Gräfin, die sich auch um die Armen ihrer Herrschaft vorbildlich kümmerte, sah sich mehr als einmal dem Tode nahe. Immer wieder suchten sie Krankheiten heim, die sie voller Gottvertrauen annahm. Jeden Tag sah sie neu als ein Geschenk an und so schrieb sie zu ihrem Geburtstag 1699 die Verse: „Bis hierher hat mich Gott gebracht durch seine große Güte". Es ist ein einziger Dank für Gottes gütige Führung. Dabei hätte sie durchaus manchen Grund zur Klage gehabt. Die Gicht machte ihr zunehmend zu schaffen. Nie war sie ganz ohne Schmerzen. Ihre Tochter war gestorben, trotzdem stimmt sie Gottes Loblied an. „Hab Lob und Ehr, hab Preis und Dank für die bisher'ge Treue." Ihre einzige Bitte ist an ihrem Geburtstag: „Hilf fernerweit, mein treuster Hort, hilf mir zu allen Stunden." Sie birgt sich in Jesu Wunden und weiß sich durch Jesu Blut erlöst.

Die Lieder der Frau Gräfin wurden schon bald nicht nur auf dem Schloss gesungen, sondern in der ganzen Grafschaft. Sie gingen hinein ins Thüringer Land. Sie wurden gedruckt und standen in den Gesangbüchern. Nur wenige haben die Jahrhunderte überstanden. Gerade noch zwei von 600 Liedern lassen sich im evangelischen Gesangbuch entdecken. Aber die wohl schöpferischste Dichterin des 17. Jahrhunderts hatte mehr die Ehre Gottes im Auge als ihre eigene Ehre. Gott wollte sie rühmen, der eigene Ruhm lag ihr fern. In den letzten Jahren ihres Lebens verbrachte sie täglich eine Stunde damit, sich auf einen guten Tod vorzubereiten. Ihre Bitte war: „Mein Gott, mein Gott, ich bitt durch Christi Blut: Mach's nur mit meinem Ende gut." Dieser Wunsch wurde ihr am 3. Dezember 1706 während ihrer Gebetsstunde um einen guten Tod erfüllt. Sie starb in Rudolstadt und liegt dort begraben.

Trauermusik zum Trost

Die Bedeutung des Requiem

Trauer kann den Menschen stumm werden lassen. Das Leid, das der Tod eines lieben Angehörigen auslöst, kann aber auch zum Aufschrei führen. Zwischen der Unfähigkeit, den Schmerz in Worte zu fassen, und dem Bedürfnis, ihn hinauszuschreien, steht der Trauergesang, in dem Außenstehende sozusagen das Wort ergreifen und den Klagegesang anstimmen. Man findet solche Klagelieder, die den Tod begleiten, bei allen Völkern.

Für die Christen stellte sich von Anfang an die Frage: Dürfen wir so trauern wie jene Menschen, die keine Hoffnung haben? Wer daran glaubt, dass der Getaufte in den Tod Jesu hineinstirbt und mit ihm auferstehen darf, müsste eigentlich Freude darüber empfinden, dass ein lieber Mensch nun dieses Tal der Tränen verlassen durfte, um beim Herrn daheim zu sein. Christen müssten deshalb mehr über sich selber trauern, weil sie zurückbleiben und von dem geliebten Menschen verlassen wurden. Es ist also eher ein Abschiedsschmerz, der von der Hoffnung begleitet ist, den Verstorbenen in der Ewigkeit wiederzusehen. Wenn aber der Tod Jesu bei Maria, bei Johannes und bei den Jüngern des Herrn Trauer auslöste, warum sollten Christen dann nicht trauern dürfen? Die Auferstehung Jesu erfolgte erst am dritten Tag. Man sollte deshalb als Christ auch der Trauer Raum geben. So hat es auch die Kirche immer gehalten. Die Toten wurden beweint und beklagt, man hat sie mit Trauergesängen bestattet. Diese Gesänge sprachen zugleich von der himmlischen Freude, die Gott denen bereitet hat, die ihm die Treue halten. Am Jahrestag ihres Todes feierte man die heilige Messe für sie und erinnerte sich ihres Heimgangs. Daraus entstanden Texte und Melodien, die immer beides beinhalten: Trauer und Hoffnung.

So wie die Sonntage nach ihrem Eingangsvers Namen erhielten, so gab der Eingangsvers auch dem Gottesdienst für Verstorbene seinen Namen. Es ist das Requiem. Die heilige Messe wird eröffnet mit der Bitte: „Requiem aeternam dona eis, Domine" – "Ewige Ruhe schenke ihnen, o Herr". Latein war die Kirchensprache. Sie wurde von allen Gläubigen verstanden, aus welchen Ländern sie auch kamen. Das Gleichmaß des Gregorianischen Chorals wirkt beruhigend und tröstend. Die Gesänge nehmen Texte der Psalmen auf und gehen über in Bitten für die Verstorbenen. Das „Dies irae" allerdings möchte den Trauernden bewusst machen, dass jeden Gottes Gericht erwartet. Einerseits wird die Gerechtigkeit Gottes mit aller Deutlichkeit ausgesprochen, andererseits wird der Blick auf Jesus gerichtet, der an diesem Tag, an dem das Verborgenste offenbar wird, barmherzig auf unsere Seite tritt. „Milder Jesu, Heiland du, schenke allen ewge Ruh!" Damit schließt diese Bußpredigt des „Dies irae". Im Offertorium zur Gabenbereitung wird Christus angefleht, die Verstorbenen aus der Unterwelt, aus der Nacht des Todes herauszuführen. Der heilige Erzengel Michael möge sie in das heilige Licht geleiten. Sanctus und Agnus Dei sind wie bereits das Kyrie am Beginn der heiligen Messe sehr einfach in ihrer Melodienführung, um den Ernst der Stunde auch musikalisch zum Ausdruck zu bringen. Im Kommuniongesang wird die Bitte ausgesprochen, dass die Verstorbenen mit den Heiligen Gott schauen dürfen. An die Eucharistie schließt sich dann das Libera an. Es ist nochmals eine flehentliche Bitte, dass Gott sich des Verstorbenen, der zur letzten Ruhe gebettet wird, erbarmen möge.

Bei aller Schlichtheit des Gregorianischen Chorals wird man sich der tröstenden Wirkung kaum entziehen können. Jahrhundertelang wurden diese Gesänge bei den Trauergottesdiensten gesungen und sind den Gläubigen gewissermaßen in Fleisch und Blut übergegangen. Im 15. Jahrhundert kam es erstmals zu Neukompositionen. Die Gregorianik wurde als allzu einfach angesehen. Man wollte für die Beerdigung von Königen nicht ein Allerweltsrequiem, sondern ein mehrstimmiges Werk. Von dem Niederländer Johannes Ockeghem ist uns erstmals eine derartige neue Vertonung bekannt. Seit Palaestrina ein fünfstimmiges Requiem komponiert hat, wurde das Requiem für Komponisten zu einer Herausforderung. Johann Joseph Fux hat ein Requiem komponiert, das ein halbes Jahrhundert bei allen großen Beerdigungen der Habsburger Monarchie zu Aufführung kam, so bei der Beerdigung der Erzherzogin Eleonore, beim Begräbnis von Prinz Eugen und der Beisetzung Kaiser Karls VI. Ein Höhepunkt darf in der Vertonung von Wolfgang Amadeus Mozart gesehen werden. Es ist dies sein letztes Werk gewesen. Er konnte es nicht mehr vollenden. Verdi hat im Alter von 60 Jahren eine „Messa da Requiem" komponiert. Sie wurde erstmals am ersten Jahrestag des Todes von Alessandro Manzoni in Mailand aufgeführt. Später fand sie auch in die Konzertsäle. Das 19. Jahrhundert brachte noch zahlreiche Vertonungen, die das Choral-Requiem zum Vorbild hatten und Eingang in die Kirchenmusik fanden.

Nach dem II. Vatikanischen Konzil ergab sich eine neue Entwicklung. Deutsche Gesänge traten an die Stelle des Requiem. Veränderte Lebensgewohnheiten führten dazu, dass Kirchenchöre für Beerdigungen nur noch selten zur Verfügung stehen. Der Volksgesang trat an ihre Stelle. Es wäre freilich schon eine Überlegung wert, ob sich nicht eine kleine Schola finden könnte, um das Choral-Requiem einzustudieren, das mit einfachen Mitteln soviel Trost und Hoffnung auszustrahlen vermag.

„Wir glauben Gott im höchsten Thron"

Rudolf Alexander Schröders Glaubensbekenntnis

Als der Dichter Rudolf Alexander Schröder 1937 sein Glaubensbekenntnis „Wir glauben Gott im höchsten Thron" niederschrieb, war dieses Gedicht nicht als Lied gedacht, so wenig wie Dietrich Bonhoeffer seine Verse „Von guten Mächten wunderbar geborgen" als Lied niedergeschrieben hat. Die Vertonung des Bonhoeffer-Gedichtes hat wesentlich dazu beigetragen, dass dieses Lied die Herzen erobert hat. Ein ähnliches Glück ist R. A. Schröder nicht widerfahren. Auch als Bundespräsident Professor Dr. Theodor Heuss Schröder bat, einen Text für die Nationalhymne der Bundesrepublik Deutschland zu verfassen, hat die dazu komponierte Melodie nicht begeistert, zumal der Bundeskanzler Dr. Konrad Adenauer mit der dritten Strophe des Deutschlandliedes „Einigkeit und Recht und Freiheit" mit der Joseph-Haydn-Melodie stärker überzeugen konnte.

Das Lied „Wir glauben Gott im höchsten Thron" hat 1975 seinen Einzug in das „Gotteslob" geschafft und ebenso in das evangelische Gesangbuch. Ob es freilich auch den Eingang in den Gesang der Pfarrgemeinden gefunden hat, wird man bezweifeln dürfen, dabei hätte es das Gedicht durchaus verdient. Allerdings, welche Gemeinde singt schon gerne fünf Strophen zum Credo? Da muss schon eine reichen, höchstens aber zwei.Aber wenden wir uns den Versen R. A. Schröders zu.

Der aus Bremen stammende Dichter, Jahrgang 1878, war reich begabt. Seine begüterten Eltern ermöglichten ihm nicht nur eine glückliche Kindheit und Jugend, sondern auch den finanziellen Freiraum, der zur Entfaltung seiner Talente beitrug. Seine Interessen waren vielseitig: Kunst, Dichtung und Musik. In München, Paris und Berlin lebte er. Er schrieb Gedichte, gründete eine Zeitschrift und wurde schließlich Architekt. Sein feines ästhetisches Empfinden machte ihn zum gefragten Innenarchitekten. Während des Ersten Weltkrieges kam er als Zensor beim Generalkommando der deutschen Wehrmacht in Brüssel zum Einsatz. Hier lernte er die flämische Lyrik kennen, die er später auch übersetzte. Seine große Sprachbegabung gepaart mit seiner Dichtkunst bewies er mit Übersetzungen von Homers Ilias, aber auch der Dichtungen von Horaz und Vergil, ebenso gelangen ihm meisterhafte Übetragungen von Molière und Racine, von Shakespeare und T. S. Eliot. Immer aufs neue erschienen Gedichte von R. A. Schröder in Zeitschriften und Gedichtbänden. Oden und Sonette entstanden in großer Zahl.

Als 1933 Hitler an die Macht kam, begann sich R. A. Schröder zurückzuziehen. Er verließ Bremen und ließ sich im bayerischen Chiemgau nieder. Befreundet mit zahlreichen Dichtern, hat er sich in eine innere Emigration begeben. Den Weg seiner evangelischen Kirche an der Seite der Nationalsozialisten konnte er nicht bejahen. Er schloss sich der „Bekennenden Kirche" an. In späteren Jahren übte er auch das Amt eines Prädikanten aus. Sein Glaubenslied „Wir glauben Gott im höchsten Thron" ist, wenn man aufmerksam hinhört, eine deutliche Absage an den Ungeist des braunen Regimes.

„Wir glauben Gott im höchsten Thron" und nicht an einen Führer, nicht an eine Partei. Wir glauben an Christus, den Sohn Gottes, wesensgleich mit dem Vater. „Wir glauben Gott, den Heilgen Geist, den Tröster" und was hätte man in jener Zeit nicht mehr gebraucht als ihn, „der stark macht". R. A. Schröder bekennt sich zu Gott dem Schöpfer und zu Jesus Christus, dem Erlöser und Heiland, der wiederkommen wird, um zu richten. Er bekennt sich zum Heiligen Geist, der die Kirche hält und trägt bis ans Ende unserer Tage. Er wird zum Garanten, dass „wir von Sünd und Fehl befreit, Gott selber schaun in Ewigkeit".

In diesem Glauben hat R. A. Schröder, der nie geheiratet hat, gelebt und von ihm immer stärker Zeugnis abgelegt. In diesem Glauben ist er am 22. August 1962 in Bad Wiessee, bis zuletzt von seiner Schwester Dora umsorgt, gestorben. Seine letzte Ruhestätte fand der Dichter, der heute weithin vergessen ist, in Bremen, dessen Ehrenbürger er war.

„Christus, mein König!"

Das Bekenntnis von Pater Erich Przywara (1889-1972)

Die katholische Jugend hatte bis zu Beginn der 60er-Jahre des 20. Jahrhunderts zwei große Tage, an denen man sich mit seinen Bannern zusammenfand und sich eindrucksvoll zu Christus und seiner Kirche bekannte. Das waren der Dreifaltigkeitssonntag und der Christkönigssonntag, der am letzten Sonntag im Oktober begangen wurde. Selbst während des Dritten Reiches, als die katholischen Jugendverbände verboten waren, brachten es Jugendseelsorger wie der unvergessliche spätere Wieskurat Alfons Satzger fertig, den Nazis ein Schnippchen zu schlagen und eine Glaubenskundgebung etwa in der abgelegenen und damals wenig bekannten Wieskirche zu veranstalten. Zu diesen Bekenntnisfeiern gehörten auch entsprechende Bekenntnislieder. Eines von ihnen „O du mein Heiland hoch und hehr" wurde bei diesen Feiern begeistert gesungen. Es stammt aus der Feder des Jesuiten Erich Przywara.

Im Jahre 1915 veröffentlichte Erich Przywara zusammen mit Pater Kreitmaier, der die Texte mit Melodien versah, eine Reihe neuer Lieder. Erich Przywara war zu dieser Zeit als Musikpräfekt in Feldkirch eingesetzt und hatte gerade erst sein Philosophiestudium in Valkenburg (Holland) abgeschlossen. Diese Liedersammlung wurde immer wieder neu aufgelegt. 1931 erschien sie bereits in 7. Auflage.

In dem Lied „O du mein Heiland hoch und hehr", das auch in das „Laudate" der Diözese Augsburg Aufnahme fand, heißt es am Schluss: „Christus, mein König, dir allein schwör ich die Liebe lilienrein, bis in den Tod die Treue." Dieser Schluss steht am Ende jeder der drei Strophen. Es ist ein Lied, das Begeisterung zu wecken vermag. In der zweiten Strophe gipfelt der Text in den Worten: „O Herr, mich scheidet nichts von dir, dein eigen bleib ich immer." In der dritten Strophe steigert sich das Bekenntnis zu Christus noch einmal: „Lass mich entflammen alle Welt mit deinen Feuerbränden." Man muss diese Texte auch als Kampfansage an Kommunismus und Nationalsozialismus verstehen.

Der 1889 in Kattowitz geborene Erich Przywara wurde 1920 zum Priester geweiht. Schon bald gehörte der hochbegabte und feinfühlige Ordensmann zu den Mitarbeitern der Zeitschrift „Stimmen der Zeit". Seine philosophischen Beiträge erzielten eine große Wirkung. Zwischen den beiden Weltkriegen war er eine anerkannte Stimme im Disput der Denker. Unermüdlich als Vortragsredner unterwegs gab er gerade in seinen Exerzitien vielen Menschen Halt und Stütze. In der Philosophin Edith Stein traf er auf eine geistesverwandte Persönlichkeit, die er nicht nur schätzte, sondern deren Weg in den Karmel er auch begleitete.Mit der Dichterin Gertrud von le Fort verband ihn seit 1922 ein reger Gedankenaustausch. Die „Hymnen an die Kirche", die 1924 und damit noch vor der Konversion der Dichterin zur katholischen Kirche 1926 entstanden, dürfen als Frucht dieses Gedankenaustauschs angesehen werden.

Neben seiner Tätigkeit als Chefredakteur der „Stimmen der Zeit" seit 1931 und als Referent quer durch Deutschland veröffentlichte er eine Reihe von Büchern, die sich mit Augustinus, mit Kierkegaard, mit Scheler und Kant beschäftigten. Die Anspannung während der Kriegsjahre und insbesondere der Nazidiktatur forderte ihren Tribut. Gesundheitlich stark angeschlagen, verbrachte er die Jahre nach dem Krieg in der Nähe von Murnau. Er meldete sich noch zu Wort, aber trat nicht mehr öffentlich auf. Als er am 28. September 1972 in Hagen bei Murnau starb, da war auch das Lied nicht mehr zu hören, das er in jungen Jahren gedichtet hatte: „O du mein Heiland hoch und hehr". Er aber hat den Schwur eingelöst: „Christus, mein König, dir allein schwör ich die Liebe lilienrein, bis in den Tod die Treue."

Ein Schicksalsschlag mit glücklichen Folgen

Pfarrer Luis Pinck (1873-1940)

Elsass-Lothringen war jahrhundertelang ein Streitfall zwischen Frankreich und dem Deutschen Reich. Im Krieg von 1870/1871 kam Elsass-Lothringen zu Deutschland. Auch wenn Frankreich immer bemüht war, die deutsche Sprache zurückzudrängen, die Elsass-Lothringer behielten ihre Sprache und ihren Dialekt. Vor allem ein reiches Liedgut wurde von Generation zu Generation weitergegeben. Dass vieles davon bis zum heutigen Tag erhalten geblieben ist, obwohl Elsass-Lothringen längst wieder zu Frankreich gehört, verdankt man einem Pfarrer. Es handelt sich um Louis Pinck.

Der 1873 in Lemberg geborene Sohn des Postmeisters Nicolas Pinck entstammte einer Mischehe. Die Mutter war eine tief fromme evangelische Frau und der Vater ein ebenso überzeugter Katholik. Die Kinder wurden in der Konfession des Vaters getauft. Von den dreizehn Kindern wurden zwei Söhne Priester und eine Tochter ging ins Kloster. Louis Pinck wurde 1901 in Metz zum Priester geweiht. Bereits 1903 wurde er zum Domprediger berufen. Gleichzeitig wurde er Herausgeber der „Lothringer Volksstimme". Louis Pinck beeindruckte mit wortgewaltigen Predigten, aber mehr noch durch seine Zeitungsartikel. Als Kaiser Wilhelm II. die Restaurierung der Hohkönigsburg in Auftrag gab, die Millionen kostete, prangerte der Domprediger diese Verschwendung an und wetterte auch in seinen Zeitungen gegen Preußen und den deutschen Kaiser. Preußen verlangte 1908 vom Bischof die Ablösung des Dompredigers. Der Bischof versetzte Louis Pinck daraufhin nach Hambach bei Saargemünd.

Für den umtriebigen Pfarrer war der beschauliche Ort nicht gerade seine Wunschpfarrei. Von der Domkanzel zur bescheidenen Kanzel der Dorfpfarrei, von der Zeitungsredaktion zum Bürokram einer Landpfarrei – das wollte schon verkraftet werden. Von Preußen hatte er nichts anderes erwartet und sein Bischof musste sich wohl beugen. Als er an einem Freitagnachmittag in die Pfarrkirche hinüberging, hörte er einen alten Mann den Kreuzweg beten. Er ging von Station zu Station und sang dabei ein Passionslied, das

Pfarrer Pinck noch nie gehört hatte. Das weckte sein Interesse. Dieses Lied wollte er auch lernen. Der alte Mann, Jean Pierre Gerné, den alle nur „Papa Gerné" nannten, konnte eine Fülle von lothringischen Liedern. Der Pfarrer begann sie aufzuschreiben, denn man hatte sie bis dahin nur mündlich überliefert. Es genügte ihm freilich nicht, nur den Text festzuhalten, auch die Melodien mussten aufgeschrieben werden. Er bat Lehrer und Organisten, ihm dabei zu helfen. Papa Gerné konnte alle Lieder mit sämtlichen Strophen auswendig. Pfarrer Pinck machte sich später auf die Suche nach weiteren Liedern. Mit dem Pferd, mit dem Fahrrad besuchte er Dorf um Dorf auf der Suche nach Liedern. Auf diese Weise hat er im Lauf der Jahre 2500 Lieder zusammengetragen. 1926 veröffentlichte er einen ersten Band, dem er den Titel gab „Verklingende Weisen". Weitere Bände folgten.

Seit 1918 war Elsass-Lothringen wieder französisch. In den Schulen wurde kein Deutsch mehr geduldet und Pfarrer Pinck wurde als Separatist eingestuft, denn er sammelte nicht nur die alten Lieder, sondern auch alte Möbel, alte Trachten. Der Pfarrhof wurde zum reinsten Heimatmuseum. Vom Bischof hatte er volle Unterstützung und sogar Papst Pius XI. lobte seinen Einsatz zur Erhaltung der Kultur. 1929 verlieh ihm die Universität Frankfurt die Ehrendoktorwürde und 1936 erhielt er den Joseph-von-Görres-Preis. Als der Zweite Weltkrieg ausbrach, hat man Pfarrer Pinck nach Südfrankreich in eine abgeschiedene Pfarrei versetzt, obwohl er nie mit den Nationalsozialisten Adolf Hitlers geliebäugelt hatte. Zum Sterben kam er nach Saarbrücken. Hier starb er am 8. Dezember 1940. Von den vielen Liedern, die er der Nachwelt erhalten hat, ist ein Marienlied in zahlreichen deutschen Diözesen inzwischen beheimatet. Es handelt sich um das Lied

„Die Schönste von allen, von fürstlichem Stand,
kann Schön'res nicht malen ein englische Hand:
Maria mit Namen; an ihrer Gestalt
all Schönheit beisammen Gott selbst wohlgefallt."

Vorfreude auf den Himmel

Die Predigt des Pfarrers Nicolai 1597

Im Jahre 1596 berief der katholische Landesherr, der Herzog von Jülich-Kleve, einen kämpferischen Lutheraner, Dr. Philipp Nicolai, zum Stadtprediger in Unna, einem Städtchen unweit von Dortmund, das sich der Reformation angeschlossen hatte. Philipp Nicolai war der Sohn eines protestantischen Pfarrers und stammte aus Mengeringhausen in der Grafschaft Waldeck. In Wittenberg und Erfurt hatte er Theologie studiert. Zuletzt war er Hofprediger und Prinzenerzieher in Wildungen. Durch Streitschriften, in denen der Lutheraner die Reformierten scharf angriff, hatte er sich einen Namen gemacht. In Unna war man gespannt auf den streitbaren Prediger.

Dr. Philipp Nicolai hatte jedoch schon sehr bald ganz andere Predigten zu halten, denn im Frühjahr 1597 brach in Unna die Pest aus. Als einer der Ersten starb der Pfarrer und so wurde es die Aufgabe des Stadtpredigers, die Opfer der Pest zu Grabe zu geleiten. Tag für Tag raffte der schwarze Tod Menschen hinweg. Keiner konnte sich sicher fühlen. Der 41-jährige Stadtprediger begann einen „Freudenspiegel des ewigen Lebens" zu schreiben. Er zählt in seinem Buch alle Begriffe auf, die er in der Heiligen Schrift gefunden hat, die vom Himmel erzählen. Er ist der festen Überzeugung, dass nur darin ein Trost gefunden werden kann, wenn man daran denkt, dass dieses Leben ein Vorspiel des ewigen Lebens ist. Der Blick auf den Himmel lässt Leiden und Tod ertragen. Davon ist Dr. Philipp Nicolai zutiefst überzeugt.

Seine Gedanken fasst er in schlaflosen Nächten auch in Verse, die er später vertont hat. Eines dieser Lieder, die von der Schönheit des Himmels, vom Leben bei Gott erzählen, ist das Lied: „Wie schön leuchtet der Morgenstern." In der ersten Strophe blickt er hin auf Jesus. Er nennt ihn seinen „König" und seinen „Bräutigam", um seine innige Verbundenheit auszudrücken. In der nächsten Strophe spricht er von der „Perle", die er gefunden hat. Alles ist er bereit, für diesen Schatz einzusetzen. Diese Perle sieht er im Evangelium und in der heiligen Kommunion. In einer weiteren Strophe spricht er die Bitte aus, dass er wie die Rebe am Weinstock mit seinem Heiland verbunden bleibe. Das Lied gipfelt in der Gewissheit, dass Jesus ihn in die himmlische Freude, „das Paradies", aufnehmen wird. Er fügt hinzu: „Komm, du schöne Freudenkrone, säum nicht lange. Deiner wart ich mit Verlangen." Philipp Nicolai war nicht nur dichterisch begabt, sondern auch musikalisch und so hat er diese Verse auch selbst vertont. Inmitten von all dem Leid konnte er singen: „Stimmt die Saiten der Kitara und lasst die süße Musica ganz freudenreich erschallen ... singet, springet, jubilieret, triumphieret, dankt dem Herren."

Pfarrer Nicolai hat die Pest überlebt. Mit 43 Jahren gründete er einen eigenen Hausstand. Später wurde er nach Hamburg berufen. Hier starb er nach einem Schlaganfall im Alter von erst 52 Jahren. Gott hat ihm sein Sehnen erfüllt: „Säum nicht lange. Deiner wart ich mit Verlangen." Der Himmel war das Ziel seines Lebens. Dieses Ziel wollte er erreichen: „Himmlisch Leben wird er geben mir dort oben. Ewig soll mein Herz ihn loben." Mit seinem Lied wollte er die Menschen im Leid trösten, aber auch Freude vermitteln über die Berufung des Christen zu ewigem Leben.

Langsam zu singen

Kohlbrenner und sein Gesangbuch von 1777

Nachdem der Königlich Baierische Rat Franz Seraph Kohlbrenner, seit 1766 Herausgeber des „Churbairischen Intelligenzblattes", von 13 Bischöfen zustimmende Briefe für sein Gesangbuch-Manuskript erhalten hatte, ließ er auf eigene Kosten in Landshut ein deutsches Gebet- und Gesangbuch drucken. Die 3'500 Exemplare der Erstauflage verschenkte er größtenteils.

Ein Exemplar „Der heilige Gesang zum Gottesdienste in der römisch-katholischen Kirche" erhielt der bayerische Kurfürst Max III. Joseph, der so begeistert war, dass er den bayerischen Bischöfen empfahl, das Gesangbuch in ihren Diözesen einzuführen. Der Wunsch des Kurfürsten war den Bischöfen Befehl. Allein bis 1783 kam es zu 16 Auflagen. Das Landshuter Gesangbuch ging weg wie die warmen Semmeln. Man hatte sich vielerorts sattgehört an den großen lateinischen Messen. Während das Gesangbuch zum Auslöser für die Entstehung zahlreicher deutscher Kirchenlieder wurde, begegneten manche Pfarrer dem Herausgeber des kritischen Intelligenz-blattes und seinem Gesangbuch mit einiger Vorsicht. Sie wollten auch ihre Kirchenchöre nicht verärgern.

Der 1728 in Traunstein geborene Johann Franz Seraph Kohlbrenner hatte nie eine höhere Schule besucht. Mit Fleiß und Energie hatte er sich in der kurbayerischen Bürokratie emporgearbeitet. Die meisten Artikel seiner Zeitung, die vom Geist der Aufkärung bestimmt war, stammten von ihm. Ihm war es ein Anliegen, den deutschen Volksgesang wieder zu beleben. Er sammelte deshalb Gebete und Liedtexte, die er schließlich zu einem Gesang-buch zusammenstellte. Besonders die Texte des zeitgenössischen Dichters Michael Denis, eines Jesuiten, sprachen ihn an. In dem Augustinerchorherrn von Herrenchiemsee Norbert Hauner fand er einen Komponisten, der die Texte ansprechend vertonen konnte. Kohlbrenner legte Wert darauf, dass sein Gesangbuch mit Noten erschien. So konnten sich Text und Melodie rasch ausbreiten. In seinem Vorwort betont er, dass die Kirchenväter und die Bischöfe der frühen Kirche das Singen von Psalmen und Liedern empfohlen hätten. Er drückt den Wunsch aus, es möge wieder so werden wie in den Zeiten des heiligen Hieronymus, der davon berichtet, wohin man auch komme, sängen die Leute geistliche Lieder. Man höre das Alleluja auf den Feldern und die Psalmen in den Weinbergen. Erste Ansätze dafür sah er darin, dass der Kurfürst die Schüler der Realschulen singen lernen lasse. Kohlbrenner empfiehlt: Man solle langsam singen, niemand übereilen und an das denken, was man singt.

Das Gesangbuch enthält Gebete und Lieder. Es beginnt mit der heiligen Messe. Die lateinischen Gesänge werden durch deutsche Lieder ersetzt. Die Lieder sind noch heute der älteren Generation geläufig wie etwa „Gott soll gepriesen werden". „Freudig, nicht zu geschwind" wird am Anfang des Liedes vermerkt. Es folgen Lieder zur Andacht, die damals zu jedem Sonn- und Feiertag gehörte. Vor der Predigt benötigte man ein Lied, ebenso vor der Christenlehre. Das Kirchenjahr wird berücksichtigt. Marienlieder fehlen ebenso wenig wie Danklieder oder Lieder bei einem Todesfall. Von allen Liedern, die Kohlbrenner in sein Gesangbuch aufgenommen hat, ist das wohl bekannteste und beliebteste das Adventlied „Tauet, Himmel". Der Text stammt von Pater Michael Denis. Melodien gibt es zwei. Einmal von Norbert Hauner, zum anderen von Michael Haydn. Michael Haydn hat auch andere Texte des Landshuter Gesangbuches auf Weisung seines Bischofs, des Salzburger Oberhirten Hieronymus Graf Colloredo, vertont. Mit gefälligeren Weisen wollte der Bischof die ablehnende Haltung vieler Pfarrer gegen den deutschen Volksgesang überwinden. Aus Salzburg bekam Kohlbrenner übrigens bei seiner Anfrage, was man von einer Veröffentlichung seines Gesangbuch-Manuskriptes halte, sofort einen zustimmenden Bescheid. Andere Bischöfe ließen ihn nahezu ein Jahr auf Antwort warten.

Kohlbrenner schwebte mit seinem Gesangbuch ein Gebetbuch vor, das im gesamten deutschen Sprachraum Verwendung finden könnte. Dazu sollte es freilich erst 200 Jahre später kommen. Franz Seraph Kohlbrenner, der 1778 in den erblichen Adelsstand erhoben wurde, starb im Alter von 55 Jahren am 4. Juli 1783 und wurde auf dem Salvatorfriedhof in München neben seiner Mutter bestattet.

Sehnsucht nach der Ewigkeit

Von der christlichen Hoffnung

Der aus Berlin stammende evangelische Pfarrer von Wusterwitz in Hinterpommern Gustav Knak war nicht nur ein begnadeter Prediger, der seine Zuhörer begeistern konnte, sondern auch ein begabter Dichter. Nach dem frühen Tod seines Vaters, eines Juristen, 1829 kam der 13-Jährige zu seinem geistlichen Onkel, dem Propst von Mittenwalde. Er wurde ihm zum Vorbild in seiner Frömmigkeit, seiner Gewissenhaftigkeit und seiner sozialen Einstellung.

Führend in der evangelischen Theologie waren die Professoren Friedrich Schleiermacher und August Neander. Gustav Knak war zwar Hörer ihrer Vorlesungen, aber sie trafen nicht sein Herz. Mit 23 Jahren konnte er das Studium abschließen und die Stelle eines Religionslehrers übernehmen. Gleichzeitig arbeitete er an einer Erneuerung des evangelischen Kirchengesangbuches, für das er neue Texte schrieb. Er war zu der Überzeugung gekommen, dass in vielen Liedern das Gemüt zu kurz kommt. Dem suchte er entgegenzuwirken. Weil dies auch in seinen Predigten spürbar wurde, hielt man ihn für fähig, die Pfarrei Wusterwitz zu übernehmen, die bekannt war für ihr blühendes religiöses Leben. Man hatte sich in Pfarrer Knak nicht getäuscht. Die Menschen kamen in Scharen, um ihn zu hören. Das brachte ihn auf die Idee, Missionsfeste zu veranstalten, die den christlichen Glauben festigen sollten.

Für ein solches Missionsfest hat er den Text für ein Lied verfasst, das den Hörern sehr zu Herzen ging und auch heute noch Menschen rührt:

Lasst mich gehn, lasst mich gehn,
Dass ich Jesum möchte sehn!
Meine Seel ist voll Verlangen,
Ihn auf ewig zu umfangen
Und vor seinem Thron zu stehn.

Das Loslassen gehört zum Schwersten für uns Menschen. Abschiednehmen von dem, was uns ans Herz gewachsen ist. Abschiednehmen von denen, die uns lieb geworden sind. Man fühlt sich festgehalten. Dies gilt besonders dann, wenn der Engel des Todes an uns herantritt. Der heilige Aloisius von Gonzaga schrieb in seinem letzten Brief an die Mutter: „Die Trennung dauert nicht lange. Im Himmel sehen wir uns wieder." Pfarrer Knak gibt uns zu bedenken, dass der Tod ein Aufbruch ist, denn nur wenn der Schritt hinüber in die Ewigkeit getan ist, kann ich Jesus sehen. Im Tiefsten verlangt die menschliche Seele danach, ewig bei Jesus zu sein. Man fühlt sich an John Henry Newman erinnert und sein Gedicht, das gleichfalls zum Lied geworden ist: „Kindley light" – „Süßes Licht, Süßes Licht, Sonne, die durch Wolken bricht: O wann werd ich dahin kommen, dass ich dort mit allen Frommen schau dein holdes Angesicht."

In der letzten Strophe schließlich ruft der Dichter aus: „Paradies, Paradies", und man fühlt sich erinnert an den heiligen Philipp Neri, der an der Spitze einer Prozession, die er durch Rom veranstaltet hat, immer wieder ausrief „Paradiso, Paradiso", um damit auszudrücken, dass gläubige Menschen auf dem Weg zum Paradies sind. So sieht dies auch Pfarrer Knak, der dichtet: „Paradies, Paradies, wie ist deine Frucht so süß! Unter deinen Lebensbäumen wird's uns sein, als ob wir träumen, bring uns Herr ins Paradies."

Pfarrer Knak, dem die Missionsbewegung sehr am Herzen lag, wurde 1850 Nachfolger von dem charismatischen Pfarrer der böhmisch-lutherischen Kirche in Berlin Johann Evangelist Goßner, dem Begründer der Gossnerschen Mission. Seinen Lebensabend verbrachte er in Dünnow (Hinterpommern) bei seiner Tochter Maria, die mit einem protestantischen Pfarrer verheiratet war. Ein Herzversagen setzte seinem Leben 1878 ein Ende. Begraben wurde Gustav Knak in Berlin. Auf dem Weg zum Friedhof wurde „sein" Lied gesungen: „Lasst mich gehn, lasst mich gehn, dass ich Jesum möchte sehn!"

„Kein schöner Land"

Aus dem Schatz der Volkslieder

Einer der hervorragendsten Journalisten und Reporter Peter Scholl-Latour hat gedrängt von seinem Verlag im hohen Alter noch eine Autobiographie geschrieben, die er mit dem schlichten Titel „Mein Leben" versehen hat. Er schildert dabei seine Zeit in einem von Jesuiten geführten Internat im schweizerischen Fribourg. Später musste er auf Grund der politischen Verhältnisse im Deutschen Reich eine Schule in Deutschland besuchen. Wiederum war es in Kassel ein Internat, das von einer Ordensgemeinschaft, den Marianisten, betreut wurde. Beiden Internaten zollt er hohes Lob. Noch im hohen Alter ergreift ihn Rührung bei dem Lied „Kein schöner Land", denn dies sangen die Seminaristen in Kassel als Abendlied. Dagegen konnten auch die Nazis nichts einwenden.

Das Lied erschien erstmals 1838 in einem Liederbuch, das Kretzschmer und Zuccamaglio mit dem Titel „Deutsche Volkslieder mit ihren Original-Weisen" erschien. Es war das Ergebnis einer Sammlertätigkeit der beiden Herausgeber. Es wurde von Kritikern zwar behauptet, eine ganze Reihe dieser angeblichen Volkslieder habe Zuccamagglio gedichtet und vertont, aber etwa Johannes Brahms bestätigte dem Lied „Kein schöner Land", dass es Volkscharakter habe und nichts gegen einen älteren Ursprung spreche. Das Lied erfreute sich besonders in der Wanderbewegung und dann bei der katholischen Jugend großer Beliebtheit. Es ist eines der Lieder, die abends am Lagerfeuer gesungen wurden. Das Lied drückt Heimatverbundenheit und Kameradschaft aus:

Kein schöner Land in dieser Zeit
Als hier das unsre weit und breit,
wo wir uns finden wohl unter Linden
zur Abendzeit.

Die Dorflinde war seit alters der Ort der Begegnung. Hier kam die Gemeinschaft zusammen. Hier tauschte man sich aus. Hier wurde auch Recht gesprochen und Friede gestiftet. In der zweiten Strophe erinnert man sich:

> *Da haben wir so manche Stund*
> *Gesessen da in froher Rund*
> *Und taten singen, die Lieder klingen*
> *Im Eichengrund.*

Seit der Mitte des 16. Jahrhunderts überließ man das Singen nicht allein den Chören. Die ältere Generation gab ihre Lieder an Kinder und Enkel weiter. Immer wieder fand man Anlässe zum gemeinsamen Singen. Man kann das gemeinsame Singen bei den Jugendverbänden und den Vereinen bis zur Mitte des 20. Jahrhunderts beobachten. Auch in der Schule wurden Volkslieder gepflegt. Erst in jüngster Zeit bahnt sich eine Wiederentdeckung der Volklieder an. In der dritten Strophe wird der Wunsch ausgesprochen, man möge sich wieder treffen:

> *Dass wir uns hier in diesem Tal*
> *Noch treffen so viel hundertmal,*
> *Gott mag es schenken, Gott mag es lenken,*
> *er hat die Gnad.*

Der Wunsch wird begleitet von einem Aufblick zu Gott. In seiner Hand liegt das Schicksal des Menschen, deshalb gilt ihm die Bitte, uns zu behüten, wie es dann die letzte Strophe ausdrückt.

> *Jetzt Brüder, eine gute Nacht,*
> *der Herr im hohen Himmel wacht;*
> *in seiner Güten uns zu behüten,*
> *ist er bedacht.*

Peter Scholl-Latour hat dieses Lied verinnerlicht. Es hat ihn begleitet durch alle Gefahren und Gefährdungen seines aufregenden Lebens. Was ihm sein Präfekt in Fribourg mit auf den Weg gegeben hat: „Bleiben Sie

Ihren religiösen Praktiken treu!" hat er beherzigt. Wie er gesteht, nicht zu allen Zeiten, aber es blieb als Mahnung und Ansporn in seinem Herzen.

„Ich hatt' einen Kameraden"

Zum Volkstrauertag

Wenn sich an der Gedenkstätte für die Opfer der Kriege am Volkstrauertag oder bei der Beerdigung eines Veteranen an seinem Grab die Fahnen senken, dann erklingt die Weise „Vom guten Kameraden": „Ich hatt' einen Kameraden, einen bessern findst du nit." Die Worte stammen von Ludwig Uhland (1787-1862), einem schwäbischen Dichter.

Er hat sie 1809 niedergeschrieben. In diesem Jahr erhoben sich die Tiroler gegen die bayerische Besatzung und Österreich erklärte Napoleon den Krieg. Die Tiroler verloren den Kampf. Andreas Hofer wurde in Mantua hingerichtet. Österreich wurde von Napoleon besiegt und musste im Frieden von Schönbrunn große Teile des Landes abgeben. Napoleon hatte an allen Fronten gesiegt. Allerdings seit der Schlacht von Aspern, in der ihn Erzherzog Karl geschlagen hatte, galt der französische Feldherr nicht mehr als unbesiegbar. Die Sinnlosigkeit der napoleonischen Kriege führte zum Widerstand der Freiheitskämpfer. Sie waren bereit, für ihr Vaterland das Leben zu opfern. Dies forderte einen hohen Blutzoll. Vor diesem Hintergrund entstand das Lied „Vom guten Kameraden".

Manche meinen, es verherrliche den Krieg. Aber kann man von der Verherrlichung des Krieges sprechen, wenn vom Tod die Rede ist? Kann man von der Verherrlichung des Krieges sprechen, wenn der Kamerad, der Freund sterben muss? Einen guten Kameraden zu haben, wer wünschte sich das nicht? Einen Menschen an seiner Seite zu wissen, der mit und für einen durch dick und dünn geht. Diesen Menschen zu verlieren, seinen Tod zu erleben, ist fast ein Stück eigenes Sterben.

Das Lied „Vom guten Kameraden" hält die Erinnerung an Menschen wach, die uns lieb waren und uns im Tod vorausgegangen sind. Wenn manche dem Lied ablehnend gegenüberstehen, so hängt dies mit der dritten Strophe zusammen, denn in ihr heißt es: „Will mir die Hand noch reichen, derweil ich eben lad. Kann dir die Hand nicht geben, bleib du im ewgen Leben, mein guter Kamerad." Selbst im Angesicht des Todes greift die Hand des Überlebenden nicht nach der Hand des Kameraden, sondern nach der Waffe. Er kümmert sich nicht um den sterbenden Kameraden, stattdessen schießt er hinüber zum Feind und seine Kugel bringt einem Menschen auf der anderen Seite den Tod. Auch um ihn wird einer trauern und empfinden: „Ich hatt' einen Kameraden, einen bessern findst du nit." Beide werden neue Kameraden finden. Das Leben geht weiter.

Bei allem Furchtbaren, das die Soldaten erlebt haben, eine Erfahrung nahmen sie mit nach Hause: Ohne einen guten Kameraden hätten sie nicht überlebt. Man braucht den guten Kameraden, einen Menschen an der Seite, der mit einem geht und dem man alles anvertrauen kann. Es ist sehr schade, dass Ludwig Uhland nicht auf einen anderen guten Kameraden hingewiesen hat, der mit uns durchs Leben gehen will, der für uns in allen Lebenslagen da ist, der uns nie im Stich lässt: Jesus Christus. Der Kamerad Jesus scheint nicht ganz in das Kriegsgeschehen hineinzupassen, denn er steht für Friede und Versöhnung, und doch tritt Jesus hinzu. Er ergreift die Hand des Sterbenden und schließt ihm die Augen. Er hilft zu einem guten Wort für die Gefangenen. Er lässt spüren, dass jenseits der Frontlinie auch Menschen sind, die um ihr Leben bangen.

Ludwig Uhland hätte also nicht nur von der Vergangenheit reden dürfen: „Ich hatt' einen Kameraden, einen bessern findst du nit." Er hätte auch davon reden sollen, dass es einen Kameraden gibt, der uns nie verlässt: Jesus Christus. Deshalb gilt im Krieg wie im Frieden: Ich hab einen Kameraden, einen bessern findst du nit. Er hat für uns sein Leben am Kreuz hingegeben, damit wir ewig leben. Kameradschaft besteht darin, dass einer dem anderen hilft, dass einer für den anderen da ist. Jesus ist ohne Zweifel ein solcher Kamerad.

Kameradschaft beruht auf Gegenseitigkeit. Kann Jesus auch auf uns zählen? Kameradschaft braucht das Gespräch. Jesus spricht zu uns in jeder heiligen Messe, er spricht zu uns, sooft wir die Heilige Schrift hören und lesen. Sprechen wir auch mit ihm? Kameradschaft braucht Zeit füreinander. Haben wir Zeit für Jesus? Kameradschaft braucht Ehrlichkeit. Wir sollten Jesus nichts vormachen. Wir belügen uns sonst selbst. Wir haben einen guten Kameraden. Hat Jesus in uns auch einen guten Kameraden?

„Einigkeit und Recht und Freiheit"

Die deutsche Nationalhymne
Ein Blick in die Geschichte

Bei Staatsbesuchen ist es üblich die Nationalhymne des Gastlandes sowie die des eigenen Landes zu spielen. Es gibt immer wieder Anlässe für das Intonieren der Nationalhymne. Während die Franzosen voller Begeisterung die Marseillaise schmettern und die Engländer singen „God save the Queen", erlebt man nicht selten, dass Deutsche den Text ihrer Nationalhymne nicht beherrschen. Sie stehen deshalb stumm da, während die Blasmusik ihr Bestes gibt. Dabei müsste man ja nur eine Strophe beherrschen, obwohl Hoffmann von Fallersleben drei Strophen für sein Deutschlandlied gedichtet hat, das erstmals am 5. Oktober 1841 in Hamburg gesungen wurde, also einige Jahre vor den revolutionären Ereignissen von 1848, als die Throne gewaltig ins Wackeln kamen.

Man kann das „Deutschlandlied" durchaus als Fanal für die Einigung Deutschlands bezeichnen. Die Melodie stammt von Joseph Haydn. Er hat sie für den Text „Gott erhalte Franz den Kaiser" geschrieben. Das Lied spricht für die großdeutsche Lösung. Das hätte bedeutet, Deutschland unter Einschluss Österreichs. Preußen und die norddeutschen Fürsten wehrten sich gegen eine katholische Dominanz. Am Ende stand die kleindeutsche Lösung unter Führung Preußens. 1871 wurde das Deutsche Kaiserreich ausgerufen. Verständlicherweise entschied man sich gegen das Deutschlandlied als Hymne und für das Lied „Heil dir im Siegeskranz".

Die Weimarer Republik hat längere Zeit nach einer passenden Hymne gesucht. Am 11. August 1922 erklärte der sozialdemokratische Reichspräsident Friedrich Ebert alle drei Strophen zur Nationalhymne. Er sagte damals: „Einigkeit und Recht und Freiheit! Dieser Dreiklang gab in Zeiten innerer Zersplitterung und Unterdrückung der Sehnsucht aller Deutschen Ausdruck, er soll auch jetzt unseren harten Weg zu einer besseren Zukunft begleiten." So blieb es bis 1933. Als das Recht mit Füßen getreten und die Freiheit immer stärker eingeschränkt wurde, passte „Einigkeit und Recht und Freiheit" nicht mehr als Nationalhymne. Nach der Katastrophe von 1945 dauerte es einige Jahre, bis sich aus den vier Besatzungszonen ein neuer Staat entwickelte. Es wurden zwei Staaten: die Bundesrepublik Deutschland und die Sowjetische Besatzungszone, die sich später DDR nannte. Für die DDR hat der Dichter Johannes R. Becher „Auferstanden aus Ruinen" eine Hymne gedichtet, während man in der Bundesrepublik einen Auftrag an Rudolf Alexander Schröder gab. Es war ein Pfarrer aus der Pfalz, genauer aus der Diözese Speyer, namens Johannes Finck, ein politischer Kopf, der mit seinem Bruder Albert, dem späteren Kultusminister von Rheinland-Pfalz, dafür eintrat, die dritte Strophe des Deutschlandliedes zur Nationalhymne zu erklären. Die beiden haben nicht nur dafür geworben, sondern 1949 bei einer Wahlveranstaltung der CDU, deren Begründer sie in der Pfalz waren, stimmten sie die dritte Strophe des Deutschlandliedes an, nachdem Konrad Adenauer eine glänzende Rede gehalten hatte. Die französischen Offiziere verließen unter Protest die Versammlung, an der 3'000 Leute teilnahmen. Die Gebrüder Finck hatten das Ganze gut vorbereitet. Alle Teilnehmer hatten den Text der dritten Strophe in Händen, damit keiner sang: „Deutschland, Deutschland über alles", denn dies war von den Alliierten verboten worden.

Adenauer hat im April 1950 in Berlin das Gleiche wiederholt. Bundespräsident Heuss fühlte sich übergangen. Aber seine Versuche, eine Alternative zu finden, schlugen fehl. So wurde 1952 die dritte Strophe des Deutschlandliedes zur deutschen Nationalhymne durch Erlass des Bundespräsidenten erklärt. Die Diskussion wurde wieder neu entfacht, als Deutschlands Einheit abgeschlossen war. Bundeskanzler Helmut Kohl, der 1949 als 19-Jähriger dabei war, wie die Gebrüder Finck die dritte Strophe des Deutschlandliedes anstimmten, und sich immer als politischer Ziehsohn von Pfarrer Johannes Finck verstand, hat entscheidenden Anteil, dass seit dem 3. Oktober 1990 die dritte Strophe des Deutschlandliedes Hymne des wiedervereinigten Vaterlandes wurde. Der Kanzler der Einheit hat so das Vermächtnis der Pfalz glänzend bewahrt und eingebracht. Einigkeit und Recht und Freiheit gilt es zu bewahren und danach müssen wir streben. Das ist Erbe und Auftrag.

„So nimm denn meine Hände"

Julie von Hausmann (1823-1901)

Wenn das Vermählungswort gesprochen ist, die Ringe angesteckt sind, reichen sich die Brautleute die rechte Hand und der Priester umschließt die beiden Hände mit der Stola. Er segnet den heiligen Bund und erinnert an Jesu Mahnung: „Was Gott verbunden hat, das darf der Mensch nicht trennen." Man könnte meinen, Julie von Hausmann hatte dieses Bild vor sich, als sie die Verse des Liedes „So nimm denn meine Hände" niederschrieb, das zu einem beliebten Hochzeitslied geworden ist. Wie aber war es wirklich?

Die 1823 in Riga geborene Tochter eines Gymnasialprofessors wuchs mit fünf Schwestern in einem tief gläubigen, protestantischen Elternhaus auf und erhielt die gediegene Ausbildung einer höheren Tochter, die sie befähigte, einen Haushalt zu führen. Man lernte Sprachen und Etikette. Es wurde auch Wert auf Kenntnissse in Musik und Literatur gelegt. Sie wäre die ideale Frau für einen Beamten, einen Lehrer oder einen Pfarrer geworden. Ihre religiösen Neigungen führten sie mit einem jungen evangelischen Vikar zusammen, der die Absicht hatte, in die Mission nach China zu gehen. Die beiden verliebten und verlobten sich. Die Hochzeit wollten sie in China feiern. Der Bräutigam reiste voraus. Die Braut kam später nach. Als jedoch Julie von Hausmann in China ankam, teilte man ihr mit, dass ihr Verlobter vor wenigen Tagen gestorben sei. Dies stürzte sie in eine tiefe Verzweiflung. Sie machte sich mit verwundetem Herzen wieder auf den Heimweg. Ihr Glaube half ihr aus dem seelischen Tief und damals entstanden die Verse:

> „So nimm denn meine Hände und führe mich bis an mein selig Ende und ewiglich. Ich mag allein nicht gehen, nicht einen Schritt: wo du wirst gehn und stehen, da nimm mich mit."

Julie von Hausmann legt ihre Hände, nachdem ihr Glück zerbrochen ist, in Gottes Hand. Von ihm will sie sich führen lassen. Allein fühlt sie sich völlig hilflos. Sie braucht jemanden, der sie mitnimmt. Sie braucht jemanden, der ihr Halt und Stütze gibt. Es kommt nicht von ungefähr, dass man das Lied so gerne bei Hochzeiten singt, denn Hand in Hand will man durchs Leben gehen. Einer möchte dem anderen Hilfe und Halt sein. Einer nimmt den anderen mit. In den Versen klingt der Gedanke an, den Papst Pius XII. einmal ausgesprochen hat: „Es ist ein geradezu Schauder erregender Gedanke: Keiner geht allein in den Himmel, immer nimmt er andere mit. Keiner geht allein in die Hölle, immer nimmt er andere mit." Wer sich dem anderen anvertraut, der möchte, dass alles zu einem guten Ende kommen wird. Das Ziel darf man dabei nicht aus den Augen verlieren. Es geht schließlich um eine Ewigkeit.

Julie von Hausmann weiß sich in allem auf Gottes Erbarmen angewiesen, denn wir sind schwache Menschen. „In dein Erbarmen hülle mein schwaches Herz und mach es gänzlich stille in Freud und Schmerz. Laß ruhn zu deinen Füßen dein armes Kind: Es will die Augen schließen und glauben blind." Wer wollte der Dichterin nicht zustimmen? Freude und Schmerz gehören zum menschlichen Leben. Beides kommt aus Gottes guter Hand. Beides soll uns reif werden lassen für die Ewigkeit. Um dies glauben zu können, muss man manchmal die Augen schließen und auf die Zähne beißen. Viele wollen nicht „blind" glauben, aber das macht ihnen das Leben nur noch schwerer. Wer auf Gott vertraut, der weiß, dass er ihm Licht auch in der dunkelsten Nacht ist.

Die Dichterin, die nach der tiefen Enttäuschung, die sie erfahren hat, nicht mehr geheiratet hat, warnt davor, im Leben alles von Gefühlen abhängig zu machen. Dies gilt auch und insbesondere von der Beziehung zu Gott. Manche möchten immer etwas spüren. Wenn sie kein Hochgefühl verspüren, dann ist es für sie nicht interessant. Sie beten nur, wenn sie in der entsprechenden Stimmung sind. Sie gehen nur zum Gottesdienst, wenn sie das Gefühl haben, er würde ihnen etwas geben. Julie von Hausmann spricht aus Erfahrung: „Wenn ich auch gleich nichts fühle von deiner Macht, du führst mich doch zum Ziele auch durch die Nacht."

Mit der Gesundheit Julie von Hausmanns stand es nicht zum Besten. Sie war immer etwas kränklich. Neben dem Reisen war ihr einziges Vergnügen das Verfassen von Liedern. Als sie hörte, dass ein Berliner Pfarrer, Gustav Knak, ein Liedersammlung mit neuen Texten und Melodien herausbringen wollte, schickte sie ihm gleich hundert Lieder. In einem Begleitbrief schrieb die Verfasserin: „Sollte auch nur ein Herz durch diese schwachen, unvollkommenen Lieder erfreut werden, so wäre es eine Gnade, deren ich nicht wert bin."

„So nimm denn meine Hände" erschien erstmals 1863 mit der Melodie des Liedes „Wie könnt ich ruhig schlafen" von Friedrich Silcher. Wie gut Text und Melodie zusammenpassen, lässt sich daraus ersehen, dass das Lied bereits 1869 in ganz Süddeutschland bekannt war und allüberall gesungen wurde. Julie von Hausmann, die 1901 starb, konnte den Triumph ihres Liedes noch erleben und sah damit ihren Wunsch, „wenn nur ein Herz erfreut würde", millionenfach erfüllt.

Der Bischof befahl zu singen

Michael Haydn († 1806)

Als das Salzburger Domkapitel 1772 den Fürstbischof von Gurk und Propst des Stiftes St. Moritz in Augsburg Hieronymus Graf Colloredo zum Erzbischof wählte, ging ihm bereits der Ruf voraus, dass er Voltaire verehre, Akten genau studiere und jeden Pfennig zweimal umdrehe. Er geizte mit dem Geld und er geizte mit der Zeit.

Dies bekamen die Musiker schon bald zu spüren. Den Kirchenmusikern wie Johann Michael Haydn und Wolfgang Amadeus Mozart wurde mitgeteilt, bei ihren Kompositionen darauf zu achten, dass keine Messe länger als 45 Minuten dauern dürfe. Das ist die Geburtsstunde der „Missa brevis", der kurzen Messe. Die Leute sagten: „Der Graf Colloredo ist ein Bischof ohne Gloria und Credo." Der Erzbischof wollte als Reformer in die Geschichte eingehen. Als 1777 in Landshut ein Gesangbuch mit deutschen Kirchenliedern erschien, das von Franz Seraph Kohlbrenner herausgegeben wurde, fand dies den Beifall Colloredos noch stärker als die 1774 in Wien auf Anregung Kaiser Josefs II. erschienenen „Geistlichen Lieder" des Exjesuiten Michael Denis. 1781 ließ der Erzbischof ein Gesangbuch drucken, das sich aus der Landshuter Liedersammlung zusammensetzte. Das Echo war gut, deshalb verfügte der geistliche Fürst 1782 die Einführung in allen Pfarreien. Gleichzeitig untersagte er die lateinischen Messen sowie die Mitwirkung eines Orchesters. Der Volksgesang sollte gepflegt werden. Noch 1783 erschien ein 2. Teil des Liederbuches. Der 3. und 4. Teil, die geplant waren, kamen jedoch wegen des starken Widerstandes der Gläubigen nicht mehr zustande.

Die Rückmeldungen der Pfarrer über die neue Form des Kirchengesangs waren niederschmetternd. Die Leute beklagten sich über mangelnde Festlichkeit. Die Musiker sahen sich in ihrer Existenz bedroht. Die Pfarrer hielten die meisten Lieder für nicht singbar, da sie zu hoch gesetzt seien. Der Erzbischof bekam mitgeteilt: „Die grobe Kost gibt die erforderliche Stimme nicht, die scharfe Luft verderbt das hiezu benötigte Gehör." Obwohl

Colloredo 1785 den Pfarrern erneut einschärfte, sie hätten sich an seine Weisungen zu halten, musste er zur Kenntnis nehmen, dass die Bereitschaft sie auszuführen, in vielen Pfarreien sehr gering war. Ein Seelsorger aus dem Pinzgau nahm seine Pfarrangehörigen mit der Behauptung in Schutz, er habe festgestellt, nur wenige Leute hätten die Anlage zum Singen: „Solches rührt hauptsächlich her von der täglichen Milch-, Käse- und Schmalzkost, wodurch die Kehle zum Singen fast durchgehend unbrauchbar werden muss."

Hieronymus Graf Colloredo hatte die Leute mit seinem Hirtenbrief von 1782 und den darauffolgenden Ausführungen gegen sich aufgebracht. Die Christmette sollte vor Einbruch der Dunkelheit abgehalten werden. Zahlreiche Festtage wurden abgeschafft. Der Palmesel durfte in der Prozession nicht mehr mitgeführt werden. Das Böllerschießen bei Prozessionen war verboten. Kirchliches Brauchtum sollte einer „vernünftigen" Gottesverehrung weichen, deshalb gab der Bischof auch dem Volksgesang den Vorrang vor den Kirchenchören.

Dem Einwand, dass viele der neuen Lieder schwer zu singen seien, konnte er sich nicht verschließen, denn bei seinen Besuchen in den Pfarreien, hörte er es selbst, wie wenig diese Melodien ins Ohr gingen. Da wandte er sich an Michael Haydn, der seit 1763 als Musiker in erzbischöflichen Diensten stand. 1782 hatte er ihn zum Hof- und Domorganisten bestellt und ihm die Ausbildung der „Kapellknaben" übertragen. Colloredo sah in Haydn einen Verbündeten, denn bereits 1781 hatte er eine Reihe von Melodien zu deutschen Liedern komponiert, darunter befand sich das Weihnachtslied „Heiligste Nacht". 1790 konnte dann das überarbeitete Gesangbuch erscheinen. Nicht ohne Stolz heißt es auf dem Titelblatt: „Neue, von Michael Haydn, hochfürstl. Concertmeister, vermehrte und verbesserte Auflage." Manches Lied fand nicht nur Aufnahme ins Gesangbuch, sondern auch in den Herzen. Bei den Andachten sang man begeistert: „Wir beten an." Bei der Fronleichnamsprozession schwiegen zwar die Böller und fehlten die Prozessionsfiguren, umso kräftiger sang man unter Begleitung der Blasmusik: „Deinem Heiland, deinem Lehrer."

Ein großer Wurf gelang Michael Haydn 1795 mit seinem „Deutschen Hochamt". Der Text der Messe war vom Landshuter Liederbuch ins Salzburger Gesangbuch übernommen worden, ebenso die Vertonung durch den

Chiemseer Domherrn Norbert Hauner. Haydn sollte nun eine Messe für Solisten und Blasinstrumente komponieren, um zu zeigen, dass deutsche Messen durchaus ins Gehör gehen können. Dies ist ihm gelungen. „Hier liegt vor deiner Majestät im Staub die Christenschar" wollte man nicht nur dem Kirchenchor überlassen, da wollte jeder mitsingen. Die Haydn-Messe trat ihren Siegeszug an. Wie beliebt diese Singmesse war, zeigt die Anekdote, bei der ein Dekan anlässlich der Visitation die mangelnde Sauberkeit in der Kirche bemängelte. Der Pfarrer meinte daraufhin: „Wir singen jeden Sonntag: ‚Hier liegt vor deiner Majestät im Staub die Christenschar', und wir wollen den lieben Gott doch nicht anlügen."

1799 floh der Erzbischof vor den herannahenden Franzosen. Er kehrte nie mehr zurück. Die Salzburger weinten ihm keine Träne nach. Viele seiner Reformen wurden allmählich wieder zurückgenommen. Michael Haydn blieb in Salzburg. Er arbeitete unentwegt weiter. Seine Liebe galt zeitlebens der Kirchenmusik. 1754 komponierte er als 17-Jähriger seine erste Messe „Missa in honorem Sanctissimae Trinitatis". Sein letztes Werk, ein Requiem, um das ihn Kaiserin Marie Therese gebeten hatte, blieb unvollendet. Am 18. August 1806 starb Johann Michael Haydn, der immer im Schatten seines weltberühmten Bruders Joseph Haydn stand. Die Melodien Michael Haydns werden auch heute noch gerne gesungen. Manche seiner Lieder, die den Reformen jüngerer Zeit zum Opfer gefallen waren, sind über zusätzliche Anhänge zum „Gotteslob" wieder zu Ehren gekommen. Die Haydn-Messe gehört nach wie vor zum Repertoire der Blasmusiker und manches Brautpaar tritt unter den Weisen dieser Messe zum Traualtar.

Als Bismarck die katholische Kirche bekämpfte

„Ein Haus voll Glorie schauet"

„Du bist Petrus, der Fels, und auf diesen Felsen will ich meine Kirche bauen und die Pforten der Hölle werden sie nicht überwältigen." Mit diesen Worten gründet Jesus seine Kirche auf Petrus. Die Kirche hat alle Angriffe durch die Jahrhunderte überlebt. Dies war für John Henry Newman ein Beweis für die Göttlichkeit der Stiftung der Kirche.

Welche Stürme hat die Kirche im Lauf der Zeiten durchlebt. Da waren die Verfolgungen seit den Tagen Kaiser Neros bis heute. Da waren innerkirchliche Auseinandersetzungen, die wir schon in den Anfängen der Kirche erleben. Theologische Streitigkeiten führen zu Spaltungen. Persönlicher Ehrgeiz und Fanatismus, Rechthaberei und Stolz sind die Triebfedern, die Schisma und Reformation zur Folge haben.Die Kirche erlebt immer wieder gewaltige Stürme und das Schifflein Petri gerät in stürmische Wasser. Aber dieses Schifflein Petri geht nicht unter, denn es hat Jesus an Bord. Er ist da, selbst wenn er zu schlafen scheint. Das hat die Kirche in Deutschland im 19. Jahrhundert erlebt. 1870 fand das I. Vatikanische Konzil statt. Die Erklärung von der Unfehlbarkeit des Papstes, wenn er in Glaubens- und Sittenfragen „ex cathedra" spricht, führte zu großen Turbulenzen. In Deutschland kam es zur Gründung der altkatholischen Kirche. Sie erfreute sich der Unterstützung staatlicher Stellen, weil man auf diese Weise die katholische Kirche schwächen wollte.

Im Jahre 1871 kam es auch zur Gründung des Deutschen Kaiserreiches unter Führung Preußens. Reichskanzler Otto von Bismarck kannte die Einstellung der Katholiken, die immer eine großdeutsche Lösung unter Einbeziehung Österreichs mit der Habsburger Monarchie bevorzugt hätten. Durch Elsass-Lothringen und Teile Polens, die beim Friedensschluss an das Deutsche Reich gefallen waren, hatte sich der Anteil der Katholiken im Reich nochmals vergrößert. Bismarck suchte in den folgenden Jahren die katholische Kirche zu schwächen. Zunächst löste er 1871 die katholische Abteilung im preußischen Kultusministerium auf. Im gleichen Jahr wurde ein Reichsgesetz erlassen, in dem es Geistlichen verboten wurde, durch Predigten den öffentlichen Frieden zu stören. Der „Kanzelparagraph" wirkte sich verheerend aus. 1800 Pfarrer haben bis zur Beendigung des Konflikts 1878 Gefängnisstrafen erhalten, darunter der Erzbischof von Posen und der Bischof von Trier. 1872 kam es zum Jesuitengesetz. Die Jesuiten durften keine Niederlassungen mehr in Deutschland haben. Sie mussten das Land verlassen. Mit den Jesuiten wurden auch alle ihnen verwandten Orden in Deutschland verboten. Mit den Maigesetzen von 1873 übernahm der Staat die Aufsicht über die Ausbildung und die Anstellung der Geistlichen. 1875 wurde das „Brotkorbgesetz" erlassen, das der Kirche alle staatlichen Zuwendungen entzog. Im Klostergesetz wurden sämtliche Klöster in Preußen aufgehoben. Nur Krankenpflegeorden waren noch zugelassen. Die diplomatischen Beziehungen zum Heiligen Stuhl wurden bereits 1871 abgebrochen. Bismarck wollte die katholische Kirche schwächen, aber sie ging aus dem Konflikt gestärkt hervor. Durch die Gründung der Zentrumspartei hatten die Katholiken seit 1870 auch eine politische Stimme und der Kulturkampf ließ das „Zentrum" immer stärker werden.

Ein Jesuit, Hermann Joseph Mohr, schrieb und komponierte in dieser Kampfzeit ein Lied, das sich sehr rasch ausbreitete: „Ein Haus voll Glorie schauet weit über alle Land, aus ew'gem Stein erbauet von Gottes Meisterhand. Gott, wir loben dich. Gott, wir preisen dich. O lass im Hause dein uns all geborgen sein." Der aus Siegburg stammende Jesuit hat hier die Stimmung der Katholiken hervorragend getroffen. Er selbst musste Deutschland verlassen und hielt sich in den folgenden Jahren in Belgien, den Niederlanden und in Frankreich auf. Er hat sich als Kirchenliedforscher einen Namen gemacht und eine Gesangslehre verfasst. Um nach Deutschland zurückkehren zu können, verließ er den Jesuitenorden und fand im Erzbistum München-Freising Aufnahme. In der Zeit des Kulturkampfes hielten sich viele norddeutsche Seminaristen in Bayern auf und es fanden zahlreiche Priester hier einen Unterschlupf. „Das Haus voll Glorie", wie es Hermann Joseph Mohr besingt, hat den Kulturkampf überstanden. Es hat den braunen Terror der Naziherrschaft überstanden. Es hat die Diktatur des atheistischen Kommunismus überstanden. Es wird auch alle anderen Angriffe überstehen. Leider hat das „Gotteslob" den ursprünglichen Text Hermann Joseph Mohrs von der zweiten Strophe an völlig verändert. Nun ja, „die Reihen festgeschlossen in hohem Glaubensmut" können wir tatsächlich von uns gegenwärtig nicht behaupten.

Ein Gebetbuch sorgt für Unfrieden

Einheit war das Ziel

Hat sich bei uns jemand aufgeregt, weil die evangelische Kirche nicht länger die Einheitsübersetzung der Heiligen Schrift für ihre Gottesdienste benutzen wollte, sondern zur Lutherbibel zurückzukehren wünschte, die allerdings sprachlich überarbeitet wurde? Das ging ohne Proteste über die Bühne. Es wurde kein Verlust an Ökumene beklagt. Gleiches ließe sich vom „Gotteslob" sagen. Die Diözesen sparten nicht, um das neue Gebetbuch rasch unter die Leute zu bringen. Eine Diözese musste gar doppelt in die Tasche greifen, weil die Verantwortlichen das falsche Papier gewählt hatten. Doch das sorgte nicht für Schlagzeilen und führte auch nicht zu einem Aufstand wie damals 1637 in Schottland.

Im Gegensatz zu England, das sich unter König Heinrich VIII. von der katholischen Kirche trennte, hat sich Schottland unter anderen Vorzeichen gleichfalls für die Reformation entschieden. Während in England der König an die Stelle des Papstes trat, hat sich Schottland mit dem Reformator John Knox 1560 dem Calvinismus angeschlossen. Das Parlament entschied, dass Theologen eine Kirchenverfassung festlegen sollten, die dann in ganz Schottland Geltung erhalten hatte. Fortan gab es keine Bischöfe mehr. Bilder in Kirchen wurden verboten, ebenso musikalische Darbietungen. Weihnachten und Ostern fielen aus. Synoden bestimmen fortan das religiöse Leben. Der König hatte in Schottland auf kirchlichem Gebiet nichts mehr zu sagen. Das war Sache des Presbyteriums.

König Jakob VI., der in England und Schottland regierte, war der Meinung: Wo es keinen Bischof gibt, da ist auch keine Kirche, deshalb führte er in Schottland wieder Bischöfe ein. Die abgeschafften Feiertage wie Ostern und Weihnachten wurden verpflichtend wieder begangen. Sein Sohn Karl I. versuchte die anglikanisch-englische Kirche und die presbyterianisch-schottische Kirche zu einen, deshalb machte er einen engen Vertrauten zum Erzbischof von Schottland. St. Giles von Edinburgh erhob er zur Kathedrale. Um sein Bemühen für die kirchliche Einheit noch zu unterstützen, ließ er ein eigenes Gebetbuch für Schottland zusammenstellen, das der Erzbischof von Canterbury bearbeitete. 1637 konnte es veröffentlicht werden.

Es wurde feierlich angekündigt, dass es am Sonntag, den 23. Juli 1637, erstmals in der Kathedrale von Edinburgh Verwendung finden sollte. Schon bei Beginn des Gottesdienstes konnte man ein lautstarkes Murren der Anwesenden nicht überhören, als vollends der Domprediger aus dem neuen Gebetbuch vorzubeten begann, brach ein regelrechter Tumult aus. Es wird berichtet, eine Marktfrau – man weiß sogar noch ihren Namen: Jenny Geddes – habe einen dreibeinigen Klappstuhl nach dem Geistlichen geworfen und gerufen: „Der Teufel hat dir den Magen verdorben, du falscher Dieb. Wagst du es wirklich, meinem Ohr die Messe zu lesen?" Auch die anderen schlossen sich dem Protest an und warfen Stühle, Bibeln und sogar Steine. Aber nicht nur in Edinburgh kam es zu solchen Ausschreitungen, sondern in ganz Schottland. Der Bischof von Brechin ging nicht mehr auf die Kanzel, ohne deutlich sichtbar zwei geladene Pistolen neben sich hinzulegen.

Der König bestand auf der Einführung des Gebetbuches, aber die Schotten weigerten sich erbittert. Ein Jahr später haben sich führende Schotten zusammengefunden und einen Pakt unterzeichnet, in dem sie sich gegen die königliche Einmischung in ihre kirchlichen Gewohnheiten verwahrten. Für König Karl bedeutete dies den Anfang vom Ende seiner Herrschaft, die 1649 mit seiner Enthauptung endete. Solche Folgen braucht heute niemand mehr zu befürchten, der eine überarbeitete Bibel oder ein neues Gebetbuch zum allgemeinen Gebrauch einführt.

Der Reisesegen

Eichendorffs „Wem Gott will rechte Gunst erweisen"

Worte wie Ferien oder Urlaub lösen im Herzen das große Fernweh aus. Schon längst vor dem Aufbruch werden Reisekataloge gewälzt. Man hat viele Möglichkeiten. Die ganze Welt steht einem offen. Sucht man das Abenteuer mit tollen Bergtouren oder einen einsamen Strand in der Karibik. Möchte man eine Bildungsreise unternehmen oder einfach nur ausspannen. Ganz gleich was man plant, jeder sehnt sich nach einem Tapetenwechsel.

Der schlesische Dichter Joseph von Eichendorff (1788-1857), der gerne auf Reisen gegangen ist, hat in jungen Jahren ein Gedicht verfasst, das er mit „Reisesegen" überschrieben hat und das in der Vertonung von Theodor Fröhlich zum Volkslied geworden ist. Mit einem dankbaren Aufblick zu Gott beginnt er frohgestimmt. „Wem Gott will rechte Gunst erweisen, den schickt er in die weite Welt." Der Adel machte in früheren Zeiten seine Bildungsreisen quer durch Europa. Die Studenten erwanderten sich die Welt und die Handwerksburschen machten sich auf die Walz, um sich weiterzubilden. Die meisten Leute kamen aber höchstens ins nächste Städtchen auf den Markt oder ins Nachbardorf zu einem Fest. Der Dichter der Romantik sieht es als ein besonderes Geschenk an, reisen zu dürfen.

Daran hat sich eigentlich nichts geändert. Wer krank ist, kann nicht verreisen. Wer mit jedem Pfennig rechnen muss, dessen Fernweh beschränkt sich auf das Blättern in den Angeboten der Reiseunternehmen. Den anderen aber steht die Welt offen. Das war nicht immer so und das ist auch nicht überall so. Noch vor wenigen Jahren endete für viele die Reiselust an Mauer und Stacheldraht. Die Freiheit gehört auch zu den Dingen, die man nicht zu selbstverständlich nehmen sollte. Das gleiche gilt vom Frieden. Länder, in denen man Furcht vor Bombenanschlägen haben muss oder Entführungen an der Tagesordnung sind, taugen nur für Abenteurer. Wer sich auf Reisen begibt, sollte es also machen wie Eichendorff und Gott danken, dass ihm der Weg ins Weite möglich ist. Mit offenen Augen geht der Dichter durch die Welt. Überall entdeckt er Gottes Wunder: Berge, Wald, Strom und

Feld. Daran hat sich nichts geändert – oder doch? Zwar wird man heute in den Bergen ein paar Leute mehr antreffen als damals. Die Wälder leiden unter dem Waldsterben. Die Ströme sind Wasserstraßen geworden und die Felder werden intensiver bewirtschaftet. Trotzdem, die Schöpfung hat ihre Schönheit bewahrt. Wer seine Augen aufmacht, der wird sich in Tunesien und auf den Malediven, in Brasilien und in der Schwäbischen Alb an Gottes Wunder freuen können.

Natürlich muss man sich aufmachen. Der jugendliche Dichter aus adeligem Haus schaut etwas herablassend auf die herab, die zu Hause bleiben. Sie sind in seinen Augen zu bequem, um ihre vertraute Umgebung zu verlassen. Sie sind zu verschlafen, um sich aus den Federn zu erheben und sich die frische Luft am frühen Morgen um die Nase wehen zu lassen. Die Sorgen des Alltags halten sie gefangen und sie tun nichts dazu, um auszubrechen. Das Lied unterschlägt diese kritischen Zeilen des Gedichtes. Es würde die frohe Stimmung allzusehr beeinträchtigen.

Auch Eichendorff verweilt nicht lange bei den „Trägen, die zu Hause liegen", er wendet sich den Bächlein zu, die „von den Bergen springen", und den Lerchen, die hoch schwirren vor Lust. Mit ihnen will er singen „aus voller Kehl und frischer Brust". Dankbar gegen Gott hat er sich auf die Reise begeben. Die Wunder der Schöpfung lassen ihn dankbar bleiben. Im Vertrauen auf Gott setzt er seine Reise fort, die ihn nach Heidelberg und nach Wien führen wird. „Den lieben Gott lass ich nur walten" und er denkt an Jesu Wort, dass Gott sich um alle kümmert, die Vögel und die Blumen, warum sollte er sich nicht um den Menschen kümmern? Die ganze Schöpfung erhält er im Dasein, deshalb darf der Dichter voll Zuversicht sein: dass Gott „auch mein Sach aufs best bestellt" und mit dem Dichter dürfen es alle, die Gottes Segen für ihre Reise erflehen.

Paul Gerhardt weiß zu trösten

„Befiehl du deine Wege"

Man soll so beten, wie einem gerade ums Herz ist und sich nicht an vorgeformte Gebete klammern, dies wird seit Jahren von manchen Religionspädagogen empfohlen. Die Folge ist, dass Kinder oft nicht einmal mehr die christlichen Grundgebete beherrschen. Weder das „Gegrüßet seist du, Maria" noch das „Ehre sei dem Vater", vom Glaubensbekenntnis ganz zu schweigen, können die Kinder beten. Eine Verarmung des Gebetsschatzes ist die Folge. Mit den Liedern ist es ähnlich. Man lernt Kinderlieder, die später nie mehr vorkommen. Sie sind für Aufführungen gut, aber keine Lebensbegleiter. Für das jüdische Volk waren die Psalmen solche Lebensbegleiter. Sie greifen die verschiedenen Stimmungen auf. Sie klagen und loben, sie bitten und danken. Die Kirche hat diesen Gebetsschatz in den Gottesdiensten immer gepflegt. Im Chorgebet der Mönche werden Psalmen gebetet und ebenso im Stundengebet, zu dem die Priester verpflichtet und die Laien eingeladen sind. Man geht von Psalm zu Psalm, aber manchmal bleibt man an einem Vers hängen und kommt ins Sinnen und Meditieren. Das Ergebnis einer solchen Meditation begegnet uns in Paul Gerhardts Lied: „Befiehl du deine Wege".

Pfarrer Gerhardt, der im Lauf seines Lebens viele Schicksalsschläge erlitten hatte, bleibt beim Beten des 37. Psalms am fünften Vers hängen, in dem es heißt: „Befiehl dem Herrn deinen Weg und vertrau ihm; er wird es fügen". Er hätte allen Grund gehabt, mit Gott zu hadern. Mit sieben Jahren verliert er den Vater, später erlebt er die Pest und entrinnt ihr nur knapp. Dann brennt mit der halben Stadt sein Elternhaus ab. Später muss er den Tod von fünf seiner sechs Kinder beklagen und auch die geliebte Frau entreißt ihm der Tod. Er verliert sein Pfarramt und trotz allem verliert er sein Gottvertrauen nicht. Er buchstabiert den fünften Vers des 37. Psalms geradezu Wort für Wort in den zwölf Strophen des Liedes durch. In der ersten Strophe gibt er das Thema an. Alles will er in Gottes Hände legen, weil er immer alles zum Besten lenkt. Er formuliert es in einer innigen Sprache: „Befiehl du deine Wege und was dein Herze kränkt der allertreusten Pflege des, der die Himmel lenkt. Der Wolken, Luft und Winden gibt Wege Lauf und Bahn, der wird auch Wege finden, da dein Fuß gehen kann."

Jedes weitere Wort des fünften Verses wird mit einer Liedstrophe bedacht. So empfiehlt Gerhardt in der zweiten Strophe: „Dem Herren musst du trauen", um in der dritten Strophe darauf zu verweisen, dass Gott am Besten weiß, was für uns gut ist. In der siebten Strophe rät er, und hier spricht ein Leidgeprüfter aus Erfahrung: „Auf, auf, gib deinem Schmerze und Sorgen gute Nacht... Gott sitzt im Regimente und führet alles wohl." Auch wenn man sich von Gott im Stich gelassen fühlen sollte, so darf man sicher sein: „Er wird dein Herze lösen von der so schweren Last, die du... bisher getragen hast." In der letzten Strophe bittet Paul Gerhardt dann wie in einem gewaltigen Schlussakkord: „Mach End, o Herr, mach Ende mit aller unserer Not; stärk unsere Füß und Hände und lass bis in den Tod uns allzeit deiner Pflege und Treu empfohlen sein, so gehen unsere Wege gewiss zum Himmel ein."

Es ist ein beeindruckendes Glaubenszeugnis, das der Dichter Paul Gerhardt mit der Betrachtung zum Vers fünf des 37. Psalms hier ablegt, eine Liedpredigt im besten Sinn des Wortes, das er durch sein Leben eindrucksvoll bestätigt hat. Mit diesem Lied hat Paul Gerhardt vielen Menschen geholfen in dunklen Stunden nicht zu verzweifeln, sondern auf Gott zu vertrauen, „der auch Wege finden wird, die dein Fuß gehen kann". Der starke Glaube des leidgeprüften Pfarrers und Dichters richtet andere auf und dies bis zum heutigen Tag. Trösten kann eben vor allem der, der selbst erfahren hat, was wirklich tröstet, nämlich der Glaube, dass Gott alles zum Besten führt.

Das Gebet für das Vaterland

„Großer König aller Völker"

Für jüdische Gemeinden war es selbstverständlich, bei ihren Gottesdiensten für die Obrigkeit zu beten. Dabei hätten sie im Lauf der Jahrhunderte mehr als ein Mal allen Grund gehabt, dieses Gebet zu unterlassen, denn wie wurden sie schikaniert und unterdrückt. Das Gebet für die Obrigkeit hat auch der Apostel Paulus seinen Gemeinden ans Herz gelegt. Es war ganz selbstverständlic, für den König, für Volk und Vaterland zu beten. Freilich als die Kaiser und Könige nach dem Ersten Weltkrieg 1918 gestürzt wurden und Präsidenten an ihre Stelle rückten, musste man neu formulieren, und man betete für die Regierenden, für Volk und Vaterland. Als Adolf Hitler 1933 an die Macht kam, wurde erwartet, dass bei den Gottesdiensten für „Führer, Volk und Vaterland" gebetet wird. Das haben dann nicht wenige Pfarrer umgangen, indem sie das Lied singen ließen: „O blicke mild hernieder." Das war ja ein Lied für das Vaterland.

Es war der vielseitig begabte Jesuit Erich Przywara, der nicht nur philosophische Schriften verfasste, sondern auch Liedtexte. Noch bevor er 1941 mit Schreibverbot belegt worden war, hat er einen Text als Gebet für das Vaterland geschrieben, der dann als Lied gesungen werden konnte. Der Text kann auch als ein Zeugnis des inneren Widerstandes gegen das Naziregime verstanden werden. Es heißt da: „Großer König aller Völker, unsere Heimat schütze du!" Ein solcher Text konnte getrost die Nazizensur passieren. Schwieriger wurde es schon mit der zweiten Zeile: „Sicher durch des Lebens Dunkel, führ dein Volk dem Lichte zu!" Dunkel war es in Deutschland geworden. Der Zweite Weltkrieg war ausgebrochen. Gegner des Regimes wurden verhaftet. Angst beherrschte das Denken und Reden der Menschen. Wem konnte man noch trauen. Da ist die Bitte nahe liegend, aus dem Dunkel ins Licht geführt zu werden. Gottes Gnade will erfleht werden, damit er seinen Segen dem Vaterland gebe und seinen Weg in die Zukunft, nicht zuletzt denen, die Verantwortung in der Politik tragen: „Segne seiner Lenker Hand!"

In der zweiten Strophe geht es um Recht und Gerechtigkeit, ohne die kein Staat auskommen kann, wenn er nicht zu einem Unrechtsstaat verkommen will. „Ordne Herr, nach deinem Willen, die Gesetze klar und rein. Lass uns freudig sie erfüllen, lass sie deine Worte sein." Diese Sätze hat die Zensur überlesen, denn die Gesetze des Naziregimes waren alles andere als „klar und rein". Sie waren menschenverachtend. Solche Gesetze kann man nicht freudig erfüllen, denn sie stehen Gottes Geboten völlig entgegen. Die Sehnsucht nach einem Rechtsstaat wird hier ausgesprochen. Es ist sozusagen zwischen den Zeilen zu lesen.

In der dritten Strophe wendet sich der Dichter an den „Schöpfer Himmels und der Erde" mit der Bitte um Heiligung des Volkes „dir zum Ruhme ewiglich". Erneut erklingt die Bitte: „Höchster Herrscher, gib uns Gnade, segne unser Vaterland! Segne seines Volkes Pfade, segne seiner Lenker Hand!" Die Lenker damals verzichteten auf den Segen Gottes und mit ihnen nicht wenige ihrer Parteigenossen. Am Ende stand ein zerstörtes Vaterland und Lenker, die sich mit Selbstmord aus der Verantwortung stahlen. Das Lied des Jesuiten Erich Przywara hat den Krieg überstanden und es wird auch heute noch gerne gesungen, denn die Bitte um den Segen für das Vaterland ist ebenso zeitlos wie die Bitte: „Segne seiner Lenker Hand." Es ist deshalb mehr als eine Floskel, wenn Politiker bei ihrer Vereidigung dem Eid hinzufügen: „So wahr mir Gott helfe".

Not lehrt beten

Johann Friedrich Räder und sein Lied „Harre meine Seele"

Manche Lieder erobern die Herzen der Menschen, obwohl Musikfachleute der Meinung sind, es handle sich eher um gefühlvolle Schnulzen, die gehobenen Ansprüchen nicht genügten und schon gar nicht in die Kirche gehörten. Zu diesen Liedern, denen Kirchenmusiker mit Vorbehalt begegnen und die doch zu den verschiedensten Anlässen gewünscht werden, gehört das Lied „Harre meine Seele". Die Melodie stammt von César Melan. Die getragene Weise hätte wohl nie eine solche Beliebtheit erlangt, würde sie nicht in der innigen Melodie ausdrücken, wovon die Verse des Liedes sprechen.

Der Verfasser des Liedes hat sich nicht als Dichter einen Namen gemacht, sondern als Geschäftsmann. Seine Geschäfte waren es auch, die den jungen Kaufmann aus Elberfeld zum dichtenden Beter werden ließen. 1845 investierte Johann Friedrich Räder sein ganzes Vermögen in den Kauf von Indigo aus Indien. Mit dem Farbstoff konnte man zur damaligen Zeit ein Vermögen verdienen. Die Webereien im nahegelegenen Wuppertal bezahlten hohe Preise. Trotzdem war es ein riskantes Unternehmen. Man war nicht dagegen gefeit, von Zwischenhändlern betrogen zu werden. Niemand konnte garantieren, dass das Schiff wohlbehalten den sicheren Hafen erreicht. Räder wollte sich mit dem Gewinn aus dem Geschäft selbstständig machen und nicht länger im Kontor der Fabrik sitzen, um dort für eine Firma, die ihm nicht gehörte, zu arbeiten.

Als er sein Vermögen investierte, hatte er das sichere Gefühl, alles werde gut gehen. Von Tag zu Tag aber mehrten sich seine Bedenken, ob er tatsächlich über Nacht zum reichen Mann werde. Seiner Frau hatte er von seinen Plänen nichts erzählt. Er wollte sie überraschen. Außerdem hatte er Angst, sie würde ihn mit Fragen nervös machen. Nervös wurde er ganz von selbst, als er hörte, der Preis für Indigo sei gesunken. Er rechnete schon nicht mehr mit dem großen Gewinn. Er hoffte, wenigstens sein Geld wieder zurückzuerhalten, das er in das Geschäft gesteckt hatte. Doch auch diese Hoffnung wurde immer fragwürdiger. Er musste sich darauf gefasst machen, dass er alles verloren hatte und damit weniger besitzen würde als zuvor. Dieser Gedanke ließ Räder fast verzweifeln. Wie würde seine Zukunft, die Zukunft seiner Familie aussehen, wenn er sein ganzes Geld einbüßen würde. Schlaflose Nächte waren die Folge. Bei der Arbeit wirkte er zerfahren. Alles regte ihn auf. Er konnte seine Sorgen nicht länger vor seiner Frau verheimlichen. Sie litt nun mit. In dieser Not, die sein ganzes Denken gefangen hielt, besann sich Räder auf Gott. Ihn wollte er um Hilfe anflehen. Wie oft hatte der Pfarrer im Religionsunterricht davon gesprochen, dass Gott keinen im Stich lässt, wenn er vertrauensvoll zu ihm ruft. Gelernte Psalmverse kamen ihm in den Sinn und Worte Jesu. Die Mutter konnte oft sagen: „Wo die Not am größten ist, ist Gottes Hilfe am nächsten." Mit der ganzen Inbrunst seines Herzens wandte er sich nun an Gott. Seine Gedanken fasste er in die Verse:

Harre meine Seele, harre des Herrn!
Alles ihm befehle, hilft er doch so gern.
Sei unverzagt! Bald der Morgen tagt,
und ein neuer Frühling folgt dem Winter nach.
In allen Stürmen, in aller Not
wird er dich beschirmen, der treue Gott.

Hätte Räder sein Gottvertrauen inniger ausdrücken können? Auch wenn der Indigo-Handel zur Katastrophe werden würde, das Leben wird mit Gottes Hilfe weitergehen. Das gab dem jungen Kaufmann innere Ruhe. Vorbei das nervöse Warten auf Nachrichten aus Indien. Vorbei das ewige Fragen, wie wird die Zukunft aussehen? In der zweiten Strophe findet er dafür die Worte:

Wenn alles bricht, Gott verlässt uns nicht.
Ewige Treue, Retter in der Not,
rett auch unsre Seele, du treuer Gott!

Ihm ist in diesen Tagen und Wochen immer klarer geworden, man darf sein Herz nicht an Geld und Gut hängen. Die Seele bleibt auf der Strecke. Auf die Seele kommt es an. Sie muss man retten. Man kann sie nur retten, wenn man sie an Gott bindet.

Nachdem Räder seine Gedanken, die ihn bewegten, zu Papier gebracht hatte, fand ihn seine Frau völlig verändert. Er hatte zu seiner Ausgeglichenheit zurückgefunden. Bei dem Geschäft mit Indigo kam er mit einem blauen Auge davon. Gott hatte ihn nicht verlassen. Fortan freilich mied er riskante Geschäfte. Seine Verse aber fanden schon drei Jahre später Aufnahme in Wilhelm Greefs „Männerlieder" und haben seitdem vielen Menschen Trost und Mut gegeben.

Auf der Suche nach der schönsten Melodie

„Wohl denen, die da wandeln"

Zum christlichen Gottesdienst gehörten von Anfang an die Psalmen. Diese alttestamentlichen Lieder zählen zum Gebetsschatz der Kirche. Die Melodien wurden dem jeweiligen Zeitgeschmack angepasst. Von den einfachen Choralmelodien ging man über zur Mehrstimmigkeit. In der Reformationszeit war es Martin Luther ein Anliegen, die Psalmen nicht nur zu übersetzen, sondern ihnen auch neue Melodien zu geben.

Der Leipziger Stadtpfarrer und Theologieprofessor Cornelius Becker hat es sich zu Beginn des 17. Jahrhunderts zur Aufgabe gemacht, alle Psalmen in Reime zu setzen und sie mit leicht singbaren Melodien zu versehen. Allerdings entsprachen weder die Übersetzungen noch die musikalische Umsetzung gehobenen Ansprüchen. Der Dresdener Komponist und Hofkapellmeister des sächsischen Kurfürsten Heinrich Schütz machte sich deshalb daran, eine Neubearbeitung durchzuführen. Es wurde eine Lebensaufgabe. 1627 erschienen seine Psalmen erstmals im Druck. 1661 hat er sie ein weiteres Mal überarbeitet herausgegeben, darunter das Lied: „Wohl denen, die da wandeln". Es sind die Eingangsverse des Psalms 119.

Als er 1627 den Text erstmals vertonte, hatte er den Tod seiner geliebten Frau Magdalena zu verkraften. Sie hatten eine sehr glückliche Ehe geführt, aus der zwei Töchter hervorgegangen waren. Nun stand Heinrich Schütz allein da. Er musste für seine Kinder sorgen. Die Kapellknaben seines Chores, die bei ihm Kost und Logis hatten, brauchten neue Unterkünfte. Es fehlte dem Herrn Hofkapellmeister nicht an Sorgen. Bei dem Text hatte er seine gute Frau vor Augen: „Wohl denen, die da wandeln vor Gott in Heiligkeit, nach seinem Worte handeln und leben allezeit. Die recht von Herzen suchen Gott und seiner Weisung folgen, sind stets bei ihm in Gnad."

Als er sich für die Ausgabe von 1661 nochmals an eine Überarbeitung der Melodie machte, da lagen schwere Jahre hinter ihm. Der Tod hatte ihm beide Kinder genommen. Im Dreißigjährigen Krieg hat er das Gegenteil von dem erlebt, was der Psalm besingt: Menschen, die Gott vergesssen haben.

Nicht Gottes Wort und Gottes Gebot waren für sie maßgebend, sondern der eigene Vorteil. Man plünderte und mordete. Gottes Gnade wurde zum Fremdwort und an Gottes Gericht glaubte man nicht mehr. Für Heinrich Schütz waren die Worte des Psalms ein Gegenprogramm. Ein trotziges „Dennoch". Das Gute ist stärker als das Böse. Die Wahrheit siegt über die Lüge. Das ewige Leben zählt mehr als das irdische Wohlergehen, deshalb war ihm die Bitte aus dem Herzen gesprochen: „Lehr mich den Weg zum Leben, führ mich nach deinem Wort, so will ich Zeugnis geben von dir, mein Heil und Hort. Durch deinen Geist, Herr, stärke mich, dass ich dein Wort festhalte, von Herzen fürchte dich."

Unbeirrt von allen Schicksalsschlägen und den Wirren des Dreißigjährigen Krieges ging Heinrich Schütz seinen Weg. Er komponierte und erfreute die Menschen mit seiner Musik. Er wollte trösten und aufrichten. Seinen Musikern war er wie ein Vater. Er verteidigte sie und wurde nicht müde, vom zahlungsunwilligen Kurfürsten die Entlohnung von Sängern und Instrumentalisten zu fordern.

Gottes Wort war ihm in all den Jahren Stütze und Halt. Es war ihm aus dem Herzen gesprochen: „Dein Wort, Herr, nicht vergehet; es bleibet ewiglich, so weit der Himmel gehet, der stets beweget sich. Dein Wahrheit bleibt zu aller Zeit gleichwie der Grund der Erde, durch deine Hand bereit't." Mit Gottvertrauen hat er sich als junger Student nach Venedig begeben, um bei Giovanni Gabrieli Komposition zu studieren. Mit Gottvertrauen ließ er sich vom sächsischen Kurfürsten in Dienst nehmen. Mit Gottvertrauen bewältigte er die vielen Anforderungen seines Amtes, das ihm stets Höchstleistungen abverlangte. Mit Gottvertrauen begab er sich auf Reisen zu anderen Fürstenhöfen, um für frohe Feste den musikalischen Beitrag zu liefern. Wie aber seinem Werkverzeichnis zu entnehmen ist, hat die Kirchenmusik ihn zeitlebens beschäftigt. Sie war ihm ein Herzensanliegen. So gibt es von ihm Vertonungen des Tischgebetes und von Gebeten des heiligen Augustinus. Im Vertrauen auf Gott und sein Wort bewältigte Heinrich Schütz sein Leben. Ein Großteil seiner Kompositionen ging verloren und auch von seinen Psalmliedern blieb nur eines der Allgemeinheit erhalten, ein Lied, das auf den Komponisten selber zutrifft: „Wohl denen, die da wandeln vor Gott in Heiligkeit." In den Wirren seiner Zeit, in denen Katholiken und Protestanten, Kalvinisten und Lutheraner sich bekämpften, wollte er zur Einheit und zum Frieden beitragen. Heute wird das Lied des Lutheraners Heinrich Schütz in evangelischen und katholischen Kirchen gesungen.